DER GROSSE GU KOMPASS

300 Fragen zur Erziehung

SYBILLE HEROLD

SYBILLE HEROLD

absolvierte ein Studium der Psychologie und Ausbildungen als Therapeutin für Paare und Familien sowie für Kinder und Jugendliche. Sie arbeitet seit mehr als 20 Jahren mit Kindern und Familien und seit 2001 in einer eigenen Praxis für Diagnostik, Beratung und Therapie für Kinder und Jugendliche. Daneben leitet Sybille Herold Seminare rund um die Entwicklung und Erziehung von Kindern, schreibt Beiträge für Elternzeitungen und ist Dozentin in der Ausbildung von Kindertherapeuten. Die verheiratete Mutter zweier erwachsener Kinder lebt und arbeitet in Berlin.

WICHTIGER HINWEIS

Die Gedanken, Methoden und Anregungen in diesem Buch stellen die Meinung beziehungsweise Erfahrung der Verfasserin dar. Sie wurden von der Autorin nach bestem Wissen erstellt und mit größtmöglicher Sorgfalt geprüft. Dennoch können nur Sie selbst entscheiden, ob die hier geäußerten Vorschläge und Ansichten auf Ihre eigene Lebenssituation übertragbar und für Sie, beziehungsweise Ihr Kind, passend und hilfreich sind. Keinesfalls bieten diese jedoch Ersatz für eine kompetente medizinische oder psychologische Beratung. Weder Autorin noch Verlag können für eventuelle Nachteile oder Schäden, die aus den im Buch gegebenen praktischen Hinweisen folgen sollten, eine Haftung übernehmen.

Inhalt

Ein Wort zuvor

»Warum gibt es so viele Bücher über Erziehung?«, hört man manche Großeltern fragen. »Wir haben das doch auch ohne hingekriegt. Einfach aus dem Bauch heraus.«

Nun, viele Dinge in Alltag und Familie gestalten sich heute komplizierter als in früheren Generationen. Die Anforderungen in der Arbeitswelt und die Bedingungen in Familien haben sich sehr verändert. Mehr denn je sind heute im Erwachsenenleben Flexibilität, Durchsetzungsfähigkeit und Stresstoleranz gefragt. Auf den modernen Alltag wollen Sie Ihre Kinder bestmöglich vorbereiten.

Seit mehr als zwanzig Jahren arbeite ich nun mit Familien. Ich kenne die meisten Fragen, die sich Eltern von Kindern zwischen drei und zehn Jahren irgendwann stellen. Die einen kommen zu mir, weil ihr Sohn mit fünf Jahren immer noch einnässt. Andere suchen Hilfe, um die Lernprobleme der Tochter in den Griff zu bekommen, wieder andere brauchen Unterstützung, weil ihnen ihr Zehnjähriger immer mehr entgleitet. Viele Eltern »erahnen« die Antwort auf ein Problem bereits und wollen sich bei mir in der Beratung einfach nur zusätzlich absichern.

Wenn Sie als Eltern Ihren Mutter- und Vaterjob so gut wie möglich machen wollen, werden Sie sich auch entsprechend viele Gedanken und Sorgen um Ihren Nachwuchs machen. Das ist ganz normal. Ich vergleiche Erziehung gern mit dem Kochen: Ob ein Gericht gelingt, kommt auf die einzelnen Zutaten und besonders auf die Dosierung an. Salz muss an jede Suppe, aber wie schnell ist diese versalzen. Es kommt also oft auf die Feinheiten an. Immer wieder müssen Sie sich auf den aktuellen Entwicklungsstand Ihres Kindes und auf neue

Lebensumstände einstellen. Und das alles oft neben zahlreichen anderen Verpflichtungen.

Ziel dieses Buches ist es deshalb, Ihnen mehr Sicherheit für den Alltag zu geben. Ihr Gefühl sagt Ihnen sicher oft, was richtig wäre und was weniger guttäte. Doch manchmal können Sie vielleicht vor lauter Wald die Bäume nicht mehr sehen, machen aus einer Mücke einen Elefanten oder sind wirklich ratlos und mit einem Problem überfordert.

In diesem Ratgeber finden Sie Antworten auf all die Fragen, die mir Eltern am häufigsten stellen (Sie sind also nicht allein!). Ich möchte Ihnen helfen, Ihren eigenen Weg im Umgang mit Ihren Kindern zu finden. Einen Weg, der Ihrer Persönlichkeit, der Individualität Ihrer Kinder und Ihren spezifischen Lebensumständen am besten gerecht wird. Deshalb finden Sie in meinen Antworten keine Patentrezepte, sondern zahlreiche Anregungen zum Nachdenken, Entscheidungshilfen und eine Fülle von Ideen. So können Sie lernen, sich selbst zu helfen. Leider ist dieser Weg für Sie der anstrengendere, aber ich bin überzeugt, dass er der richtige ist!

Natürlich werde ich in meiner Praxis auch mit schwererwiegenden Problemen wie Essstörungen, Drogenmissbrauch oder sexuellen Übergriffen konfrontiert – Probleme, die ich in diesem Ratgeber nur streifen möchte, da Eltern sich in so einem Fall besser individuell beraten lassen sollten.

Selbstverständlich können Sie sich mit Ihren Fragen auch an eine Erziehungsberatungsstelle in Ihrer Nähe oder an Ihren Kinderarzt wenden. Ich habe im Buch immer angemerkt, wenn professioneller Rat dringend zu empfehlen ist. Im Anhang ab Seite 246 finden Sie die Adressen von Therapeuten, an die Sie sich bei Problemen wenden können.
Damit Sie die für Sie wichtigen Themen schnell finden, ist der Kompass in sieben Hauptkapitel eingeteilt, die weiter unter-

gliedert sind. Ein ausführliches Register am Ende des Buches weist Ihnen zusätzlich den Weg zur passenden Frage.

Um ein flüssiges Lesen zu gewährleisten, spreche ich im Buch immer nur von Erziehern, Lehrern, Pädagogen und Kinderärzten. Selbstverständlich sind damit auch die weiblichen Vertreterinnen dieser Berufe gemeint, die in der Lebenswelt unserer Kinder in Kindergarten, Hort und Schule immer noch die Mehrheit stellen.

Ihren Kindern wünsche ich, dass sie ihre Kindheit genießen können und dass sie in ihrem Tempo sowie entsprechend ihrer Möglichkeiten zu glücklichen Erwachsenen heranwachsen.

Ihnen als Eltern wünsche ich Geduld, Kraft und Spaß bei der Erziehung, gesellschaftliche Unterstützung und viel Freude an der Einmaligkeit Ihrer Kinder.

Ihre Sybille Herold

Was Erziehung alles kann

Erziehung muss Kinder auf ihr Leben als Erwachsene vorbereiten. Die Anforderungen in der Welt der Großen verändern sich ständig. Während früher eher Gehorsam und Anpassung zählten, sind heute Durchsetzungsvermögen und Teamfähigkeit gefordert. Deshalb können Mütter und Väter nicht einfach Erziehungsziele und -methoden ihrer Eltern und Großeltern übernehmen.
Bevor Sie sich in den Erziehungsalltag stürzen, sollten Sie sich ein paar Gedanken über Ihre Ziele machen. Was wünschen Sie Ihren Kindern? Wie sollen sie als Erwachsene leben? Welche Eigenschaften könnten ihnen dabei helfen, ihr Leben erfolgreich und glücklich zu meistern? Welche ihrer Verhaltenstendenzen wollen Sie fördern, welche eher abschwächen?
Natürlich und Gott sei Dank können Eltern ihre Kinder nicht wie Wachs formen. Aus einer solchen Erziehungsfabrik kämen wohl ziemlich langweilige, uniforme Wesen heraus. Kinder werden gleichermaßen durch die Großeltern, die Kinder in ihrer Gruppe oder Klasse, die Erzieher und Lehrer sowie durch Spielzeug, Medien und ihr gesamtes Umfeld stark in ihrer Entwicklung beeinflusst.
Sie sind nicht Gott und können das Schicksal Ihres Kindes nicht vorherbestimmen. Aber Sie können – Ihre Ziele immer vor Augen – Ihr Kind vorsichtig lenken, vieles anbahnen oder abschwächen und dabei alle Ihre Einflussmöglichkeiten ausschöpfen. Und das ist eine ganze Menge!
Nehmen Sie sich einmal die Zeit zum Nachdenken, wohin die gemeinsame Reise mit Ihrem Kind gehen soll. Sie finden dazu in diesem Kapitel einige Anregungen sowie konkrete Hinweise, wie man zum Beispiel einem Kind dabei hilft, Selbstbewusstsein zu entwickeln oder wie man es zu Offenheit und Ehrlichkeit und zu einer sozialkompetenten, mitfühlenden Persönlichkeit erzieht.

Erziehung heute

? Welche Erziehungsziele sind heute wichtig?

Ihr Kind sollte ein gesundes Selbstbewusstsein entwickeln. Dazu muss es seine Stärken kennen (also Selbstvertrauen in die eigene Kraft besitzen) und die eigene Persönlichkeit auch mit ihren Schwächen akzeptieren. Das nennt man ein gutes Selbstwertgefühl (siehe Seite 12 f.).
Zudem sollte Ihr Kind auch eine seinem Alter entsprechende Selbstständigkeit erlernen. So lernt es, sich selbst zu versorgen und Verantwortung für sich und andere sowie die Erledigung kleiner Aufträge übernehmen.
Wichtig ist weiter die Entwicklung sozialer Kompetenz: Dazu gehören die Fähigkeiten, sich in andere Menschen hineinzuversetzen, eigene Bedürfnisse angemessen zu vertreten, Interessenkonflikte fair zu lösen, sachlich mit Kritik umgehen und angemessen kommunizieren zu können.
Kinder sollten all ihre Leistungsmöglichkeiten gut ausschöpfen: Wie schnell und dauerhaft ein Kind lernt, wie musikalisch, sportlich oder handwerklich geschickt es ist, wird von seinen Anlagen mitbestimmt. Diese quasi in die Wiege gelegten Möglichkeiten müssen durch gezielte Förderung ausgebaut werden. So manches Talent verkümmert, wenn es nicht gebraucht und geschult wird.
Um gesund und seelisch gefestigt zu sein, sollte Ihr Kind eine gute Stresstoleranz entwickeln. Es muss dazu lernen, stressstabil zu sein, immer wieder für ausreichend Erholung zu sorgen und Überforderung zu vermeiden.

? Wie vermittle ich meinem Kind wichtige Werte?

Eine Gemeinschaft von Menschen kann nur bestehen und funktionieren, wenn es – ausgesprochene und unausgesprochene – Regeln für den Umgang miteinander gibt. Ehrlichkeit, Gerechtigkeit, Fairness, Mitgefühl, Eigeninitiative, Verantwortungsbewusstsein, Umgang mit Gefühlen, Ehrgeiz,

Ordnungssinn sowie religiöse Werte sind Beispiele dafür. Jede Familie hat ihre persönlichen Prioritäten. Alle Eltern möchten diejenigen Glaubenssätze, Lebenserfahrungen und Handlungsrichtlinien weitergeben, die ihnen selbst wichtig sind und die sie als Voraussetzung dafür ansehen, dass ihr Kind im Leben glücklich wird und dass die gesamte Gesellschaft weiter in einem lebenswerten Zustand existiert.
Dieses Wertesystem wird vorrangig dadurch vermittelt, dass Kinder ihre Eltern permanent beobachten und ihnen zuhören, wenn sie aus ihren außerfamiliären Lebenswelten berichten. Erst in zweiter Linie zählt, wie die Eltern das kindliche Verhalten bewerten und welche konkreten Verhaltensvorschläge erfolgen. Es ist also schwer, Kindern Ehrlichkeit vermitteln zu wollen, wenn die Eltern es beispielsweise selbst mit der Wahrheit nicht allzu genau nehmen.

W WICHTIG

Es kommt auf die Feinheiten an: Wie viel Ehrlichkeit scheint im Umgang mit anderen angemessen – wo sind Ausnahmen erlaubt oder sogar nötig? Wie viel Ellenbogeneinsatz ist statthaft, wenn man sich gegenüber anderen durchsetzen will? Wie verbindlich ist geltendes Recht: Darf man nie schwarzfahren oder sich nur nicht erwischen lassen? Kennen Sie noch den Spruch: »Frech kommt weiter«? Zählt er auch zu Ihren Maximen? Das, was jeden Tag im Erziehungsalltag zählt, ist Ihr Verhalten und was Sie vorleben.

? Was ist vererbt oder angeboren?

In den letzten Jahren häufen sich Forschungsberichte darüber, auf welchen Genen psychische Merkmale eines Menschen festgeschrieben sind. Jedoch ist dabei nie festgelegt, wie dieser Mensch sich entwickeln wird. Vorprogrammiert ist ein Spielraum, in welchem Erziehung und Lernen greifen können. So können eher ungünstige Anlagen abgeschwächt oder ausgegli-

chen werden. Alle positiven Anlagen hingegen brauchen Förderung und Übung, um sich voll entfalten zu können. Zum Erbgut kommen Einflüsse während der Schwangerschaft, der Geburt und der sehr frühen Kindheit hinzu. Sie wirken auf die Psyche des Kindes und steuern später sein Verhalten.
Als wissenschaftlich gesichert gilt, dass die folgenden Eigenschaften eher angeboren sind:

- wie schnell und gut sich Ihr Kind Dinge merken kann;
- wie ängstlich oder vorsichtig es reagiert;
- wie spontan es sich entscheidet und verhält;
- wie empfindlich es auf Umwelteinflüsse und Erlebnisse reagiert und wie sehr es dadurch störbar ist;
- wie rasch es sich entwickelt;
- wie sehr es danach strebt, sich eher durchzusetzen oder sich bereitwillig unterzuordnen.

Verabschiedet haben sich Persönlichkeitspsychologen von der Idee eines Charakters, den ein Mensch besitzt. Heute gehen sie eher von Verhaltenstendenzen aus, die durch Umweltbedingungen aktiviert werden. So kann ein Mensch in der Familie andere Eigenschaften zeigen als in seiner Arbeit.

? Was wird von der Erziehung bestimmt?

Alle angeborenen Anlagen Ihres Kindes können Sie nur bis zu einem gewissen Maß verändern. Wie weit, hängt zum einen von der erblichen Vorgabe ab, zum anderen von der Art und Intensität der korrigierenden Einflüsse. Anerzogen sind:

- das Selbstwertgefühl. Ob ein Mensch sich als kompetent und handlungsfähig erlebt oder als hilflos und ausgeliefert, wird durch Lernerfahrungen geprägt (siehe Seite 12);
- Verhaltenstendenzen (gute und schlechte) wie Höflichkeit, faires Verhalten, Zuverlässigkeit, Ehrlichkeit, Kommunikationsstile und Anstrengungsbereitschaft;
- Werte wie Mitmenschlichkeit, Familiensinn, Umweltbewusstsein sowie Glaubenssätze, Weltsicht und Einsicht in die Gesetze einer Gesellschaft.

Selbstbewusstsein

? Warum ist ein gesundes Selbstbewusstsein für ein Kind so wichtig?

Defizite im Selbstwertgefühl bilden den Hintergrund fast jeder psychischen Störung. Ein Kind mit einem stabilen Selbstbewusstsein kann ausgeglichen und gelassen durch den Tag gehen. Es vertraut auf die eigenen Kräfte und Fähigkeiten. Es fühlt sich geliebt und geachtet. Es weiß, dass es Fehler machen darf und dass es diese korrigieren kann. Es tritt offen für seine Bedürfnisse und Interessen ein, achtet dabei aber die seiner Mitmenschen und muss sich über niemanden stellen. Selbstbewusstsein ist eine Voraussetzung dafür,

- sein Leistungsvermögen voll auszuschöpfen;
- sein Leben selbst in die Hand nehmen zu können;
- gut mit anderen klarzukommen;
- glücklich sein zu können.

Es stellt außerdem einen fundamentalen Schutz vor seelischen Schäden durch negative Einflüsse und Lebensumstände dar: schlechte Freunde, Drogenangebote, Lebenskrisen durch Trennung, Arbeitslosigkeit oder Krankheit.

? Was kann ich tun, damit mein Kind ein stabiles Selbstbewusstsein entwickelt?

Kinder sind die Experten für ihre eigenen Probleme:

- Zeigen Sie Ihrem Kind immer wieder, dass Sie es für fähig halten, seine Schwierigkeiten selbst zu lösen.
- Fordern Sie Ihr Kind! Lassen Sie es entsprechend seinem Alter selbstständig sein. Stellen Sie es immer wieder vor neue Aufgaben, die es meistern kann.
- Behandeln Sie es nicht, als sei es taub oder geistig in irgendeiner Weise eingeschränkt. Das ist demütigend.
- Sprechen Sie nicht im Beisein Ihres Kindes über es wie über einen Problem- oder Störfall.
- Glauben Sie immer an den guten Kern Ihres Kindes.

- Bringen Sie ihm bei, dass jeder Mensch Fehler macht. Aus Fehlern kann man nur lernen.
- Unterscheiden Sie immer zwischen der Persönlichkeit Ihres Kindes und seinem Verhalten. Wenn Ihr Kind sich falsch oder unpassend verhält, ist es deshalb kein schlechter oder weniger liebenswerter Mensch.
- Vertrauen Sie Ihrem Kind. Geben Sie ihm immer wieder eine neue Chance.
- Seien Sie solidarisch mit ihm.
- Loben Sie Ihr Kind viel, aber loben Sie es ehrlich und ohne Wenn und Aber (siehe Seite 47).
- Sorgen Sie für Gleichberechtigung und Fairness in Ihrer Familie. Es sollte trotz unterschiedlicher Rechte und Pflichten sowie unterschiedlicher Altersklassen keine Menschen erster und zweiter Klasse bei Ihnen daheim geben.
- Kinder können mitentscheiden. Beziehen Sie Ihr Kind – seinem Alter entsprechend – in Entscheidungen mit ein.
- Versuchen Sie, ihm in puncto Selbstbewusstsein so oft wie möglich ein gutes Vorbild zu sein!

INFO

Damit ein Kind ein Bild von sich selbst entwickelt, das von der Realität nicht allzu weit abweicht, verarbeitet es folgende Erfahrungen:

- das, was seine Mitmenschen über es sagen,
- die Art, wie es behandelt wird,
- Was kann es, was nicht? Was kann es bewirken?
- Fühlt es sich den Umständen ausgeliefert oder kann es sein Leben eigenverantwortlich gestalten?

? Sind etliche Menschen heute nicht eher zu selbstbewusst und Ich-bezogen?

Wenn Sie dabei jemanden vor Augen haben, der sehr lautstark und dominant seine eigene Meinung vertritt, alle Kritik von sich weist und andere zur Seite fegt, ist dieser sicher nicht selbstbewusst. Hinter einer solchen Fassade stecken bei Kindern und Jugendlichen – genau wie bei so manchem Chef – eher Selbstzweifel. Diese bewirken, dass die so forsch auftretenden Menschen versuchen, ihre Schwächen um jeden Preis vor anderen zu verbergen. Sie befürchten, sonst nicht mehr anerkannt oder geliebt zu werden. Ein selbstbewusster Mensch dagegen kann auch zu seinen Fehlern stehen, weil er sich grundsätzlich für eine liebenswerte und annehmbare Person hält! Er muss nicht andere kleinmachen, um selbst groß zu wirken! Wer ein gesundes Selbstbewusstsein hat, wird sich also nicht selbst für den tollsten und wichtigsten Menschen aller Zeiten halten oder sich so benehmen.

Selbstständigkeit und Eigenverantwortung

? Wie lernt unser Sohn, Verantwortung für sich und andere zu übernehmen?

Nehmen Sie ihm nicht zu viel Verantwortung ab, die er selbst tragen sollte. Wenn Sie sich immer um seine Schulmaterialien kümmern, wird er zwar alles parat haben, aber dies nicht eigenverantwortlich regeln können. Beziehen Sie ihn früh in Haushaltspflichten mit ein. Zunächst kann er Ihnen bei manchen Dingen helfen. Später können Sie ihm einen eigenständigen Bereich übertragen. Überlegen Sie, ob Sie ein Haustier halten könnten. So würde er lernen, für jemanden verantwortlich zu sein. Lassen Sie ihn aus den Konsequenzen seines Handelns lernen (siehe Seite 42 f.).

? Wie vermeide ich bei der Erziehung zu Selbstständigkeit eine Überforderung?

Es ist schwierig, allgemeingültig aufzulisten, wann ein Kind für die Erledigung welcher Aufgaben in der Lage ist. Dafür sind sowohl jedes Kind als auch seine Lebensumstände viel zu unterschiedlich. Wann Ihr Kind alleine draußen spielen kann, bestimmen Ihr Wohnumfeld und die Persönlichkeitseigenschaften Ihres Kindes: Ist es impulsiv? Oder eher überlegt, ängstlich oder verträumt? Beobachten Sie es. Trainieren Sie dann sein Zielverhalten. Führen Sie auch ein Notfalltraining durch (siehe Seite 67 f.). Beginnen Sie mit kleinen Aufgaben und wenn diese zu Ihrer Zufriedenheit und der Ihres Kindes erledigt werden, steigern Sie die Anforderungen.

TIPP

Vorschulkinder können lernen,

- den Tisch mit zu decken oder abzuräumen;
- den Müll rauszubringen;
- kleine Einkäufe zu erledigen;
- allein auf den Spielplatz zu gehen;
- sich allein an- und auszuziehen;
- für eine gewisse Zeit allein in der Wohnung zu bleiben.

Schulkinder können lernen,

- einfache Wege allein zu bewältigen;
- sich um ihre Schultasche selbst zu kümmern;
- den Geschirrspüler ein- und auszuräumen;
- ihre Hausaufgaben allein zu erledigen;
- sich um ihr Haustier zu kümmern.

Das heißt nicht, dass sie dies immer tun müssen. Ein *bisschen* verwöhnt zu werden, schadet einem Kind nicht!

? Wie kann ich fördern, dass mein Kind seinen Alltag aktiv mitgestaltet?

Lassen Sie Ihr Kind früh mitentscheiden. Am Anfang bieten Sie nur Alternativen an. Später soll es dann eigene Vorschläge machen. Schon eine Dreijährige kann entscheiden, ob sie lieber das rote oder das gestreifte Kleid anzieht oder welche Geschichte abends vorgelesen wird. Bei der Kinderzimmergestaltung lassen Sie Ihr Kind ruhig mitreden. Tapeten abziehen und Wände bemalen können schon Kindergartenkinder. Setzen Sie Ihrem Kind auch kein fertiges Kindergeburtstagsprogramm vor, sondern planen Sie gemeinsam mit ihm und lassen Sie es bei der Vorbereitung helfen. Regen Sie in Kindergarten, Hort und Schule an, dass die Kinder ebenfalls in Entscheidungen einbezogen werden.

Gesundes Gespür für Körper und Seele

? Wie lernt mein Kind, seine Gefühle ernst zu nehmen und angemessen mit ihnen umzugehen?

Indem zunächst Sie seine Gefühle ernst nehmen. Sagen Sie etwa nicht, wenn es hingefallen ist und weint: »Ist doch gar nicht schlimm!« Das können Sie gar nicht sicher einschätzen. Vielleicht weint es vor allem vor Schreck. Machen Sie sich nicht über Ihr Kind lustig, selbst wenn Ihr kleiner Wutzwerg noch so drollig in seiner Rage wirkt. Spiegeln Sie stattdessen seine Gefühle. Sagen Sie zum Beispiel »Ich sehe, dass du jetzt ganz sauer auf mich bist, aber ich möchte trotzdem, dass du den Fernseher ausschaltest.« Sprechen Sie über Ihre eigenen Gefühle und leben Sie ihm vor, diese ernst zu nehmen. Erlauben Sie ihm, auch negative Gefühle wie Neid, Ärger oder Trauer auszudrücken. Man darf ruhig sagen, dass man furchtbar neidisch ist und etwas gern hätte. Tränen sollten nicht tabu sein. Vor Wut kann man vor sich hin schimpfen, gegen ein Kissen boxen oder in der Fantasie der zickenden Schwester Hörner wachsen lassen.

Sollte Ihr Kind eher zu emotionalen Überreaktionen neigen, vermeiden Sie nach der Anerkennung seines Gefühls zu viel Aufmerksamkeit. Zeigen Sie ihm, dass Sie ihm zutrauen, mit diesem Gefühl allein fertig zu werden. Sagen Sie ihm etwa, dass Sie seinen Kummer verstehen und es diesen in seinem Zimmer tüchtig herausweinen soll. Hat Ihr Kind dabei Schwierigkeiten, können Sie ihm von Ihren eigenen Erfahrungen mit Gefühlen erzählen. Bei einem jüngeren Kind erfinden Sie vielleicht eine Geschichte dazu oder besorgen sich ein passendes Buch, wie »Gefühle sind wie Farben« (siehe Seite 247), das Sie gemeinsam lesen.

? Wird die Bedeutung von Gefühlen heute nicht oft sehr überschätzt?

Gefühle spielen überall mit. Sie können krank machen aber auch heilen. Sie machen stark, schwächen oder lassen einen sogar in bestimmten Situationen versagen. Sie bestimmen in jeder Hinsicht die Lebensqualität wesentlich mit. Es ist wichtig, Gefühle zu erkennen und ernst zu nehmen. Damit ist nicht gemeint, dass man sich in sie hineinsteigern oder sie ungehindert ausleben sollte.

Ziel ist es, die eigenen Gefühle und die anderer wahrzunehmen und angemessen auf sie zu reagieren. Die Natur hat uns Gefühle mitgegeben, damit wir im Alltag klarkommen. Reguliert wird dies unter anderem durch die Produktion von bestimmten Stresshormonen, die den Körper darauf vorbereiten, aktiv zu werden: So warnt Angst vor Gefahren und regt Kampf oder Rückzug an. Ärger kann dazu motivieren, etwas zu verändern. Freude motiviert, an einer Sache dranzubleiben und zu lernen.

TIPP

Wenn es für Sie manchmal nicht leicht oder unmöglich ist, eine unangenehme Situation zu verändern, bleiben Sie auf Ihrem Ärger sitzen. Dann müssen Sie etwas tun, um Ihren gestressten Organismus wieder ins Gleichgewicht zu bringen: Durch sportliche Aktivitäten lassen sich Stresshormone abbauen. Oder Sie sorgen für Entlastung, indem Sie Ihren Ärger herausschimpfen. Es ist wichtig, Kindern solche Entlastungsmöglichkeiten zu zeigen.

? Wodurch gewöhnt sich mein Kind an einen gesunden Umgang mit dem eigenen Körper?

In der ersten Zeit müssen Sie selbst die Regeln bestimmen. Das betrifft beispielsweise eine gesunde Ernährung, Körperpflege, aber auch wie viel Ihr Kind sich bewegt, wie oft es an die frische Luft geht und welche Kleidung es trägt. Beginnen Sie zeitig damit, diese Regeln altersgemäß zu begründen. Nutzen Sie dazu Geschichten und Erlebnisse. Aber halten Sie nicht jeden Abend ein Grundsatzreferat über Zahnpflege. Es muss ausreichen, fest auf der Forderung zu bestehen, dass die Zähne geputzt werden müssen.

- Überlegen Sie, was ein absolutes Muss für Sie ist, z.B.: »Hände waschen, wenn man vom Spielplatz kommt!«, wo ein Verhandlungsspielraum besteht, z.B.: »Obst oder Gemüse?« und wo das Kind Eigenverantwortung üben kann: Manchmal sind in den Anorakärmel gezogene Hände tatsächlich wärmer als in Handschuhen!
- Legen Sie Obergrenzen fest, z.B.: »Wie oft wird geduscht?«
- Mit zunehmendem Alter müssen die Spielräume zum Ausprobieren immer größer werden. Lassen Sie Ihr Kind mehr und mehr entscheiden, wie warm es sich zum Beispiel anzieht und was und wie viel es isst.

Fit für Leistung

? Wie erreichen wir, dass unser Kind einen gesunden Ehrgeiz entwickelt, ohne sich zum egoistischen Streber zu entwickeln?

Jedes Kind bringt einen gesunden Ehrgeiz mit auf die Welt. Denken Sie an den Einjährigen, der trotz zahlreicher Stürze immer wieder aufsteht und das Laufen trainiert. Sie müssen nur darauf achten, dass dieser Ehrgeiz nicht irgendwann auf der Strecke bleibt. Loben und kritisieren Sie Leistungen angemessen (siehe Seite 47). Wem das Lob immer hinterhergeworfen wird, der wird sich weniger anstrengen. Ebenso derjenige, dessen Leistungen nie gut genug sind. Fordern und fördern Sie Ihr Kind (siehe Seite 182) und zeigen Sie Ihre Freude und Anteilnahme an seinen Fortschritten. Überbetonen Sie Leistung aber nicht. Ihr Kind muss absolut sicher sein, dass Sie es genauso lieben, wenn es Ihre Erwartungen einmal nicht erfüllt.

? Wie kann ich meinem Sohn helfen, dass er nicht genauso vergesslich und chaotisch wird wie ich?

Man könnte meinen, dass Sie schlechte Karten haben, weil Sie kein gutes Vorbild sein können. Vielleicht ist dem aber auch nicht so, denn Sie können aus eigenem Erleben besser verstehen, wie Chaos erst entsteht. Sie wissen vielleicht selbst am besten, was dagegen hilft. Sprechen Sie deshalb mit Ihrem Kind ganz offen über Ihre eigenen Probleme und Erfahrungen.
Eine Gefahr besteht darin, dass Sie das ganze Thema zu wichtig nehmen und überreagieren, weil Sie Ihrem Sohn Ihre schlechten Erfahrungen ersparen wollen. Dann verlangen Sie vielleicht zu viel von ihm. Bleiben Sie geduldig und angemessen in Ihren Erwartungen. Tauschen Sie sich zum Beispiel mit anderen Eltern darüber aus, wie andere Kinderzimmer aussehen. Und geben Sie Ihrem Kind Erinnerungshilfen (siehe Seite 210).

? Wie bringe ich meinem Kind bei, sich von Misserfolgen nicht entmutigen zu lassen?

Räumen Sie Ihrem Kind nicht alle Steine aus dem Weg. Sonst lernt es nicht, die Beine zu heben oder darum herumzugehen. Aber achten Sie auch darauf, dass es nicht durch zu viele Misserfolge entmutigt wird. Erinnern Sie Ihr Kind, wenn nötig, an die Dinge, die es schon bewältigt und gelernt hat. Bringen Sie durch Ihr Verhalten zum Ausdruck, dass Sie keinen Zweifel daran haben, dass Ihr Kind mit Sicherheit noch lernt, woran es gerade gescheitert ist.
Seien Sie bei Spielen fair. Lassen Sie Ihr Kind nicht gewinnen, indem Sie schummeln. Dann fühlt es sich schnell gedemütigt.

Es ist aber ebenfalls nicht fair, als guter Spieler den Anfänger gnadenlos zu besiegen. Sein Handicap können Sie mit einem Vorteil, den Sie ihm offen und seinem Alter angemessen einräumen, ausgleichen. Oder Sie vereinfachen in der Lernphase für alle die Regeln. Leben Sie vor oder erzählen Sie Ihrem Kind, wie Sie mit Ihren Misserfolgen umgehen. Zeigen Sie Verständnis dafür, dass es sich manchmal ganz schön darüber ärgert und geben Sie ihm Tipps, was es sich selbst sagen kann, damit sein Frust wieder vergeht.
Bieten Sie Ihrem Kind, kurz bevor es die weiße Fahne schwingt, ein Nahziel an, das es noch erreichen kann. Ermutigen Sie es und loben Sie es viel, wenn es beim Verlieren seinen Ärger in angemessener Form ausdrückt.

? Können Kinder Kreativität lernen?

Es ist in der Tat so, dass man Kreativität trainieren kann. Sie können sich gemeinsam mit Ihrem Kind Geschichten und Märchen ausdenken. Nehmen Sie diese auf eine Kassette auf. Oder Sie machen mit Spielfiguren oder lebendigen »Schauspielern« einen kleinen Videofilm daraus. Sie können auch Spinnstunden machen, in denen man einmal etwas ganz Verrücktes tun darf. Alle Kinder lieben einen Rollentausch: Bei einer Mahlzeit dürfen sie beispielsweise einmal die Eltern spielen und die Eltern sind die Kinder.
Veranstalten Sie ein Brainstorming, wenn für ein Familienproblem eine Lösung gesucht wird. Bei einer solchen Zusammenkunft sagt jeder spontan, was ihm einfällt. Dabei dürfen durchaus auch verrückte Vorschläge gemacht werden. Erst in einem zweiten Schritt wird geprüft, was realisierbar ist. Es sollte ein Familiengesetz sein, dass Fantasie erlaubt ist. Werten Sie fantasievolle Kinderzeichnungen also nie ab. Achten Sie darauf, dass nicht nur nach Vorlagen gebaut oder gemalt wird. Eigene Entwürfe sollten immer den Vorrang haben, selbst wenn sie nicht so perfekt sind. Loben Sie kleine Erfinder, Künstler, Geschichtenerzähler und Konstrukteure!

Soziale Kompetenz

? Wie weit müssen Kinder lernen, sich anzupassen und einzuordnen?

Kein Mensch sollte sich nur unterordnen und fremden Autoritäten willenlos gehorchen. Doch wenn sich andererseits niemand in Regelsysteme einordnen und sie akzeptieren würde, könnte eine Gesellschaft nicht funktionieren.
Kinder, die zu wenig Grenzen erfahren haben, tun sich manchmal noch als Erwachsene schwer mit dem Einordnen in Gruppen und Teams. Sie geraten dann leicht mit ihren Mitmenschen in Konflikt und sind häufiger von Beziehungsproblemen und Konflikten betroffen.
Deshalb ist in jeder Familie ein gesundes Maß an Regeln und Grenzen unbedingt notwendig. Lesen Sie ab Seite 36, wie Sie diese Ihren Kindern am besten nahebringen.

? Wie viel Individualität tut unseren Kindern gut?

Jeder Mensch sollte das ausleben dürfen, was ihn zu einer ganz einmaligen Persönlichkeit macht. Jedoch: In der Natur wird der bunte Vogel in der Regel von grauen Spatzen angegriffen. Leider ist es bei den Menschen oft ähnlich: Allzu bunte oder schräge »Vögel« ecken schneller an, werden mit Misstrauen beäugt und nicht selten angefeindet. Für gelebte Andersartigkeit ist oft nur in gesellschaftlichen Grenzbereichen Raum. Viele Genies aus Wissenschaft und Kultur leisteten und leisten Wertvolles für die Gesellschaft. Oft handelt es sich bei ihnen jedoch um recht eigenwillige Persönlichkeiten, die nicht selten einen hohen Preis für ihre Einzigartigkeit zahlen. Gerade sehr sensible Individualisten können unter ihrer Ausgrenzung leiden und Depressionen entwickeln. Aus diesem Grunde gilt: Individualität ja, aber bitte immer in Maßen. Lassen Sie Ihr Kind sich ausprobieren. Und bleiben Sie mit ihm im Gespräch über die Folgen, die sein Auftreten und/oder sein Outfit unter Umständen auslösen.

? Ist Egoismus ein Charakterfehler oder eine menschliche Grundeigenschaft?

Egoismus im positiven Sinne, also ohne krankhafte Überspitzungen, ist meiner Meinung nach eine sehr wichtige menschliche Grundeigenschaft, ohne die ein gutes Leben in der Gemeinschaft nicht möglich ist.
Bin ich ein »guter« Egoist, kann ich ausgezeichnet für mich selbst sorgen und dabei sehr wohl an andere denken und deren Gefühle und Bedürfnisse bei meinen Entscheidungen und in meinem Verhalten berücksichtigen. Negativ ist dagegen egozentrisches Verhalten, das oft mit dem Begriff Egoismus gleichgesetzt wird. Das ist der Fall, wenn ich mich also für den Mittelpunkt der Welt halte und auch von jedem Menschen so behandelt werden möchte (siehe Seite 65 und 66 f.).

? Wie lernt mein Kind, gut mit Kritik umzugehen?

Dazu braucht es ein gesundes Maß an Kritik: Kritisieren Sie deshalb Ihr Kind weder ständig noch schützen Sie es völlig vor kritischen Bemerkungen, wenn sie angebracht sind. Wichtig ist natürlich, dass Sie es viel loben. Das Lob muss aber unbedingt ehrlich gemeint sein. Nur auf einem stärkenden Fundament kann Ihr Kind lernen, sich von Kritik nicht umwerfen zu lassen. Drücken Sie Ihre Kritik in angemessener Form aus (siehe Seite 48 f.). Kritik sollte sich immer auf ein konkretes Verhalten beziehen und nie die Person abwerten (siehe Seite 12 f.).

T TIPP

Überprüfen Sie einmal, wie Sie Ihre Kritik in der Regel äußern. Es kommt ganz anders bei Ihrem Kind an, wenn Sie beispielsweise sagen: »Ich glaube, wir müssen erst einmal Gesicht und Hände waschen gehen, bevor du dich auf unser Sofa setzt!« als: »Du siehst wieder mal aus wie ein Ferkel!« Oder muss Ihr Kind oft Kritikfeuerwerke ertragen?

? Wie wichtig sind heute noch angenehme Umgangsformen?

Umgangsformen regeln das menschliche Miteinander, indem man durch bestimmte Gesten dem Gegenüber seinen Respekt bezeugt und selbst auch respektvoll behandelt wird. Es gibt wohl niemanden, der nicht ein Minimum an Umgangsformen von seinen Mitmenschen erwartet: Etwa »Bitte« und »Danke« zu sagen, sich beim Gähnen die Hand vor den Mund zu halten, den Nachbarn zu grüßen, jemandem die Tür aufzuhalten, sich nicht vorzudrängeln …

Das gilt gleichermaßen bei Tisch: Es sollte nicht geschmatzt werden. Warme Speisen isst man in der Regel nicht mit den Fingern. Bei den Mahlzeiten läuft man nicht hin und her. Man darf den anderen nicht alles vor der Nase wegessen … Finden Sie das Ihnen gemäße Maß. Und denken Sie daran, dass normalerweise kaum ein Familienmitglied zuhause Benimmregeln einhält, die es beherrscht.

? Wie erlernen Kinder ein gesundes Durchsetzungsvermögen?

Kinder brauchen hierzu Lebenswelten, in denen nicht nur Unterordnung gefordert ist, sondern Mitbestimmung gelebt werden kann. Sie müssen immer wieder erleben, dass es auf ihre Meinung und Wünsche ankommt und dass es sich lohnt, dafür zu kämpfen. An Vorbildern können sie erlernen, wie man argumentiert oder Kompromisse aushandelt. Sie erfahren, dass ein »Nein« den Gegenüber nicht unbedingt beglückt, aber akzeptiert wird.

Um zu lernen, wie man sich gut miteinander auseinandersetzt, wie man respektvoll miteinander diskutiert und wie man streitet, ohne sich zu verletzen – dafür besteht in der eigenen Familie der sicherste Übungsraum. Kinder können sich der Liebe ihrer Eltern meist gewiss sein, somit ist hier das Ausprobieren am ungefährlichsten. Es wird also leider anstrengend für Sie. Doch daran werden Sie wachsen.

? Mein Kind soll sich nicht alles gefallen lassen. Was kann ich dafür tun?

Ihr Kind muss lernen, sich zu wehren und dabei unterschiedliche Taktiken einzusetzen. Es trainiert so, Probleme auf vielfältige und der jeweiligen Situation angemessene Weise zu lösen. Zwischen körperlicher Aggressivität und »Ehe es Streit gibt, gebe ich lieber nach!« liegen hunderte von Zwischenstufen. Sie können versuchen, Ihrem Kind Formen von Konfliktlösungen vorzuleben. Denn es wird Sie natürlich genau beobachten und belauschen, wenn Sie von Ihrem Chef berichten, bei der Reklamation im Supermarkt oder dem Termin beim Anwalt. Nutzen Sie Alltagserlebnisse, Vorfälle aus den Medien, Filme und Geschichten, um immer wieder über das Thema Konflikte zu sprechen. Reden Sie darüber, warum Menschen sich so und nicht anders verhalten haben. Suchen Sie mit Ihrem Kind nach Alternativen.
Gestehen Sie Ihrem Kind außerdem Raum zum Ausprobieren zu. Zum Beispiel beim Streit mit den Geschwistern oder Freunden. Auch wenn es dabei erst einmal oft über das Ziel hinausschießt. Das kann man wiedergutmachen.
Sprechen Sie abschließend immer wieder über Vor- und Nachteile von Handlungsalternativen, sobald sich die Gewitterwolken verzogen haben.

? Wie vermeide ich, dass sich mein Kind zu aggressiv gegenüber anderen durchsetzt?

Leben Sie Ihrem Kind vor, dass man andere nicht demütigt. Vielleicht halten Sie sich ja an die Regel, seine Mitmenschen so zu behandeln, wie man selbst behandelt werden möchte. Wenn Sie ein verstärktes aggressives Verhalten bei Ihrem Kind wahrnehmen, sollten Sie dies nicht auf die leichte Schulter nehmen (siehe Seite 229 f.)! Tun Sie auch etwas, wenn Ihr Kind besonders ängstlich ist (siehe Seite 64 f.). Hinter vielen aggressiven Taten stecken übersteigerte Ängste. Achten Sie auf Werte, die Sie Ihrem Kind direkt und indirekt vermitteln.

Es sollte in Filmen, Gameboy-, Playstation- und PC-Spielen, Comics und Büchern nicht nur erleben, wie man andere beherrscht, besiegt oder bekämpft (siehe Seite 170 f.). Stärken Sie sein Selbstbewusstsein. Wer sich seiner selbst sicher ist, kann auch nachgeben (siehe Seite 12 f.). Bringen Sie ihm alternative Verhaltensweisen bei, sich durchzusetzen.

? Wie mache ich mein Kind teamfähig?

Dazu muss Ihr Kind sich in sein Gegenüber hineinversetzen können. Besonders wichtig ist dabei die Fähigkeit, die unausgesprochenen Botschaften des anderen richtig zu entschlüsseln (Mimik, Stimmklang, Erröten ...). Dazu ist es in etwa ab dem Kindergartenalter in der Lage.
Sprechen Sie deshalb oft darüber, was in Ihnen vorgeht. Fragen Sie nach den Vermutungen Ihres Kindes, was sein Verhalten bei seinem Gegenüber ausgelöst haben mag. Fragen Sie, welche Gefühle und Absichten jemand auf einem Foto oder in einem Film haben könnte.

- Ihr Kind muss eigene Interessen vertreten können:
  Das lernt man nur, indem man es tut. Lassen Sie Ihr Kind bei Diskussionen öfter einmal gewinnen, wenn es sich geschickt angestellt und gut argumentiert hat. Es muss nachgeben und verlieren können: Auch das sollten Sie Ihrem Kind immer wieder vorleben. Es muss mit Meinungsverschiedenheiten umgehen können: Darum sollte es eine Grundregel in Ihrer Familie sein, dass jeder eine eigene Meinung haben darf. Beharren Sie nicht darauf, dass nur Sie die absolute Wahrheit kennen. Leben Sie vor, wie Sie selbst Kompromisse aushandeln.
- Ihr Kind muss Konflikte lösen können:
  Dazu sollten zunächst alle Beteiligten ihre Ansichten und Argumente darlegen dürfen. Seien Sie dabei kreativ und lassen Sie zunächst auch scheinbar verrückte Lösungsvorschläge zu. Bewerten Sie anschließend alle Ideen und erarbeiten Sie einen Vorschlag, mit dem alle leben können.

- Ihr Kind sollte andere achten und respektvoll behandeln: Gehen Sie in Ihrer Familie achtungs- und respektvoll miteinander um. Lassen Sie Regelverletzungen diesbezüglich weder innerhalb noch außerhalb der Familie zu.

? Was ist eine gute Kommunikationsfähigkeit. Und wie erlernen Kinder diese?

Für eine erfolgreiche Kommunikation sollten zu jeder Zeit folgende Regeln beachtet werden:

- Ich lasse ausreden!
- Ich mache keine Vorwürfe, sondern spreche darüber, was ein Verhalten in mir auslöst (Ich-Botschaften).
- Ich vermeide Übertreibungen wie »immer, nie, dauernd«.
- Ich fasse mich kurz! Das galt früher am Telefon. Ich halte keine Monologe und verfalle nicht ins Predigen. Eine Aussage sollte nicht länger als drei Sätze sein. Dann muss mein Gegenüber die Möglichkeit zur Erwiderung haben. Lesen Sie dazu auch auf Seite 31 f. nach.
- Ich kontrolliere immer wieder, ob ich richtig verstanden worden bin und frage nach.

Laufen Diskussionen schief, wird oft gar nicht mehr über das ursprüngliche Thema gesprochen. Es geht dann manchmal nur noch darum, wer Recht haben darf und wer nachgeben muss. Oder es werden ungebremst Gefühle abreagiert. Wenn Sie dies in einem Gespräch vermuten, sollten Sie immer gleich offen darüber sprechen.

Versuchen Sie immer mal wieder, einmal in die Haut Ihres Kindes zu schlüpfen. Wenn Sie Ihr Kind verstehen, sich in dieses einfühlen, seine Gefühle und Bedürfnisse erkennen und in den eigenen Botschaften berücksichtigen, kann dies ebenfalls ein wichtiger Schlüssel für konstruktive Gespräche sein. Es ist hilfreich, erst einmal zu signalisieren, dass Sie Ihr Kind verstehen und seine Absichten auch ernst nehmen. Gehen Sie erst dann auf Ihre eigenen Wünsche und Ziele ein.

Bieten Sie ein breites Übungsfeld, in dem Sie mit Ihrem Kind fair streiten (mit dem Vater, der Mutter, den Geschwistern) und diskutieren, damit es diese Regeln lernen kann.
Wichtig ist, ein Streitgespräch hinterher noch einmal für sich selbst Revue passieren zu lassen, um zu überprüfen, ob Sie dabei fair waren und ob bzw. wodurch das Gespräch unter Umständen destruktiv wurde. Kennen Sie Ihre eigenen häufigsten Kommunikationssünden? Dann können Sie es das nächste Mal besser machen …

? Wie lernt mein Kind, Konflikte zu lösen?

Auch hier gilt: Üben – Nachahmen – Üben. Manche Kinder haben damit Schwierigkeiten, weil ihnen wohlmeinende Eltern zu oft alle Steine aus dem Weg geräumt haben. Wenn ein Kind aber meist bekommt was es will, kann es schlecht aushalten, dass das einmal nicht der Fall ist. Sobald sich die Erwachsenen immer auf das Kind und seine Bedürfnisse einstellen, lernt es zu wenig, sich auch auf andere einzustellen. Kompromisse zu finden hingegen lernt Ihr Kind, indem es diese Möglichkeit der Konfliktlösung oft angeboten bekommt und ebenso oft aufgefordert wird, sich einen Kompromiss auszudenken. Zu Beginn müssen Eltern dabei natürlich noch verschiedene Möglichkeiten anbieten und ihr Kind aussuchen lassen. Später können Sie Ihr Kind auffordern, sich selbst etwas einfallen zu lassen.
Zur Konfliktlösung gehört auch, sich zu entschuldigen, wenn man über das Ziel hinausgeschossen ist oder sich im Ton vergriffen hat. Vielleicht nicht nur mit einer halbherzigen Entschuldigung, sondern einem Freundschaftsbeweis wie einem selbst gemalten Bild. Andererseits ist auch Vergeben gefragt. Jeder macht einmal Fehler. Nicht immer ist das, was einen ärgert, auch persönlich gemeint. Wo Menschen zusammenkommen, entstehen auch einmal Missverständnisse. Das ist ganz normal. Diese sollten Sie wohlwollend mit Ihren Kindern aufzuklären versuchen.

Handwerkszeug für eine gelingende Erziehung

Viele Eltern sind heute verunsichert. Sie suchen nach der bestmöglichen Erziehungsmethode für ihre Kinder und merken schnell, dass in den Ratgebern in den letzten Jahren recht verschiedene Empfehlungen erteilt wurden. Noch vor gar nicht langer Zeit standen Selbstverwirklichung und Individualität hoch im Kurs. In letzter Zeit wird jedoch wieder der Ruf nach mehr Grenzen laut: Kindergärtnerinnen stöhnen über Kinder, die die einfachsten sozialen Regeln nicht beherrschen. Und sogenannte »Super Nannys« bemühen sich im Fernsehen, außer Rand und Band geratene Kinder in nette Familienmitglieder zu verwandeln.
Die meisten Eltern wollen weder kleine Monster, die sie tyrannisieren, noch Kinder, die sich willig wie eine Marionette steuern lassen. Doch wie findet man den goldenen Mittelweg? Im folgenden Kapitel erhalten Sie zu diesem Thema viele praktische Hinweise.
Ich möchte Ihnen dabei vor allem eines nahebringen: Es gibt in Erziehungsfragen kein absolutes Richtig und Falsch. Es gibt nie nur einen Weg, um auf das Verhalten Ihres Kindes zu reagieren oder um es in eine bestimmte Richtung zu lenken. Alle gangbaren Wege und elterlichen Reaktionen haben jeweils Vor- und Nachteile, je nachdem aus welcher Zielsetzung Sie sie betrachten. Manchmal ist eher Konsequenz, manchmal Verständnis angesagt. Und oft brauchen Sie beides gleichzeitig. Das macht es so kompliziert. Suchen Sie Ihren eigenen Weg. Dabei können Sie Fehler nicht vermeiden.
Doch keine Sorge, die meisten Kinder haben einen natürlichen Schutz gegen elterliche Fehler, wenn sie sich grundsätzlich geliebt und angenommen fühlen. Schließlich waren Eltern noch zu keiner Zeit perfekt!

Vorbilder und Erziehungsziele

? Auf welchen Lerngesetzen basiert Erziehung?

Ein Verhalten wird wiederholt, wenn es für den Menschen einen Nutzen hat: Das bedeutet, wenn das Kind damit sein Ziel erreicht, ein Bedürfnis befriedigt wird, es Zuwendung und Aufmerksamkeit bekommt.

- Viele Kinder entwickeln ein störendes Verhalten, weil sie dafür ungebührlicherweise die Aufmerksamkeit der Eltern bekommen. Wären sie »lieb«, würden sie so manches Mal von den vielleicht viel zu oft beschäftigten oder abwesenden Eltern übersehen werden. Dann ist es immer noch besser, Papa oder Mama schimpfen oder machen sich einmal richtig Sorgen um einen.
- Ein Verhalten tritt seltener auf, wenn es erfolglos ist, also nichts bewirkt, oder einen negativen Effekt hat. Wenn etwa das Kind sich die Finger verbrennt, wenn es die Herdplatte berührt oder den Film verpasst, weil es aus dem Zimmer geschickt wird, da es die anderen genervt hat.
- Jedes Verhalten hat immer eine Kurzzeit- und eine Langzeitwirkung. Wenn Sie mit Ihrem Kind reden, wirkt es vielleicht zunächst wenig einsichtig und tut später oft doch, was Sie besprochen haben. Es hat sich dann vielleicht entschieden, den zu erwartenden Ärger lieber zu vermeiden. Wenn Sie Ihr Kind bestrafen, räumt es vielleicht gleich heulend sein Zimmer auf. Es ist jedoch sauer auf Sie, sein Spielzeug und die Ordnung sowieso. – Deshalb sollten Sie auf die erste ablehnende Reaktion Ihres Kindes nicht oder nur kurz mit einem »Du weißt, was ich von dir erwarte« eingehen.
- Aus Erfahrungen lernen Kinder besser als aus Angst vor Strafe. Ihr Kind wird vielleicht aufräumen, wenn eine bestimmte Strafe droht (siehe Seite 43). Es hat so jedoch nicht erfahren, dass man die Dinge schneller findet, wenn man ein bestimmtes Ordnungssystem hat. Es wird Sie eher dafür ablehnen, dass Sie es mit einer Strafandrohung zwingen, sich Ihren persönlichen Vorlieben unterzuordnen.

Dabei kommt nichts anderes heraus, als dass es Ihr Verhalten als unverständlich abtut und nichts lernt.

- Ihr Kind lernt intensiver, wenn mehrere Sinneskanäle (Hören, Sehen, sich Bewegen …) benutzt werden. Wenn es Aufforderungen nicht nur hören (Ohr), sondern sie beispielsweise auch aufschreiben (Bewegung) und vor Augen haben kann. Drückt man einen Menschen immer nur in eine bestimmte Richtung, reagiert dieser in der Regel mit einen Gegendruck in die andere. Deshalb ist es besser, einem Kind einen größeren Spielraum für Entscheidungen (und die damit verbundenen Folgen) zu bieten.

? Welche Rolle spielt für unser Kind mein Vorbild als Mutter oder Vater?

Beim Kinderarzt las ich neulich: »Wundere dich nicht, wenn deine Kinder nicht auf dich hören. Sie machen dir eh' alles nach!« Damit hat ein kluger Mensch ein weiteres Grundgesetz von Erziehung formuliert. Eltern unterschätzen jedoch häufig ihre Vorbildwirkung und setzen zu viel auf Appellieren, Drohen und Belohnen. Sie können Ihrem Kind noch so viel erzählen: Wenn es feststellt, dass Sie sich selbst ganz anders verhalten, wird es sich weniger nach Ihren Worten als nach Ihren Taten richten (siehe Seite 9 f.).

? Sind Ziele und Idole für Kinder heute noch wirklich wichtig?

Wissen Sie eigentlich, welche Idole und Ideale Ihr Kind hat? So dünn zu sein wie »Germany's next Topmodel«? Ein toller Held zu sein wie »Super- oder Spiderman«? So schnell Auto zu fahren wie ein Formel-1-Pilot?
Es ist leichter, sich in einem bestimmten Lebensbereich anzustrengen, wenn man das Ziel kennt. Sprechen Sie mit Ihrem Kind doch einmal darüber. Erzählen Sie von Ihren Idolen als Kind und Ihren Lebenszielen im jetzigen Leben.

? Gibt es Regeln für gute Gespräche, damit sie nicht im Streit enden?

Vorbereitung: Überlegen Sie vorher genau, was Sie erreichen wollen. Grenzen Sie den Themenbereich ein, damit Sie sich nicht verzetteln und Ihr Kind nicht überfordern. Suchen Sie einen geeigneten Zeitpunkt aus. Kündigen Sie vorher an, wann Sie worüber sprechen wollen.

- Motivieren: Sagen Sie zu Beginn noch einmal, worüber Sie sprechen wollen und warum. Nennen Sie Vorteile, die eine Einigung für Ihren Sohn haben würde: »Ich habe es satt, dass es jeden Tag Streit wegen des Fernsehens gibt. Das geht dir sicher ähnlich. Deshalb will ich eine klare Regelung.«
- Kurzfassen: Vermeiden Sie lange Palaver. Eine Sprachsequenz sollte in der Regel nicht mehr als drei Sätze umfassen. Dann ist Ihr Kind dran.
- Regeln: Führen Sie Regeln ein. Es spricht immer nur einer. Alle haben die gleiche Redezeit zur Verfügung. Niemand wird verletzt oder abgewertet.
- Genau zuhören: Hören Sie genau zu, was Ihr Kind sagt, und versuchen Sie einmal, sich in seinen Standpunkt hineinzudenken und zu -fühlen.
- Die Führung behalten: Zeigen Sie, wo Verhandlungsspielräume sind und wo die Grenzen: »Wir können darüber sprechen, welche Pflicht im Haushalt du übernimmst. Aber du wirst eine übernehmen müssen.«
- Einbeziehen: Lassen Sie das Kind Lösungsvorschläge machen. Wenn es bei der Lösung einbezogen wird, steigt die Chance, dass es die Vereinbarung einhält.
- Nicht abschweifen: Vermeiden Sie das Abgleiten der Diskussion auf Nebenthemen, die nichts mit der Angelegenheit zu tun haben: »Mit deinem Bruder werde ich ebenfalls besprechen, was er im Haushalt helfen kann. Wir werden eine faire Lösung finden. Jetzt geht es um dich.«
- Begrenzen: Vertagen Sie, wenn es keine Lösung gibt oder sich die Diskussion aufgeschaukelt hat. Kündigen Sie gleich an, wann die Diskussion fortgeführt wird.

- Ausprobieren: Vereinbaren Sie zeitlich befristete Probedurchläufe. Sie müssen nicht gleich die perfekte Lösung finden. Oft muss man nachverhandeln.
- Konkretisieren: Versuchen Sie, eine Vereinbarung so konkret wie möglich zu halten, und fassen Sie das Ergebnis zusammen. Kinder und Eltern haben erstaunlich unterschiedliche Vorstellungen davon, wann etwa der Mülleimer voll ist. Da ist der nächste Streit vorprogrammiert. Wann soll der Müll also spätestens rausgebracht werden? Halten Sie die Absprachen schriftlich fest und hängen Sie sie auf.

? Was versteht man in schwierigen Situationen unter emotionaler erster Hilfe?

Wenn sich Ihr Kind mit seinen kleinen und großen Sorgen an Sie wendet, ist es wichtig, es angemessen zu trösten und wieder aufzubauen. Beachten Sie dabei Folgendes:

- Nehmen Sie den Kummer grundsätzlich ernst, auch wenn Sie vielleicht innerlich schmunzeln müssen.
- Nehmen Sie den Kummer aber nicht zu ernst. Bleiben Sie ruhig und gelassen. Sonst steigert sich Ihr Kind – je nach Persönlichkeit (siehe Seite 60 f.) – eher weiter hinein oder spielt gleich alles wieder herunter.
- Fragen Sie behutsam nach. Was steckt zum Beispiel hinter dem Streit mit der Freundin?
- Halten Sie sich mit schnellen Ratschlägen und Kommentaren zurück: »Bestimmt machst du etwas falsch, wenn die anderen mit dir nicht spielen wollen!« »Hör' doch einfach nicht drauf, wenn die anderen Dickerchen zu dir sagen!«
- Das Kind braucht jetzt in erster Linie Ihr Verständnis und Ihre Solidarität. Oft wird aus einem »Ich hab überhaupt nichts gemacht!« ein »Na ja, da hab' ich ihn aus Versehen geschubst«, nachdem Sie sich mit dem Kind gemeinsam über den grundlos boxenden Freund aufgeregt haben. Ich weiß, das wird Ihnen am Anfang schwerfallen, aber versuchen Sie es doch einfach einmal, es klappt meist.

? Was ist unter einer sogenannten Qualitäts- oder Positivzeit zu verstehen?

Als Eltern müssen Sie oft reglementieren, kritisieren und fordern. Damit sich Ihr Kind mit der Familie weiter identifiziert (»Ja, ich will mich in diese Familie einordnen, weil sie mir gefällt«!) und sich in ihr weiter wohlfühlt, brauchen Sie zum Ausgleich gute gemeinsame Zeiten.
Kinder – und nicht nur diese! – wollen nicht nur funktionieren und ständig zufriedenstellende Leistungen abliefern. Sie fügen sich leichter ein, wenn es Spaß macht, in ihrer Familie zu leben. Gemeinsame Erlebnisse, Spiele, Kuscheln, miteinander Reden sind also täglich ein Muss. Auch bei knapper Zeit.

? Wie schaffe ich es, meine guten Vorsätze in Sachen Erziehung in die Tat umzusetzen?

Seien Sie geduldig mit sich, was Ihre eigenen Veränderungen betrifft. Vermutlich werden Sie folgende Stufen durchlaufen:

- Sie erkennen ein Problem und fassen den Entschluss, es anzupacken und gezielt zu verändern.
- Sie haben eine Idee, wie Sie das tun wollen und wie Ihr neues Zielverhalten aussehen soll.
- Sie beobachten, dass Sie sich in der Situation doch wieder genau so verhalten haben, wie Sie es nicht mehr tun wollten. Nicht verzweifeln! Hinterher fällt Ihnen ein, was Sie anders hätten machen können. Der Volksmund sagt dazu: »Der Geist ist willig, aber das Fleisch ist schwach!«
- Ab und an schaffen Sie es jetzt in der Situation, das neue Verhalten auszuprobieren und anzuwenden.
- Weiterhin ertappen Sie sich bei alten Verhaltensmustern. Das ist kein Wunder, denn wie lange haben Sie es »so« auf die altbewährte Weise gemacht? Haben Sie Geduld mit sich selbst! Sie werden sehen, dass der Anteil Ihres gewünschten Zielverhaltens immer mehr zunimmt.
- Sie merken jetzt, dass sich Ihr neues Verhalten bereits automatisiert hat und sind nun bitte sehr stolz auf sich!

INFO

Bei Kindern verlaufen Verhaltensänderungen übrigens ähnlich wie bei Erwachsenen. Allerdings arbeiten sie natürlich nicht so überlegt und kontinuierlich an sich!

? »Man streitet sich nicht vor den Kindern.« Gilt dieses Gebot heute noch?

Nein. Wie sollen Kinder sonst lernen, wie man Meinungsverschiedenheiten konstruktiv löst?
Verschiedene Meinungen gehören zum Leben. In partnerschaftlichen Beziehungen wie in der Familie entscheidet keine Autorität darüber, wer Recht hat. Im fairen Meinungsaustausch müssen Kompromisse gefunden werden. Manchmal nähern sich die Meinungen aller Beteiligten an. Manchmal bleibt nur der Weg, sich auf ein gemeinsames Vorgehen zum Wohle beider Seiten zu einigen.
Aber: Achten Sie darauf, worüber und wie Sie in Gegenwart Ihres Kindes streiten. Das Thema, ob Sie sich nun scheiden lassen sollten oder nicht, ist sicherlich vor den Kindern tabu. Davon wären diese überfordert, außerdem macht es ihnen Angst. Streitigkeiten, die Ihnen entgleiten und eskalieren könnten, sollten Sie ebenfalls nicht vor den Kindern austragen. Es geht vielmehr darum, dass Ihre Kinder Diskussionen über die verschiedensten Alltagsthemen miterleben. Diese sollten Sie so fair wie möglich führen und dabei vorleben, wie Sie sich um eine Einigung bemühen.

TIPP

Wenn ein Streit mit Ihrem Partner einmal aus dem Ruder läuft, sagen Sie rechtzeitig »Stopp« und vertagen Sie das Ganze auf einen günstigeren Zeitpunkt. Falls das schiefgeht, sollten Ihre Kinder unbedingt mitbekommen, dass Sie sich wieder versöhnen.

Es kann bei Diskussionen um Erziehungsfragen sogar hilfreich für das Kind sein, wenn es erlebt, dass der eine Elternteil es versteht und seine Haltung unterstützt, während der andere den »Erwachsenen-Standpunkt« vertritt. Allerdings nur, wenn es sich dabei um kleinere Unstimmigkeiten handelt, nicht immer der Gleiche der Buhmann ist und Sie abschließend zu einem gemeinsamen Vorgehen finden (siehe Seite 91).

? Wann sollten Kinder welche Entwicklungs- und Lernfortschritte absolviert haben?

Die individuellen Unterschiede von Kindern werden ab dem Kleinkindalter immer größer. Familiensituation, Lebensraum und Individualität beeinflussen den Entwicklungsverlauf mit den Jahren immer stärker. So muss sich ein Stadtkind viel schneller im Straßenverkehr zurechtfinden als ein Landkind. Ein Kind mit vielen Geschwistern wird um einiges eher selbstständig als ein allzeit umsorgtes Einzelkind. Ein Kind an einer Grundschule in einem sozialen Brennpunkt wird eine andere soziale Kompetenz entwickeln als ein Kind an einer Waldorfschule. Beobachten Sie deshalb die Kinder in Ihrem Umkreis unter vergleichbaren Lebensbedingungen und bleiben Sie mit anderen Eltern, den Erziehern im Kindergarten oder den Lehrern im Gespräch. Die Entwicklung eines Kindes verläuft nie linear: mal geht es vorwärts, mal wieder einen Schritt rückwärts. Natürlich gibt es auch Meilensteine der Entwicklung, die in einem bestimmten Zeitfenster erreicht werden, z.B. Stehen, Gehen, Bauen, Malen, Schreiben, Lesen etc. Was beherrschen gleichaltrige Kinder schon, was noch nicht? Beobachten Sie gleichzeitig die Entwicklungsfortschritte Ihres Kindes. Nur: Ihr Kind lernt nicht schneller lesen, wenn Sie wissen, dass andere Kinder das schon können! Es muss seinem eigenen Entwicklungstempo entsprechend vorankommen. Im Zweifelsfall sollten Sie jedoch für eine geeignete Unterstützung sorgen. Peilen Sie immer den nächsten kleinen Entwicklungsschritt an und denken Sie sich dazu geeignete Übungsfelder aus.

Grenzen und Regeln

? Warum müssen wir unseren Kindern immer wieder Grenzen setzen?

Weil es in allen Lebensbereichen Grenzen gibt, die Kinder zu ihrem eigenen Schutz oder zum Schutz anderer akzeptieren müssen: Naturgesetze, sozialpsychologische Gesetze, juristische Gesetze. Ob diese nun gefallen oder nicht: Kinder müssen beizeiten akzeptieren lernen, dass Grenzen in den verschiedensten Lebensbereichen existieren. Damit sie nicht immer mit dem Kopf durch die Wand wollen oder auch anecken.
Grundsätzlich ist es wichtig, Kindern vieles zu erklären und Ver- und Gebote zu begründen. Ein Kind muss jedoch auch lernen, ein einfaches »Nein« oder »Stopp« zu akzeptieren, das die Eltern aussprechen. Das gilt nicht nur im Straßenverkehr oder wenn es zu laut wird. Manche Eltern tun sich schwer mit Grenzsetzungen. Sie möchten ihrem Kind nicht autoritär ihren Willen aufzwingen. Das ist gut so.
Die Alternative dazu ist jedoch keinesfalls, dass ein Kind seinen Eltern seinen Willen aufdrückt! Führen Sie Ihr Kind dahin, sich selbst für die Einhaltung einer Regel oder einer Grenze zu entscheiden. Ohrfeigen und Schütteln, Demütigen und Anschreien, aber auch Ignorieren und »Liebesentzug« sind beim Grenzensetzen tabu. Wie man es stattdessen richtig macht, lesen Sie bitte auf den nächsten Seiten.

? Wie lernen Kinder, Grenzen einzuhalten?

Grenzen zu akzeptieren ist für die meisten Kinder nicht einfach. Als Sie zum ersten Mal »Mensch ärgere dich nicht« mit Ihrem Kind spielten, mussten Sie ihm zunächst einmal die Regeln erklären. Die eine oder andere Regel sogar mehrmals, bis Ihr Kind sie verinnerlicht hatte. Das ist im wirklichen Leben mit seinen vielen Anforderungen genauso.
Dann hat Ihr Kind sicher ausprobiert, was passiert, wenn es »zufällig« falsch setzt. Sie haben ihm die Regel nochmals

erklärt und den Stein auf das richtige Feld gesetzt. Vielleicht hat Ihr Kind an der einen oder anderen Stelle mit Ihnen diskutiert, warum man immer das Startfeld leerräumen muss. Bestimmt hat es auch einmal erklärt, dass es nicht mehr mitspielen will, weil das Spiel aus seiner Sicht nicht gut lief. Vielleicht mussten Sie ein Spiel eines Tages abbrechen, weil Ihr Kind zu viel schummelte und Sie Konsequenzen folgen ließen. Mit den Regeln und Grenzen in einer Familie ist es ebenso. Kinder wollen ihre Eltern nicht ärgern, wenn sie dagegen angehen. Es geht nur um soziales Lernen: »Was passiert – wenn...? Wie komme ich um bestimmte unangenehme Ansagen am besten herum? Wie komme ich zu dem, was ich erreichen möchte?« Grenzen einzuhalten lernt Ihr Kind nur durch Erfahrung und das Erleben einer Konsequenz, wenn diese ignoriert werden. Nur so strukturieren Grenzen das Miteinander.

? Machen Familienregeln Sinn?

Dass es im Straßenverkehr Hinweis-, Warn- und Verbotsschilder gibt und geben muss, damit alles reibungslos läuft und möglichst wenige Unfälle passieren, sieht im Allgemeinen jeder ein. Gibt es allerdings an manchen Strecken zu viele Verkehrsschilder oder erscheinen diese willkürlich, fühlen sich Verkehrsteilnehmer nicht selten schikaniert und reagieren unter Umständen trotzig. Im schlimmsten Fall halten sie die Gebote nicht ein und werden so zum Risikofaktor. Das ist in einer Familie nicht anders.

Es gibt in jeder Familie viele unausgesprochene Regeln und solche, auf die Sie im Alltag immer wieder ausdrücklich verweisen sollten, wenn das Verhalten Ihres Kindes entsprechend verändert werden soll.

Beispiele dafür könnten sein:

- Wir beschimpfen uns nicht mit Worten wie »Du Trottel.« »Du bist ein Idiot.« und »Ich hasse dich!«
- Wenn wir vom Kindergarten oder der Schule nach Hause kommen, waschen wir uns als Erstes die Hände.

- Wir schreien uns nicht an. Wir schlagen uns nicht.
- Wir klopfen an die Zimmertür, wenn wir das Zimmer eines anderen betreten wollen.

? Wie setze ich am besten Grenzen?

Überlegen Sie sich zunächst genau, in welchen Bereichen Sie Ihre Grenzen klarer ziehen wollen.
Arbeiten Sie nicht an zu vielen Fronten gleichzeitig. Das heißt, beschränken Sie die Anzahl der Grenzen. Geben Sie klare Anweisungen, z.B.: »Mach den Fernseher bitte leiser«. Loben Sie Ihr Kind dafür, wenn es die Anweisung befolgt hat. Folgt es Ihrer Anweisung hingegen nicht, wiederholen Sie sie einmal und kündigen Sie eine Konsequenz an (siehe Seite 43 f.), wenn Ihr Kind wieder nicht folgen sollte, z.B.: »Mach bitte leiser, sonst darfst du heute nicht mehr weiterschauen«.
Loben Sie Ihr Kind, wenn es jetzt gehorcht.
Im anderen Falle müssen Sie jetzt die angekündigte Konsequenz umsetzen. Hier: Sie schalten den Fernseher aus.

? Wie macht man klare Ansagen?

- Ob Ihr Kind tut, was Sie wollen, hängt oft von der Klarheit Ihrer Aufforderung ab. Formulieren Sie Ihre Anweisungen deshalb so knapp, deutlich und eindeutig wie möglich!
- Anweisungen sind keine Bitte oder Frage. Eine Bitte darf man ablehnen. Eine Anweisung ist verbindlich. Aber auch eine Anweisung darf ein »Bitte« enthalten. Sagen Sie also nicht: »Würdest du bitte zum Essen kommen?« Sondern: »Komm jetzt bitte zum Mittagessen!«
- Achten Sie auf die Anzahl der Aufforderungen. Tragen Sie Ihrem Kind nicht zu viele Dinge gleichzeitig auf.
- Stellen Sie sicher, dass Ihr Kind Ihnen tatsächlich zuhört. In manchen Fällen ist es sinnvoll, sich die Aufforderung wiederholen zu lassen. Rufen Sie Ihrem Kind nicht aus der Küche etwas zu, sondern gehen Sie zu ihm. Es hilft manch-

mal, wenn Sie ihm in die Augen sehen, sobald Sie Ihre Aufforderung aussprechen. Sie können auch freundlich nachfragen, ob es verstanden hat, um was es geht.

? Ist es besser, dem Kind zu sagen, was es tun soll, als nur Verbote auszusprechen?

So sind die Menschen nun einmal: Wenn man ihnen sagt, sie sollen etwas lassen, wächst der Drang, es jetzt gerade erst recht zu tun. Das können Sie einmal ausprobieren, indem Sie für drei Minuten still sitzen und sich selbst verbieten, sich an die Nase zu fassen. Probieren Sie es aus! Für Kinder gilt dieser Mechanismus noch viel mehr!

Deshalb ist es oft Erfolg versprechender, jemandem zu sagen, was er tun soll, anstatt etwas zu verbieten! Nicht: »Zankt nicht rum!« Sondern: »Geht bitte in eure Zimmer und spielt eine Weile jeder für sich allein.«

? Was ist eine Ich-Botschaft?

Eine Ich-Botschaft ist eine sinnvolle und positive Möglichkeit, das Verhalten eines Menschen zu beeinflussen. Indem man den anderen nicht beschuldigt, sondern ihm erklärt, was sein Verhalten in einem auslöst, holt man ihn ins Boot.

- Statt: »Du bist eine fürchterliche Nervensäge und bringst mich noch zum Wahnsinn«, sagen Sie: »Ich bin heute völlig erschöpft und habe Kopfschmerzen. Lass mich bitte erst einmal eine halbe Stunde zur Ruhe kommen. Dann habe ich Zeit für dich und wir können spielen!«
- Statt: »Du siehst schrecklich aus. So kann man nicht rumlaufen«, sagen Sie: »Mir gefällt das nicht und es ist mir unangenehm, wenn ich so mit dir einkaufen gehen soll. Zieh dir bitte vorher eine andere Hose an.«
- Statt: »Nein, lass das. Das ist nichts für dich«, sagen Sie: »Das Spielen mit Streichhölzern ist gefährlich. Ich zeige dir draußen, wie man damit sicher umgeht.«

? Wie viel Strenge muss sein?

Sie sollten darauf achten, dass Ihre Ver- und Gebote für Ihre Kinder immer nachvollziehbar und durchschaubar sind. Versuchen Sie, die Position jedes Ihrer Kinder zu verstehen und übermitteln Sie ihnen auch, dass Sie das tun.
Achten Sie auf die Angemessenheit Ihrer Reaktionen. Das heißt, schießen Sie nicht mit Kanonen auf Spatzen.
Drohen Sie nichts an, was Sie dann nicht durchsetzen wollen oder können (siehe Seite 44 f.). Formulieren Sie keine leeren Drohungen! Setzen Sie immer um, was Sie angekündigt haben und lassen Sie eine Konsequenz folgen.

? Ist es hilfreich, zu »predigen«?

Manche Eltern denken offenbar: Viel (reden) hilft viel. Dabei hören die Kinder ihnen immer weniger zu. Wenn Sie ein solcher Vielredner sind, müssen Sie umlernen. Begründen Sie ab jetzt nur noch Aufforderungen, die neu oder ungewöhnlich sind. Sagen Sie ansonsten maximal zweimal klar, was Sie von Ihrem Kind erwarten. Lassen Sie sich auf keine Diskussionen oder weiteren Verhandlungen ein, sondern verlassen Sie sofort den Raum. Vielleicht noch mit dem Spruch: »Du weißt, was ich erwarte.« Oder: »Du hast gehört, was ich gesagt habe!«

TIPP

Bleiben Sie hartnäckig! Ihr Kind wird natürlich auch bei diesem Vorgehen nicht immer genau das tun, was es soll. Aber es ist dann klar, dass es selbst eine Erwartung nicht erfüllt hat, und das fühlt sich nicht so gut an (was man dem Kind nicht immer ansieht). Bleiben Sie dagegen im Raum und diskutieren weiter, wird zum einen gegebenenfalls Ihre Niederlage größer und zum anderen entkommt das Kind innerlich den eigenen Schuldgefühlen, indem es sauer auf Sie ist, weil Sie »immer nur schimpfen«.

? Wie viel Struktur ist in der Familie angemessen?

In Familien mit schwierigen Kindern ist in der Regel zu wenig Struktur in der Tagesgestaltung oder bei den Familienregeln zu finden. Viele dieser Kinder wirken nach Einführung einer Tagesstruktur richtig erleichtert, entspannt und zufrieden. Kinder scheinen sich an Strukturen zu orientieren. Sie geben ihnen Sicherheit und Halt und machen das Leben berechenbar. Versuchen Sie doch einmal, in einem Wochenplan Eckpunkte festzulegen. Wer macht wann was? Wer ist wofür zuständig? Wo gibt es gemeinsame Zeiten? Wann kommt jeder zu seinem Recht? Beziehen Sie Ihre Kinder bei der Planung mit ein, dann gibt es so schnell kein »Zuviel«!

? Warum sind Routinen und Rituale im Familienleben wichtige Taktgeber?

Vergleichen Sie Ihr Familienleben doch einmal mit einer Autofahrt. Eine bekannte Strecke können Sie viel entspannter angehen und genießen als eine unbekannte.
Ist Ihr Alltag zu sehr durchstrukturiert, kann das sehr stressig für alle werden: Jeder Tag sollte deshalb Spielraum für Unvorhergesehenes bieten. Ein Mangel an Struktur schafft dagegen eine Menge zusätzliche Kämpfe, Reibereien und Unruhe (siehe oben). Die meisten Kinder benötigen Regelmäßigkeit. Wenn Sie das Gefühl haben, Sie alle brauchen etwas mehr Ruhe und Routine, könnten Sie zunächst den Spielraum bei den Frühestens-Spätestens-Zeiten einschränken, zu denen die Kinder aufstehen, ins Bett gehen, Hausaufgaben machen, mit Freunden spielen, am Computer sitzen etc.
Überlegen Sie sich außerdem einen »idealen Tagesablauf« für Ihre Bedingungen, den Sie – so weit es geht – einhalten sollten, auch wenn das am Anfang sehr schwerfällt! Vergessen Sie dabei nicht, auch Zeiten für Spontaneität einzuplanen, in denen Raum ist für Lust und Laune. Führen Sie Familientraditionen ein und pflegen Sie diese.
Das könnten Rituale sein wie beispielsweise:

- gemeinsames Singen bei bestimmten Routinetätigkeiten;
- ein morgendlicher Spezialpower-Kakao in einer ganz besonderen Guten-Morgen-Tasse;
- ein »Toi, toi, toi! Ich denke ganz fest an dich.« vor der nächsten Klassenarbeit oder Schulaufgabe;
- ein Tischspruch oder -gebet vor dem Essen;
- Ansagen wie: »Ab acht Uhr haben die Eltern Feierabend!«
- eine Uhr im Bad, auf der Ihr Kind kontrollieren kann, ob es es schafft, in zehn Minuten bettfertig zu sein;
- eine Gute-Nacht-Geschichte vorlesen;
- ein Gute-Nacht-Lied singen;
- ein »Wie war dein Tag?«-Gespräch am Bett.
- Gliederung der Woche durch wiederkehrende Sondertage: in der Nacht von Freitag auf Samstag darf Ihr Kind bei Ihnen schlafen; Samstag ist Putztag, an dem sich jeder beteiligt; sonntags nach dem Frühstück oder Abendessen findet eine Familienspielestunde statt; mittwochs ist Picknicktag auf dem Kinderzimmerfußboden. Abwechselnd darf ein Familienmitglied etwas dafür einkaufen oder vorbereiten.

Lernen aus Erfahrungen

? Worin besteht der Unterschied zwischen Strafen und Konsequenzen?

Bei Strafen handelt es sich immer um willkürlich festgelegte Sanktionen von einer Autoritätsperson. Die ausgewählte Zwangsmaßnahme trägt allerdings nicht zu einer Lösung des Problems bei. Sie soll vielmehr als Abschreckung dienen, ein Verhalten nicht zu wiederholen. Das könnte sein:

- Hausarrest, weil der Müll nicht heruntergebracht wurde;
- Fernsehverbot, weil die Schwester geschubst wurde.

Konsequenzen dagegen sind mehr oder weniger logische Folgen des eigenen Verhaltens:

- Wenn Mama die Sachen des Kindes selbst in die Kommode räumen muss, bleibt weniger Zeit zum Vorlesen;

- Wenn schon wieder wegen Verbummelns neue Stifte gekauft werden müssen, fällt der Kinobesuch aus;
- Wer trotz Erinnerung ständig schmatzt, muss vom Tisch aufstehen, weil den anderen der Appetit vergeht.

? Was sind die Vorteile von Konsequenzen gegenüber Strafandrohungen?

Eltern berichten immer wieder, dass Strafen nur kurzzeitig wirken, wenn überhaupt. Meist muss man immer wieder die »Dosis« erhöhen, damit man überhaupt noch eine Reaktion erhält. Erwünschtes Verhalten erlernen Kinder durch sie nicht automatisch. Manche Kinder werden nur gleichgültiger gegenüber den Erwartungen der Eltern. Oder sie werden geschickter darin, sich nicht mehr erwischen zu lassen. Strafen werden von Kindern oft als ein »Ärgerst du mich – ärgere ich dich«-Prinzip erlebt. Manche Kinder folgen dann der vorgelebten Methode und versuchen ihrerseits, die »gemeinen« Eltern zu bestrafen: Sie werden frech oder versuchen, sie an anderer Stelle auszutricksen. Ein Kind, das Angst vor Strafen hat, lernt außerdem für später, Autoritäten blind zu gehorchen. Später könnte es sich eine andere Autorität suchen, zum Beispiel eine Freundesclique, die es dann zu Dingen anregt, die Eltern gar nicht gefallen.

TIPP

Konsequenzen werden von Kindern wegen des unmittelbar nachvollziehbaren Zusammenhangs zwischen ihrem Verhalten und der Folge als gerechter erlebt. Außerdem erfolgt bei einer Konsequenz meist eine Wiedergutmachung des Schadens. Etwas Kaputtgemachtes wird repariert oder etwas Verlorenes ersetzt. Es erfolgt eine Entschuldigung oder man macht jemandem, dem man einen Schaden zugefügt hat, als Ausgleich eine besondere Freude.

? Stimmt es, dass Eltern durch leere Drohungen unglaubwürdig werden?

Eltern wird nach einer Drohung oft selbst rasch klar, dass das Angekündigte wenig Sinn macht. »Wenn du nicht in fünf Minuten fertig bist, kommst du nicht mit zu Oma!« Eine solche Drohung schwächt Ihre Glaubwürdigkeit als Eltern, weil die Kinder schnell realisieren, was Sie ohnedies nicht durchsetzen können. Ein fünfjähriges Kind lässt man noch nicht allein zu Hause, während die Eltern die Oma besuchen.
»Wenn ihr nicht augenblicklich aufhört, um die Fernbedienung zu streiten, wird der Fernseher ausgemacht!« Würden Sie diese Drohung wahrmachen, wären Sie der Leidtragende, wenn Sie den Film selbst sehen wollten. Es ist wenig hilfreich, ein zu Stubenarrest verdonnertes, schlecht gelauntes Kind den ganzen Nachmittag zu Hause aushalten zu müssen.
Außerdem sind manche Strafen kaum sinnvoll durchzuhalten: Angenommen, ein Hausarrest summiert sich auf zwei plus zwei plus eine plus drei Wochen?
Damit zu drohen, nicht aufgeräumtes Spielzeug wegzuwerfen, ist auch keine gute Idee. Wie soll Ihr Kind lernen, Dinge und Werte zu achten, und womit sollte es sich beschäftigen?

TIPP

Oft werden Drohungen aus einer Wut heraus ausgesprochen und tun den Eltern hinterher schnell leid. Dann geraten sie in die Zwickmühle, sich entweder durch ein Zurücknehmen unglaubwürdig zu machen oder als Monstereltern dazustehen. Wenn es bei Ihrem Kind ein bestimmtes, immer wiederkehrendes Verhalten gibt, das Sie wütend macht, dann suchen Sie in einer ruhigen Stunde nach einer sinnvollen Konsequenz. Die können Sie ihm in Aussicht stellen, wenn es wieder so weit ist. So werden Sie nicht einfach von Ihrer Wut überrumpelt und Ihre in Ruhe vorgebrachte Ankündigung macht diesmal Sinn.

? Können sich Eltern ohne Strafen überhaupt gut und bleibend durchsetzen?

Sicher ist es zunächst einfacher, auf Standardstrafen wie Stubenarrest oder Fernsehverbot zurückzugreifen. Sie brauchen etwas mehr Fantasie, um logische Konsequenzen zu suchen. Es wird Ihnen vermutlich auch nicht immer gelingen. Die Mühe, die Sie zunächst investieren müssen, um eine Konsequenz zu finden, zahlt sich aber aus, weil diese letztendlich viel wirksamer ist als eine x-beliebige Strafe.

? Sind Geldstrafen für Eltern wegen einer Ohrfeige nicht übertrieben?

Es gibt inzwischen so zahlreiche Untersuchungen über die seelischen Folgen körperlicher Bestrafungen von Kindern, dass sich der Gesetzgeber gezwungen sah, diese zu verbieten und unter Strafe zu stellen. Es geht dabei meist weniger um körperlichen Schmerz als um die Folgen für die Seele. Stellen Sie sich einmal vor, Ihr Partner gibt Ihnen bei einem Fehler einen Klaps auf die Hand. Wie würden Sie sich fühlen? Jede Ohrfeige ist eine Demütigung. Sie ist ein Muster dafür, Konflikte mit Macht und Gewalt zu lösen. Geschlagene Kinder machen sich nicht selten innerlich hart gegen Gefühle, damit sie nicht an diesen ersticken. Das bringt ihnen im späteren Leben oft Nachteile im Kontakt mit anderen Menschen. Leider spüren sie diese seelische Verkapselung häufig selbst am wenigsten, nach dem Motto: »Das hat mir auch nicht geschadet!« Ohrfeigen sind also grundsätzlich kein legitimes oder gar wirkungsvolles Erziehungsmittel!
Doch Kinder können Erwachsene mit ihrem Verhalten tatsächlich verletzen und an ihre Grenzen und darüber hinaus bringen. Dann kann schon einmal die Hand ausrutschen. Das ist zwar weder für Ihr Kind noch für Sie selbst gut, aber wenn das bei einem Mal bleibt und Sie sich hinterher ehrlich bei Ihrem Kind entschuldigen, hält sich der Schaden in Grenzen und Ihr Kind fühlt sich nicht mehr ohnmächtig.

TIPP

Wie entschuldigen Sie sich in einem solchen Fall? Sagen Sie etwa: »Dass ich dich vorhin geohrfeigt habe, tut mir leid. Ich habe rot gesehen, als du ... Aber das rechtfertigt nicht mein Verhalten. Entschuldige bitte.« Seien Sie aber als »Entschädigung« hinterher nicht großzügiger, als Sie es wollten, und versuchen Sie nicht, Ihren Fehler durch etwas Materielles wieder gutzumachen. Überlegen Sie besser gemeinsam, was beide Seiten tun könnten, um solche Szenen in Zukunft zu vermeiden.

? Was halten Sie von Belohnungen?

Belohnungen können ein Kind anspornen, etwas zu tun, was ihm schwerfällt. Sie sollen es motivieren, sich für ein Ziel anzustrengen, das ansonsten wenig attraktiv für das Kind wäre. Es gibt spontane Belohnungen nach einer besonderen Leistung, die das Kind erbracht hat. Und ausgeschriebene Belohnungen, damit das Kind sich anstrengt.

Sich eine schlechte Angewohnheit ab- oder eine gute anzugewöhnen, ist für Kinder genauso anstrengend wie für Erwachsene. Deshalb verdient ein Kind, das nicht mehr an den Nägeln kaut oder seine Kleidungsstücke nicht mehr auf dem Boden herumliegen lässt, sondern aufräumt, schon eine Belohnung. Ein Kind, das mit viel Fleiß eine Zeugniszensur verbessern konnte, ebenso. Belohnungen können also hilfreiche Erziehungsmittel sein, wenn keine Belohnungsinflation ausbricht. Denn dann lernt das Kind, nur noch etwas zu tun, wenn es eine Belohnung erhält. Alltägliches Verhalten sollte deshalb nicht belohnt werden. So sind Hilfen im Haushalt selbstverständlich. Wenn das Kind aber einen ganzen Tag lang den Keller mit entrümpelt hat, kann das wieder eine Belohnung wert sein. Wenn es endlich keinen Streit mehr um die Kinderzimmerordnung gab, hat vielleicht die ganze Familie eine Belohnung verdient!

? Was sind sinnvolle Belohnungen?

Belohnungen sollten immer dem jeweiligen Anlass angemessen sein, etwa der Mühe, die das Kind investiert hat. Es müssen keine großen (und teuren) zusätzlichen Geschenke sein. Vielleicht machen Sie einfach:

- einen Ausflug mit der ganzen Familie in ein Spaßbad, wenn mit fleißigem Vokabelpauken endlich die Englischnote im Zeugnis verbessert wurde;
- eine abendliche Rückenmassage für ein fleißiges Kind;
- ein Familienpicknick im Wald, um zu feiern, dass das Kind schwimmen gelernt hat;
- einen Höhlenbetthimmel aus Gardinen, wenn das abendliche Zubettgehen reibungslos klappt.

? Wie lobe ich richtig?

Durch ein richtiges Lob schenken Sie Ihrem Kind Wertschätzung, Aufmerksamkeit und Liebe:

- Loben Sie nur Dinge, die Sie wirklich anerkennen können. Übertreiben Sie Ihr Lob nicht.
- Loben Sie auch kleinere Leistungen wie, »Schön, dass du heute die Brötchen geholt hast.«
- Wenden Sie sich beim Loben Ihrem Kind unmittelbar zu, anstatt ihm neben einer anderen Tätigkeit, wie etwa dem Abwasch, ein müdes »Toll gemacht!« zuzumurmeln.
- Nehmen Sie das Lob nicht gleich wieder zurück, indem Sie eine versteckte Kritik anhängen: »Prima, die Zwei im Diktat! Ich frage mich, warum geht das nicht immer so. Ich habe dir doch schon hundert Mal gesagt, dass du …«
  Auch wenn das Ergebnis einer Anstrengung möglicherweise noch nicht so überzeugend ist: Ihr Kind hat sich vielleicht sehr bemüht, oder es hat von allein daran gedacht, eine Geburtstagskarte für die Oma zu basteln, oder es hat ziemlich lange an einem Bauwerk gesessen. Das alles verdient ein dickes Lob! Lob können Sie noch intensivieren, indem Sie stolz von Ihrem Kind berichten.

WICHTIG

Überprüfen Sie von Zeit zu Zeit Ihre Maßstäbe, wenn Sie merken, dass Ihnen nur selten ein Lob über die Lippen kommt. Messen Sie Ihr Kind vielleicht immer an anderen? Versuchen Sie stattdessen ganz bewusst seine Fortschritte in seiner ganz individuellen Entwicklung zu sehen!

Wie kritisiere ich richtig?

Kritik ist hilfreich und wird von Ihrem Kind am besten angenommen, wenn folgende Bedingungen erfüllt sind:

1. Es muss den Kritiker mögen und achten sowie davon überzeugt sein, dass dieser es gut mit ihm meint.
2. Es sollte nicht zu oft an einem Tag kritisiert und dabei nicht eine Predigt aushalten müssen. Wie immer: Viel hilft einfach nicht viel – Ihr Kind schaltet nur ab!
3. Ihr Kind sollte von Ihnen genaue Informationen erhalten, was an seinem Verhalten nicht okay war. Geben Sie ihm eventuell einen Hinweis, was es stattdessen tun soll.
4. Der Ton muss angemessen sein. Man kann mit Lautstärke und Wortwahl einer Kritik jemanden demütigen oder vernichten oder aufbauen (siehe Seite 22). Außerdem: Wer brüllt, hat immer unrecht!
5. Kritik soll unmittelbar auf eine Situation erfolgen, möglichst konkret und sachlich ausfallen und sich auf ein Verhalten, aber nicht die ganze Person beziehen.
6. Kritik soll ermutigen, nicht entmutigen. Wenn Ihr Kind beispielsweise seine Hausaufgabe für toll hält, Sie aber zahlreiche Fehler entdecken und ein böses Erwachen bei der Kontrolle in der Schule ahnen, dann sagen Sie nicht: »Oh Gott, das ist ja alles falsch, das machst du sofort noch mal!« Sagen Sie stattdessen: »Ich sehe hier noch Fehler. Soll ich sie dir zeigen, damit du sie verbessern kannst?« Wenn Ihr Schreibanfänger Ihnen seinen ersten Brief vorlegt: »lipe Mama. Isch kradulire dia su dain kebutsdach.«,

dann zeigen Sie ihm nicht alle Fehler auf, sondern schenken Sie ihm Anerkennung dafür, dass er schon einen Brief allein geschrieben und das Prinzip des Lautierens verstanden hat. Sonst schreibt es irgendwann nicht mehr so gern. Sie können höchstens einzelne Wörter herausgreifen und etwa anmerken, dass man »unt« eigentlich mit »d« schreibt! Falls Ihr Kind für die Oma ein Bild gemalt hat und Sie wissen, es ist wirklich nur so in drei Minuten hingeschmiert worden, können Sie Ihr Kind aber durchaus auch sachlich darauf hinweisen, dass Oma dem Bild ansehen wird, dass es sich nur wenig Zeit genommen hat.

TIPP

Ist Ihr Kind nach einer Kritik traurig oder entmutigt, müssen Sie es wieder aufbauen. Machen Sie ihm Vorschläge, wie es das nächste Mal besser werden kann. Sagen Sie ihm, dass Sie darauf vertrauen, dass es lernt, das besser zu machen. Genauso wie es schon etwas anderes gelernt hat.

Eltern als Haltgeber

? Wie vermeide ich ständige Machtkämpfe?

Manchmal scheint in einer Familie unklar zu sein, wer der Chef ist. Eltern haben dann das Gefühl, ihre Kinder nicht mehr lenken zu können und nicht ernst genommen zu werden. Oft versuchen sie dann, mit Gewalt das Ruder herumzureißen – oder sie resignieren. Verschaffen Sie sich wie ein kluger General erst einmal den Überblick darüber, welche Gefechte Sinn machen. Verzichten Sie darauf, jede Schlacht gewinnen zu wollen. Das gelingt ohnehin niemandem. Sondern arbeiten Sie daran, den Krieg zu beenden. Verzetteln Sie sich nicht. Konzentrieren Sie sich auf wenige Problembereiche. Für diese nehmen Sie sich vor, sich von jetzt an durchzusetzen. Sie bestimmen von nun an die Regeln. Das gilt auch für die Bereiche, in denen Sie großzügig sein wollen, unabhängig vom Verhalten Ihres Kindes in einer Situation, seinem Betteln, Schreien oder Diskutieren. Wenn Sie beispielsweise nachgeben, nachdem Ihr Kind lautstark und ausdauernd im Supermarkt um eine Süßigkeit gekämpft hat, bringen Sie ihm bei, dass lautes Schreien oder sich Hinschmeißen und Weinen zum Erfolg führt. Wenn Sie aber vorweg bestimmen, dass es eine Süßigkeit aussuchen darf – wie Sie selbst Ihre Schokolade oder eine Illustrierte –, haben Sie zwar vielleicht die gleiche Süßigkeit wie im ersten Fall im Korb. Sie haben jedoch die Fäden in der Hand behalten. Wenn Ihr Kind nachvollziehbar argumentiert und nicht versucht, sich mit Schreien, Weinen oder Bocken durchzusetzen, sollten Sie eher nachgeben, um ihm zu signalisieren: »So kann man mit anderen umgehen«. Schränken Sie lieber die Zahl der Gefechte ein, aber geben Sie in diese Ihre ganze Kraft hinein. Sagen Sie klar, was Sie erwarten. Kündigen Sie eine Konsequenz an, wenn Ihr Kind nicht gehorcht, und setzen Sie diese dann unverzüglich durch (siehe Seite 43 f.). Aber: Niemand will immer nur nach der Pfeife eines anderen tanzen. Ihr Kind sollte deshalb auch genau die Bereiche kennen, in denen es selbst bestimmen kann.

? Wie kann ich die Klippen eines drohenden Machtkampfes umschiffen?

Verblüffen Sie Ihr Kind in einer solchen Situation, indem Sie etwas tun, was es überhaupt nicht erwartet.
Anstatt eine »Nein-doch-nein-doch«-Diskussion zu beginnen, verlassen Sie kopfschüttelnd den Raum oder drehen sich einfach weg. Das ist so, als lädt Sie Ihr Kind zu einem altbekannten Spielchen oder Tänzchen ein und Sie spielen einfach nicht mit. Vielleicht wird Ihr Kind vor lauter Staunen und Unsicherheit tun, was es tun sollte.
Sie könnten auch sagen: »Ich habe heute gar keine Lust, über Handschuhe zu streiten. Entscheide du.« Das ist etwas ande-

res, als nach einem längeren Kampf aufzugeben, und Sie behalten die Fäden in der Hand.
Oder Sie gehen zu Ihrem Kind, umarmen es und sagen: »Ach Schatz, nicht schon wieder ein Kämpfchen.« Sie könnten plötzlich laut in einer Unsinnsprache losschimpfen: »Palub ge ana fabu luti ato …«
Lenken Sie auf ein anderes Thema um: »Wollten wir nicht noch überlegen, welchen Kuchen wir für Oma am Wochenende backen?« Oder fangen Sie an zu fauchen und rufen Sie: »Ich bin ein Löwe, und wenn du nicht gleich in deiner Schlafhöhle bist, dann fresse ich dich.«
Sagen Sie etwa: »Komisch, ich kann mich erinnern, dass ich früher mit meiner Mutter auch immer Diskussionen um das Essen hatte. Soll ich dir mal davon erzählen?«
Verwenden Sie die Taktik der Wiederholung, wenn Ihr Kind Sie wieder einmal mit den gleichen Argumenten totdiskutieren will: »Aber Karin muss auch nie …«. Wiederholen Sie einfach Ihre Aufforderung. »Du bist nicht Karin.«

INFO

Wie Sie merken, geht es bei den oben genannten Beispielen um Humor, der jedoch nicht mit Sarkasmus zu verwechseln ist. Sarkasmus verletzt, meist sogar lang anhaltend. Humor ist etwas, worüber man gemeinsam lachen kann. Humor fällt einem jedoch schwer, wenn man bereits frustriert ist. Deshalb macht es Sinn, dass Sie sich im Voraus Formulierungen ausdenken, die Sie einmal ausprobieren möchten.

? Was sollte ein Kind selbst entscheiden dürfen?

Das kommt auf das Alter und die Reife Ihres Kindes an. Den äußeren Rahmen des Erlaubten bestimmen Sie.
Das Kind darf entscheiden bei Themen wie:
- was und wie viel es isst;
- welche Kleidungsstücke es anzieht;

- was in der gemeinsamen Spielzeit passiert;
- ob es am Abend in seinem Bett eine CD hören oder ein Buch ansehen oder lesen will;
- wofür es sein Taschengeld ausgibt …

Lassen Sie den Entscheidungsspielraum mit dem Alter Ihres Kindes immer weiter wachsen.

? Ist es normal, manchmal unheimlich wütend auf seine Kinder zu sein?

»Manchmal könnte ich sie auf den Mond schießen!« »Ach hätte die Klassenfahrt doch länger gedauert. Es war so erholsam ohne die Kinder!« Das sind durchaus keine Aussagen von Rabeneltern, sondern normale Gedanken und Gefühle, die die meisten Eltern kennen. Allerdings sprechen sie selten offen darüber. In der Regel haben Eltern heftige Schuldgefühle, wenn sie sich eingestehen, ihr Kind nicht in jedem Moment heiß und innig zu lieben. Doch dies tun die wenigsten Eltern. Kinder sind – manche mehr, manche weniger – anstrengend. Kinder bringen Eltern an ihre Grenzen und sogar darüber hinaus. Kein Wunder, dass Eltern manchmal vom stressigen Alltag völlig erschöpft sind. Schließlich arbeitet niemand sonst ohne Wochenende und Urlaub.

? Was kann ich tun, damit ich nicht vor Wut Dinge tue oder sage, die ich hinterher bereue?

- Zählen Sie bis zehn, bevor Sie etwas sagen.
- Verlassen Sie kurz das Zimmer.
- Sagen Sie still ein kurzes Gedicht oder Gebet auf, vielleicht eines mit Humor und Augenzwinkern, das Sie extra für solche Augenblicke ausgewählt haben. Zum Beispiel: »Lieber Gott, gib' mir die Gelassenheit, Dinge hinzunehmen, die ich nicht ändern kann. Gib mir die Kraft, Dinge zu verändern, die ich ändern kann. Und gib' mir den Verstand, das eine vom anderen zu unterscheiden!«

- Denken Sie an Ihren Lieblingsspruch und stellen Sie ihn sich auf einer schönen Postkarte vor. Etwa: »Jede Minute, die du im Ärger verbringst, versäumst du 60 glückliche Sekunden deines Lebens.«
- Fragen Sie sich: »Was wollte ich eigentlich gerade erreichen? Geht es jetzt noch darum?« Vielleicht wollten Sie ursprünglich Ihren Sohn auffordern, den Teller in der Küche wegzuräumen. Dann fiel Ihr Blick auf den schmutzigen Meerschweinkäfig und als Sie bei dem Stichwort Unzuverlässigkeit landeten, hielten Sie plötzlich einen Vortrag über die Bedeutung von Hausaufgaben! Der Teller steht jedoch noch an seinem Ursprungsort …
- Schließen Sie die Augen und denken Sie an Ihre persönliche Wohlfühlsituation: einen Spaziergang am Strand, eine Rückenmassage, ein Glas Rotwein in dem kleinen romantischen Ort in Italien …
- Seien Sie kreativ. Manchmal hilft ein Funkspruch ins Kinderzimmer: »Mama an Commander Kevin! Schwere Müllattacke in der Küche, bitte retten Sie uns.«
- Treten Sie aus der Situation heraus und sehen Sie sich wie in einem Film an, was sich da gerade abspielt: Ist wirklich absolut wichtig, worum Sie gerade streiten? Gibt es nicht Dinge, die Ihnen eigentlich viel wichtiger sind? Sie haben einen Streit wegen der Form einer Hausarbeit. Entscheidend ist doch aber, dass Ihr Kind Spaß am Lernen und Erfolg hat. Sie ärgern sich über Socken oder Kleidungsstücke unter dem Kinderbett. Ist es nicht wichtiger, dass Sie einen entspannten Tagesabschluss schaffen, damit Ihr Kind in Ruhe einschlafen kann?
- Schlüpfen Sie in die Haut Ihres Kindes. Wie erlebt es Sie gerade in dieser Situation? Wie fühlt es sich? Will es etwas gewinnen oder nur nicht verlieren?
- Denken Sie an die positiven Seiten Ihres Kindes!
- Stellen Sie sich bildlich vor, wie der Ärger aus Ihrem Bauch durch den Arm abfließt und als grüner Schleim auf den Boden neben Ihnen tropft.

- Nehmen Sie eine Auszeit: Wenn Sie spüren, dass Sie gleich die Beherrschung verlieren, drehen Sie sich um und verlassen das Zimmer, ohne etwas zu sagen oder mit dem Hinweis, in 20 Minuten wieder ansprechbar zu sein. Ziehen Sie sich zurück. Wenn Sie das Glück haben, dass ein anderer Erwachsener da ist, übergeben Sie an ihn.

? Oft grinst mich mein Sohn an. Und zwar umso mehr, je mehr ich mich aufrege. Wieso?

Wenn Sie gerade wütend schimpfen und Ihr Kind vor Ihnen steht und grinst, denken Eltern häufig, dass es sie nicht ernst nimmt und auslacht. Oft gibt es jedoch andere Erklärungen: Verlegenheit. Ein Versuch, sein Gesicht zu wahren, beziehungsweise nicht die Fassung zu verlieren. Oder ein Versuch, Sie zu beschwichtigen: Eigentlich kann man lächelnden Menschen nicht richtig böse sein. Vielleicht hat es ja ein bisschen recht: Wegen zweier herumliegender Socken regen Sie sich so auf, als ob Ihr Kind ein Verbrechen begangen hätte.

? Wie kann ich vermeiden, zunehmend aggressiv auf mein Kind zu reagieren?

Es gibt Eltern, die empfinden offensichtlich öfter und stärker als andere negative Gefühle ihrem Sprössling gegenüber, weil:

- er sie immer wieder hilflos zurücklässt;
- sie sich im Umgang mit ihm als Versager fühlen;
- er sie an einen ungeliebten Ex-Partner erinnert;
- sie durch ihn immer wieder in schwierige oder peinliche Situationen geraten;
- sie enttäuscht von Ihrem Kind sind.

Überlegen Sie, welche Situation oder welche Haltung davon auf Sie zutreffen könnte. Es hilft oft schon, sich selbst klarer zu sehen und besser zu verstehen. Wie gehen Sie eigentlich mit Ihrem Frust aus anderen Lebensbereichen um? Kommt es vor, dass Ihr Kind ihn abbekommt? Oder schlucken Sie Wut

so lange herunter, bis irgendwann eine Explosion unvermeidlich ist?
Suchen Sie sich in jedem Fall Entlastung: Am besten einen vertrauten Menschen zum Reden. Schreiben Sie Ihre Wut in ein Tagebuch. Tanzen Sie sich diese von der Seele oder gehen Sie Holz hacken. Holen Sie sich gegebenenfalls professionellen Rat. Überlegen Sie sich, was Ihnen mit Ihrem Kind derzeit noch Spaß macht, und versuchen Sie, bewusst einen Ausgleich zu dem ganzen Frust zu schaffen.

? Wegen meiner Schuldgefühle erlaube ich manchmal mehr, als ich will. Wie vermeide ich es?

Machen Sie sich bewusst, dass Schuldgefühle genauso normal sind wie die Unvermeidbarkeit, auch einmal Fehler zu machen und Schwächen zu haben. Sie können und sollen als Eltern nicht perfekt sein. Wären Sie es, würden sich Ihre Kinder minderwertig und schuldig fühlen. Schuldgefühle sollten Sie stattdessen motivieren, an Ihren Fehlern zu arbeiten, neue Wege in Erziehungsfragen zu beschreiten. Nutzen Sie diese Chance!
Wenn Sie alleine nicht weiterkommen und Unterstützung brauchen, wenden Sie sich an eine Beratungsstelle.

? Sind Auszeiten sinnvoll? Wenn ja, wie gehe ich dabei sinnvoll vor?

Es kann Zeit für eine Auszeit sein, wenn:

- Ihr Kind trotz mehrmaliger Ermahnungen ein bestimmtes untolerierbares Verhalten nicht einstellt;
- es trotz aller Bemühungen so wütend wird, dass es sich nicht beruhigen kann und nicht ablenken lässt;
- es vor lauter Bocken und Trotzen gar nicht mehr hören kann, was Sie gerade zu ihm sagen.

Setzen Sie Ihr Kind in diesem Fall an einen bestimmten Ort – auf die sogenannte stille Treppe oder den stillen Stuhl – und sagen Sie ihm in ruhigem Ton, der keine Widerrede duldet,

dass es eine Weile – etwa pro Lebensjahr eine Minute – dort bleiben muss. Tragen Sie es – ohne ihm wehzutun – notfalls dorthin. Manchmal muss man das am Anfang mehrmals tun. Wenn Sie keine gewaltlose Möglichkeit finden, dass Ihr Kind an diesem Ort verharrt, ist Ihre Autorität ernstlich gefährdet und Sie sollten sich bei einer Erziehungsberatung professionellen Rat holen. Nach Ablauf der Zeit darf Ihr Kind aufstehen, wenn es sich beruhigt hat. Loben Sie es dafür, dass es am Ort geblieben ist, und wenn es nicht mehr tobt.
Erwarten Sie aber bitte nicht, dass Ihr Kind sich von nun an wunschgemäß verhält. Es wird noch eine ganze Weile immer wieder testen, wie ernst es Ihnen mit der neuen Regel ist!

? Wann können und sollten Eltern Verträge mit ihren Kindern schließen?

Kinder fühlen sich sehr ernst genommen, wenn ihre Eltern das tun. Besonders schriftliche Verträge, bei denen beide Seiten unterschreiben, sind bei Kindern ab dem Schulalter bis in die Pubertät beliebt, denn so was tun sonst nur die Großen. In einem Vertrag vereinbart man einen Tausch: Wenn das Kind sich an eine Regel hält, bekommt es eine Belohnung. Wenn alle es schaffen, einen Streitpunkt so aus der Welt zu schaffen, darf sich die ganze Familie belohnen. Oder jeder gibt eine Verpflichtungserklärung ab: Der Sohn will eigenverantwortlich bis 15.00 Uhr mit den Hausaufgaben beginnen. Die Mutter verpflichtet sich im Gegenzug, ihn nicht mehr ständig daran zu erinnern.

? Wie arbeite ich mit einem Bekräftigungsplan?

Mit solchen Plänen soll bei Kindern positives Verhalten systematisch aufgebaut oder negatives Verhalten reduziert werden. Verhaltensfortschritte werden belohnt. Solche Punktesysteme kann man zu Hause oder in der Schule anwenden. Sie können es damit versuchen, wenn Ihr Kind lernen soll:

- selbstständig seine Schulmappe zu packen;
- jeden Montag von sich aus an seinen Turnbeutel zu denken;
- Wutanfälle zu reduzieren;
- aus dem elterlichen Schlafzimmer auszuziehen und im eigenen Zimmer zu schlafen;
- regelmäßig sein Zimmer aufzuräumen;
- zuverlässiger im Haushalt zu helfen.

Finden Sie für Ihr Kind erreichbare Ziele und beschreiben Sie sie exakt und überprüfbar. Nicht: »Lieb sein«. Besser: »Kein Betteln im Supermarkt«. Suchen Sie dann eine Belohnung aus. Ihr Kind muss sich schließlich anstrengen, um sein Verhalten zu verändern.

Dafür gehen Sie zusammen ein Eis essen. Oder es gibt einen Spiele- oder DVD-Abend. Alles muss für Ihr Kind gut nachvollziehbar sein. In einer Tabelle, die an einem gut sichtbaren Ort aufgehängt werden sollte, kann Ihr Kind jederzeit den aktuellen Punktestand verfolgen. Sie können bei kleineren Kindern an eine Sonne Strahlen malen oder auf einem Blatt Luftballons oder Sterne ausmalen lassen für jeden Punkt.

? Wie lauten die Spielregeln für Punktepläne?

Der Punkteplan sollte so lange laufen, bis Ihr Kind das neue Verhalten verinnerlicht hat. Dann wird der Abstand zwischen den Belohnungen immer größer. Sie erhöhen kontinuierlich mit jeder erreichten Etappe die Anforderungen, für die Ihr Kind sich die Belohnungen verdienen kann.

Arbeiten Sie nicht an zu vielen Verhaltensweisen gleichzeitig. Ein Vertrag sollte nie mehr als drei Zielverhaltensweisen enthalten. Beschreiben Sie das, was Sie erwarten, genau. Also nicht: »Anna soll sich mehr anstrengen«. – Wie sollten Sie da die Erfüllung nachvollziehbar überprüfen? Sondern: »Anna lässt sich Montag bis Freitag zehn englische Vokabeln abfragen. Samstag übt sie mit Papa dreißig Minuten Mathe«. Für neue Ziele sollten Sie zu einem späteren Zeitpunkt wieder entsprechend neue Verträge schließen.

Legen Sie zunächst einen Probedurchlauf für ein paar Tage oder Wochen fest. Oft merkt man dann, wo noch präzisiert oder nachgebessert werden muss.
Legen Sie genau fest, wann abgerechnet wird und halten Sie Ihren Part des Vertrages unbedingt verlässlich ein! Suchen Sie nach einer Form der Veranschaulichung der Erfolge: Vielleicht hängt eine Tabelle am Kühlschrank, in die Sie mit Symbolen wie Smileys, Sonnen oder Sternchen die Erfolge eintragen oder Sticker einkleben lassen.
Lassen Sie die Aktion bitte nicht sang- und klanglos einschlafen, sondern beenden Sie diese offiziell. Das gilt auch dann, wenn sie nicht funktioniert hat. Überprüfen Sie in diesem Fall noch einmal, woran es gelegen haben könnte. Und erklären Sie Ihrem Kind die Kündigung des Vertrages. Das ist wichtig für Ihre Glaubwürdigkeit!
Loben Sie Ihr Kind bei jeder sich bietenden Gelegenheit, dann wird es eine größere Bereitwilligkeit an den Tag legen.

? Kann ich mit Punktabzügen arbeiten?

Erst wenn die ersten Punkteplanwochen erfolgreich abgeschlossen wurden, können Sie im Zweifelsfall auch zusätzlich mit Punktabzügen arbeiten – aber nur für zuvor verabredete und ausgesuchte Dinge.
Angenommen, Ihr Kind hat sich eine Woche lang angestrengt und seine Aufgaben wunderbar erfüllt. Dafür hat es alle sechs möglichen Punkte erhalten. Am siebten Tag macht es eine Riesendummheit. Es entsteht ein erheblicher Schaden. – Eltern sagen dann manchmal: »Ich kann sie/ihn nun nicht noch dafür belohnen!« – Dafür nicht. Aber für die sechs Tage zuvor auf jeden Fall. Vereinbart ist vereinbart! Sechs Tage lang hat das Kind sich so verhalten, wie Sie es erwarteten. Die Dummheit vom siebten Tag muss anderweitig reguliert werden, etwa durch eine Wiedergutmachung.
Ein anderes Beispiel: Die Dummheit passiert am dritten Tag, sodass es einen Punkteabzug gibt. Dieser würde nun die ganze

Belohnung ins Wanken bringen. Warum sollte sich Ihr Kind jetzt überhaupt noch anstrengen? Vielleicht bleibt das Ziel aber erreichbar, wenn es Sonderpunkte verdienen kann? Auf jeden Fall müssen Sie versuchen, Ihrem Kind das System schmackhaft zu machen, und die Ziele so zu setzen, dass Ihr Kind sie erfolgreich erreicht.

INFO

1. Fragen Sie Ihr Kind, was es genau leisten soll und was Sie genau von ihm erwarten. Ist ihm dies wirklich völlig klar und kann es die Zielsetzung wiederholen?
2. Sind die Belohnungen attraktiv genug?
3. Sind die Belohnungen erreichbar? Denn, je jünger die Kinder sind, desto schneller und umgehender müssen die Belohnungen erreichbar sein.
4. Fertigen Sie eine Liste von Belohnungen an mit dem entsprechenden Preis, das heißt den zu erzielenden Punkten, bei denen Ihr Kind zwischen verschiedenen schnell zu erreichenden Kleinigkeiten und anzusparenden größeren Dingen/Aktivitäten wählen kann.
5. Haben Sie jeden Tag zuverlässig ausgewertet und einmal in der Woche abgerechnet? Es ist wichtig, dass Sie dies ganz penibel ausführen!
6. Gab es Diskussionen über die Erfüllung der Aufgabe? Präzisieren Sie nochmals, was »erfüllt« bedeutet.
7. Gibt es ständig Stress bei der Auswertung, sollten Sie klarmachen, dass Sie diese nicht mehr wollen und zulassen werden. Ihr Kind soll Ihre Einschätzung akzeptieren, sonst gibt es Punkteabzug. Bei der Wochenauswertung darf es Ihnen sagen, was es als ungerecht erlebt hat.
8. Loben Sie erste gute Ansätze und wenn sich Ihr Kind motiviert zeigt. Bekunden Sie auch Verständnis für ein Nachlassen des Engagements.

Kindertypen und Lebensumstände

Bereits im Säuglingsalter können Sie bei Ihrem Kind typische Verhaltensweisen beobachten, die sich bis in das Kindergartenalter hinein zu einem richtigen Persönlichkeitsstil festigen. Seine angeborenen Veranlagungen und sein Temperament werden nach der Geburt durch das Hineinwachsen in Ihre Familie geformt. So beeinflussen die An- oder Abwesenheit des Vaters, der Platz in der Reihenfolge der Geschwister, miterziehende Großeltern und der Lebensraum allgemein schon früh die charakterliche Entwicklung.

Damit aus Individualität keine Exzentrik wird und damit jedes Kind lernen kann, sich mit seiner Einmaligkeit in eine Gemeinschaft einzufügen, müssen Eltern behutsam lenken. Und sie müssen sich in ihrem Umgang mit dem Kind auf seine spezielle Persönlichkeit einstellen. Kein Kind wird völlig einem der auf den nächsten Seiten beschriebenen Persönlichkeitstypen entsprechen. In jedem Menschen schlummern verschiedene Teilwesen, die durch die unterschiedlichen Anforderungen der Umwelt wachgerufen werden können. Es handelt sich bei der Einteilung in bestimmte Typen deshalb um eine Vereinfachung, um bestimmte Seiten eines Kindes besser zu verstehen und darauf eingehen zu können.

Doch auch Sie als Elternteil sind ein Individuum. Sie müssen Ihren eigenen Erziehungsstil finden und sich dabei den familiären Gegebenheiten anpassen. Wenn Sie und Ihr Partner berufstätig sind, wird Ihr Alltag ganz anders aussehen, als wenn sich einer von Ihnen vorrangig um Ihren Nachwuchs kümmern kann. Bei einem Einzelkind sollten Sie andere Dinge beachten als bei Erst- und Zweitgeborenen oder bei Zwillingen. Das alles macht Erziehung manchmal so kompliziert – aber auch so spannend.

»Besondere« Kinder

? Wie werden wir unserem Sensibelchen am besten gerecht?

Es gibt von Geburt an besonders feinsinnige, empfindsame Kinder. Sie wirken seelisch und oft auch körperlich dünnhäutiger als andere und sind eher zart gebaut. Ein sensibles Kind wird vielleicht weinen, wenn der Puppe der Kopf abfällt. Ein anderes Kind würde in dieser Situation möglicherweise lachen, weil dies so ulkig aussieht. Sensible Kinder reagieren intensiver und nachhaltiger auf Erlebnisse. Sie sind entsprechend störanfälliger, verletzbarer, besitzen feinere Antennen für die Gefühle und Stimmungen ihrer Mitmenschen und reagieren darauf. Diese Kinder haben es manchmal mit ihrer angeborenen Empfindsamkeit nicht leicht im Leben. Man kann sie ihnen weder ausreden noch abtrainieren. Da aus ihnen nicht selten sehr kreative Menschen werden, die ihre Gefühle künstlerisch zum Ausdruck bringen, oder sehr einfühlsame und fürsorgliche Mitmenschen, wäre dieses Ansinnen außerdem ein großer Verlust für alle.

Sie können Ihrem Sensibelchen jedoch helfen, sich eine etwas dickere Schutzschicht gegen raue Winde im Leben anzueignen. Zeigen Sie ihm Möglichkeiten, sich selbst zu beruhigen oder zu trösten. Erklären Sie ihm, dass Kummer vergeht, dass Traurigkeit zum Leben gehört. Verstärken Sie die Gefühle Ihres Kindes nicht durch zu viel Aufmerksamkeit. Sorgen Sie für angemessenen Schutz, aber vermeiden Sie Überbehütung.

Es gibt jedoch auch Kinder, deren Wehleidigkeit und Weinerlichkeit erlernt ist. Diese Kinder haben gelernt, Aufmerksamkeit zu bekommen, wenn sie ihre Gefühle sehr lautstark ausdrücken. Sie beobachten die Erwachsenen genau und regulieren entsprechend die Lautstärke ihres Weinens. Manche scheinen frühzeitig ganz im Selbstmitleid aufzugehen, sich als Opfer und absolut hilflos zu fühlen. Sie erwarten die Lösung ihrer Probleme durch den Erwachsenen. Ein solches Kind sollten Sie immer wieder auf seine Stärken verweisen.

Ermutigen Sie es, seine Probleme selbst zu lösen. Bleiben Sie ruhig. Sagen Sie vielleicht: »Wenn du deinen Kummer ausgeweint hast, können wir zusammen überlegen, was du tun kannst« und widmen sich ruhig wieder Ihren Tagespflichten.

WICHTIG

Stressempfindliche Kinder hatten oft in den ersten Lebensmonaten schwierige Erlebnisse (etwa einen längeren Krankenhausaufenthalt), die ihre Seele überforderten. Ihr Nervensystem produzierte Gefühle von Panik und hat dabei gelernt, schnell bei relativ geringfügigen Anlässen wieder in diesen Angstzustand zu verfallen. Es handelt sich sozusagen um eine Fehlprogrammierung, die nur in ganz kleinen Schritten und oft auch nicht völlig rückgängig gemacht werden kann. Diese Kinder brauchen besonders viel Sicherheit, Geborgenheit und Stabilität sowie das wohlwollende Verständnis der Erwachsenen, um nicht immer wieder in Panik zu verfallen und dadurch erneut traumatisiert zu werden.

? Wie gewöhnen wir unserem Trotzköpfchen das anstrengende Trotzen ab?

Trotzköpfe reagieren besonders nachhaltig auf Konflikte. Die Fähigkeiten dieser Kinder, nachzugeben und zu verzeihen, sind eingeschränkt. Sie beharren auf ihrem Willen und können dies mit einer rekordverdächtigen Ausdauer und Stärke tun. Sind sie einmal auf Trotzen programmiert, bringt sie so schnell nichts und niemand dazu, einen Kompromiss einzugehen. Sie sollten darauf achten, dass Sie die Anzahl der täglichen Schlachten gering halten. Sonst werden bald entweder Sie oder Ihr Kind völlig entnervt und wütend aufeinander sein. Lesen Sie auf Seite 50 nach, wie Sie Machtkämpfe umschiffen und dabei die Fäden in der Hand behalten. Ihr Kind muss lernen, sich einzuordnen, ohne dass sein Wille gebrochen wird, dass es sich gedemütigt oder entwertet fühlt.

? Wie lernt unser Zappelphilipp, sich besser zu konzentrieren und zu entspannen?

Wir sprechen hier nicht von nervösen und unruhigen ADHS-Kindern (siehe Seite 233 f.), sondern von solchen, die einfach einen besonders starken Bewegungsdrang haben. Diese Kinder brauchen täglich ausreichend Gelegenheit zu toben und sich auszupowern. Gut ist es, wenn Sie den Bewegungsdrang in sportliche Richtung lenken können. Melden Sie Ihr Kind frühzeitig in einem Sportverein an. Gehen Sie zusätzlich mit ihm jeden Tag an die frische Luft. Fahren Sie in Ihrer Freizeit gemeinsam Rad, rennen Sie, spielen Sie Ballspiele … In der Wohnung helfen vielleicht ein Boxsack, ein Zimmertrampolin, Softbälle oder ein Sitzball.

TIPP

Probieren Sie aus, was Ihrem Kind guttut: Manche Zappelphilippe kommen nach einer Kissenschlacht am Abend gar nicht mehr zur Ruhe. Andere schlummern nur dann selig ein. Manchen Kindern bekommt es sehr gut, vor den Hausaufgaben noch eine Runde ums Haus zu laufen, während andere dann davon unruhiger werden.

? Was kann ich für mein Kind tun, das ständig in seiner Traumwelt ist?

Es ist eine wundervolle Fähigkeit, sich in schlechten Zeiten in eine Traumwelt begeben zu können. Hauptsache, man kennt den Unterschied zur Realität und kann bei Bedarf jederzeit auf Alltag zurückschalten (siehe Seite 107 f.). Diese Kinder sind recht stressresistent, können sich gut entspannen und bleiben bis ins Erwachsenenalter gelassen und unaufgeregt. Damit sich Ihre Probleme mit Ihrem Träumerchen in Grenzen halten, sollten Sie bei Terminen immer reichlich Zeit einplanen. »Nun mal ganz schnell!« geht eben nicht wirklich. Schauen Sie öfter nach Ihrem Träumerchen und erinnern Sie

es an das, was es gerade tun sollte oder wollte. Achten Sie darauf, dass es überhaupt zuhört, wenn Sie etwas Bestimmtes von ihm möchten. Vielleicht legen Sie ihm die Hand auf die Schulter zum »Aufwecken«, bevor Sie etwas sagen. Machen Sie außerhalb des Ernstfalles einen Wettbewerb für schnelles Anziehen oder Aufräumen.
Es gibt allerdings auch Kinder, bei denen die Langsamkeit und Verträumtheit Krankheitswert hat. Man spricht dann von Hypoaktivität (siehe Seite 234).

? Mein Kind ist ein richtiger Angsthase. Wie kann ich es besser stärken?

Eine Tendenz zur Ängstlichkeit scheint einem Menschen bereits in die Wiege gelegt worden zu sein. Es gibt Abenteurer, die vor nichts und niemand Angst zu haben scheinen (siehe Seite 66 f.). Und es gibt Angsthasen, die oft, schnell und deutlich erkennbar in Furcht und Schrecken geraten. Der Vorteil: Ängstliche Kinder sind vor vielen Gefahren geschützt. Sie sind im Straßenverkehr vorsichtiger, haben Respekt vor Feuer und überlegen es sich später lieber dreimal, ob sie das mit dem Rauchen einmal ausprobieren sollten. Natürlich werden sie auch seltener beim Schwarzfahren erwischt.
Hinderlich wird Ängstlichkeit, wenn sie die Basis für handfeste Ängste bildet. Wenn sie das Leben immer mehr einschränkt, weil zunächst einige und später zunehmend mehr Dinge und Situationen vermieden werden müssen (siehe Seite 226). Hier sollten Sie rechtzeitig eingreifen. Erklären Sie Ihrem Kind, dass Angst ein ganz wichtiges Gefühl ist, das den Menschen vor Gefahren schützt, sich aber manchmal ganz schön aufblasen kann. Prüfen Sie mit Ihrem Kind gemeinsam, wie groß die vermutete Gefahr wirklich ist. Ermutigen Sie Ihr Kind, sich ungefährlichen Dingen Schritt für Schritt zu nähern, und loben Sie jeden kleinen Schritt. Zwingen Sie einen kleinen Angsthasen nie mit Gewalt über seine Angstschwelle, sondern gehen Sie den Schritt gemeinsam mit ihm!

? Wie helfen wir unserem Sohn sich zu wehren, ohne ein Raufbold zu werden?

In Stresssituationen neigen Menschen zu drei unterschiedlichen Reaktionsmustern: Flucht, Erstarrung oder Kampf. Diese Muster scheinen zumindest teilweise biologisch vorprogrammiert zu sein und werden durch Lernprozesse nur überformt, also »passender« gemacht. Haben Sie einen kleinen Kämpfer in der Familie, müssen Sie ihm beizeiten seine Grenzen beibringen. Es ist gut, wenn sich jemand wehren und für seine Interessen kämpfen kann. Er darf dabei aber andere nicht verletzen und sollte sich nicht zu jemandem entwickeln, vor dem alle Angst haben und mit dem niemand etwas zu tun haben will. Zeigen Sie ihm also Alternativen zum Kämpfen. Loben Sie ihn für alle friedfertigen Problemlösungen. Und zeigen Sie ihm klar, was Sie nicht tolerieren.

TIPP

Versuchen Sie das Verhalten Ihres Kindes einzuschätzen. Neigt es dazu, sich sehr schnell angegriffen zu fühlen? Lässt es dann eher die Fäuste sprechen, als sich mit Worten zu wehren? Entgleitet ihm eine spielerische Rempelei manchmal zu einem wütenden Kampf? Verschätzt es sich ab und an in seinem Körpereinsatz und ist zu grob? Überlegen Sie mit ihm gemeinsam, was für Sie angemessen ist. Wo liegen die Grenzen? Was muss es Ihrer Meinung nach noch lernen? Lässt Ihr Sohn sich eher zu viel gefallen, können Sie ihm zunächst vermitteln, dass Sie sich an seiner Stelle stärker gewehrt hätten. In kleinen Rollenspielen können Sie gemeinsam ausprobieren, was er tun könnte.

? Wie können wir unserem verwöhnten Prinzesschen zu angemessenen Ansprüchen verhelfen?

Verwöhnte Prinzessinnen sind sehr anstrengend. Sie werden zwar häufig bewundert. Je älter sie werden, desto weniger niedlich ist jedoch ihr Zicken. Sie haben hohe Ansprüche an das, was ihnen zusteht, und wollen immer im Mittelpunkt stehen. Von ihren Mitmenschen erwarten sie, dass sie sich auf sie einstellen, und sind teilweise auch recht unselbstständig. Als Erstes sollten Sie deshalb Ihre Anstellung als Dienerin oder Diener umgehend kündigen! Stellen Sie eine Liste der Fähigkeiten und Verhaltensweisen auf, die Ihr Prinzesschen bisher noch nicht lernen konnte:

- sich in andere hineinzuversetzen. Dann erzählen Sie ihm mehr von Ihren Gefühlen und Gedanken;
- Bescheidenheit. Dann sagen Sie ihm konkret, welche Verhaltensweisen Sie nicht in Ordnung finden;
- Mitgefühl für andere. Dann leben Sie dieses bewusst vor;
- die Fähigkeit, abzuwarten und Bedürfnisse aufzuschieben. Dann erfüllen Sie Wünsche nicht mehr sofort;
- Geben und Nehmen. Dann fördern Sie ihre Selbstständigkeit und beziehen Sie sie in die Hausarbeit mit ein.
- Selbständigkeit. Dann tun Sie immer weniger die Dinge, die Ihr Kind selbst erledigen könnte;
- Schaffen Sie Gelegenheiten für Ihre kleine Majestät, das Versäumte nachzuholen. Gehen Sie dabei in kleinen Schritten vor, damit keine Überforderung entsteht!

? Was mache ich, wenn mein Kind ein verwegener Abenteurer ist?

Abenteurerkinder sind unerschrockene Draufgänger, denen kein Risiko zu groß erscheint und die die Wörter Gefahr und Angst offenbar nicht kennen. Die Schwelle der Angstauslösung scheint bei diesen Kindern sehr hoch zu sein. Das kann gefährlich werden. Zum Glück wird dies meist dadurch ausgeglichen, dass die kleinen Abenteurer recht widerstandsfähig und oft auch ziemlich geschickt sind. Manche haben anscheinend zwei eigene Schutzengel. Abenteurerkinder brauchen Action und Nervenkitzel. Sie sollten dieses Bedürfnis durch Nachtwanderungen, Zelten im Sommer, Schatzsuchen im

Gelände, Kanutouren und Expeditionen zu den Wildschweinen und Rehen im Wald befriedigen, damit sich Ihr Kind nicht gefährlichere eigene Abenteuer sucht.
Gleichzeitig sollten Sie Ihr Kind aber auch anregen, sich ruhigeren Tätigkeiten zuzuwenden. Sonst kann es sein, dass es sich völlig auf den Nervenkitzel fixiert und einen immer größeren Kick braucht, um sich wohlzufühlen.

W WICHTIG

Es ist ganz wichtig, dass Sie mit Ihrem Kind ein regelmäßiges Notfalltraining durchführen. Ihr Kind sollte Grundkenntnisse in erster Hilfe besitzen. Es sollte wissen, wie es im Notfall Polizei oder Feuerwehr alarmieren kann. Lassen Sie es in Ihrem Beisein den richtigen Umgang mit Schnitzmesser und Feuer üben. Fragen Sie immer mal wieder: »Wenn dir das und das passieren würde, was würdest du tun?« Es hat sich bewährt, diese Kinder eher gefahrentauglich zu machen, als mit Verboten zu arbeiten.

? Wie gehe ich am besten mit unserem kleinen Schauspieler um?

Freuen Sie sich über sein Talent und schaffen Sie Bühnen für seine Auftritte. Machen Sie Ihrem Kind aber klar, dass nicht das ganze Leben eine Bühne ist.
Fördern Sie deshalb keine übersteigerten und hochemotionalen Reaktionen. Achten Sie auf Echtheit und Ehrlichkeit, Klarheit und Gelassenheit im Alltag. Weiß Ihr Kind vor lauter Schauspielerei überhaupt noch, wer und wie es »in echt« ist? Helfen Sie ihm beim Erkunden, indem Sie sich ihm besonders zuwenden, wenn sein wahres Ich sich blicken lässt. Denken Sie laut über Ihr Kind und seine Gefühle nach. Achten Sie auf Widersprüche zwischen seinen Worten und seinem Gesichtsausdruck und Stimmklang. Und versuchen Sie, sich durch seine Schauspielerei auf keinen Fall manipulieren zu lassen.

? Was mache ich, wenn sich mein Kind despotisch wie ein kleiner König benimmt?

Der kleine König ist meist ebenso wenig beliebt wie das verwöhnte Prinzesschen (siehe Seite 65 f.) und auch recht anstrengend. Sein Hauptbestreben besteht darin zu bestimmen. Er möchte sich niemandem unterordnen. Und schon gar keinem Erwachsenen. Soll er dazu gezwungen werden, kann er so richtig ungemütlich werden. Er schikaniert auch ganz gern andere und lässt sie für sich arbeiten.
Irgendwie sind die kleinen Könige dabei aber überhaupt nicht glücklich. Sie wirken erschöpft und unzufrieden. Herrschen kann unheimlich anstrengend sein. Andererseits ist Machthaben aber auch etwas sehr Reizvolles. Wenn Ihr künftiger Bundeskanzler also Führungsqualitäten hat, so ist das sehr schön, muss aber in angemessene Bahnen gelenkt werden, denn noch ist es ja nicht so weit. Sie sind der Erwachsene in der Familie, Sie haben das Sorgerecht, die Lebenserfahrung, das Wissen und sorgen für den Erhalt der Familie. Damit treffen auch Sie die wichtigen Entscheidungen. Das muss Ihr Kind akzeptieren lernen. Üben Sie selbst, die Fäden wieder in die Hand zu bekommen. Holen Sie sich bei Bedarf Hilfe in einer Erziehungsberatungsstelle. Lesen Sie auf Seite 50 f. nach, wie Sie mit Machtkämpfen, die anstehen, umgehen können.

? Warum ist mein Kind ein Kaputtmacher?

Es gibt Kaputtmacher, hinter denen einfach nur ein kleiner Forscher steckt, der wissen will, wie die Dinge von innen aussehen. Freuen Sie sich in diesem Fall mit ihm über jede neue Erkenntnis, die er so gewinnt. Schaffen Sie ihm genug Gelegenheit für Forschungsprojekte. Und betreiben Sie Schadensbegrenzung, indem Sie an entsprechenden Stellen Stopp-Schilder aufstellen.
Andere Kaputtmacher sind einfach ungeschickt. Sie zeigen deutlichen Kummer über den angerichteten Schaden. Hier sollten Sie lieber einen stabileren Füllhalter, robusteres Spiel-

zeug und robuste Kleidungsstücke und Schuhe kaufen, um den Schaden in Grenzen zu halten.
Wieder andere Kaputtmacher achten materielle Dinge einfach zu wenig. Es macht nichts, wenn etwas kaputtgeht. Es sind ja noch hundert andere Dinge da. Hier sollten Sie die Fülle der Spielsachen einschränken und nicht sofort für Ersatz sorgen, wenn wieder etwas entzweigegangen ist.
Eine letzte Kaputtmacherriege reagiert durch das Zerstören ihren Frust ab. Überlegen Sie, welches Problem Ihrem Kind so zu schaffen macht, und suchen Sie gemeinsam nach Lösungen. Fühlt es sich gegenüber dem Geschwister benachteiligt? Ist es unglücklich über seine schulischen Schwierigkeiten? Fehlen ihm Freunde? Lesen Sie dazu auch Seite 229.

TIPP

Es gibt genug Möglichkeiten, seine Wut auszuleben, ohne etwas kaputt zu machen: gegen einen Boxsack boxen, auf ein Wutkissen einschlagen, Wut in einen Luftballon pusten und diesen platzen lassen, seinen Ärger auf einen Zettel schreiben und diesen in kleine Schnipsel zerreißen ...

? Mein Kind ist ein richtiger Charmeur. Talent oder Manipulationsgefahr?

Manche kleinen Jungen haben bereits einen Augenaufschlag und einen Charme entwickelt, mit dem sie alle Frauen in ihrem Umfeld um den kleinen Finger wickeln können. Das ist ein Talent, das manchmal durchaus hilfreich ist. Niemand kann ihnen so recht böse sein. Sie sollten versuchen, nicht zu oft an der Charme-Leine zu hängen.
Achten Sie darauf, dass Sie jederzeit die Fäden in der Hand behalten. Bleiben Sie bei Ihren Entscheidungen, trotz allen Schmeichelns. Achtung: Sie könnten sich hier ein Prinzesschen oder einen kleinen König heranziehen! Ziehen Sie deshalb rechtzeitig die Notbremse!

? Mein Kind ist immer gegen alles. Wie soll ich damit umgehen?

Kontra-Kinder wollen in der Regel das Gegenteil von dem, was Sie wollen. Haben Sie den roten Saft eingegossen, wollten sie den gelben. Holen Sie den gelben, ist der nicht kalt genug. Wollen Sie mit ihm zusammen ins geliebte Schwimmbad, so haben sie grad heute bestimmt gar keine Lust dazu.
Diese Kinder haben ein hohes Autonomiebestreben. Es fällt ihnen schwer, sich jemandem unterzuordnen. Dabei geht es weniger um den Genuss von Macht wie bei den kleinen Königen. Auch nicht so sehr um soziale Lernexperimente, sondern: »Wie kriege ich Mama heute dazu, mich länger als vereinbart fernsehen zu lassen?« Das Kind erscheint fast existenziell bedroht, manchmal sogar leicht panisch, wenn es sich unterordnen oder die Kontrolle aus der Hand geben soll. Sie können Ihrem Kind entgegenkommen, indem Sie ihm Entscheidungen anbieten: »Machst du gleich deine Hausaufgaben oder in zehn Minuten?« »Hilfst du mir heute beim Salatschnippeln oder bringst du lieber den Müll runter?« Bieten Sie Ihrem Kind auch Bereiche an, in denen es der Chef ist, sodass es nicht immer nach anderer Leute Pfeife tanzen muss. Sprechen Sie nur unumgängliche Anordnungen aus. Lassen Sie sich nicht auf Diskussionen ein, wenn Sie Gehorsam erwarten müssen, etwa wenn das Kind vorher Abgesprochenes wieder in Frage stellt. Machen Sie eine klare Ansage (siehe Seite 38) und verlassen Sie dann den Kampfplatz. Bringen Sie dabei mit Ihrer Mimik und Stimme zum Ausdruck, dass Sie erwarten, dass das Kind Ihrer Aufforderung nachkommt, – wenn auch nicht gleich, um sein Gesicht zu wahren. Loben Sie es danach nicht für seinen Gehorsam.

? Was mache ich, wenn mein Kind so ganz anders als die anderen ist?

Es gibt Kinder, die irgendwie aus der Reihe fallen. Manche machen ihre Andersartigkeit an Äußerlichkeiten deutlich.

Andere sind einfach anders: Sie haben mehr Fantasie als ihre Altersgefährten und finden die Durchschnittsinteressen Gleichaltriger einfach langweilig. Dadurch sind sie oft mehr für sich, geraten nicht selten sogar in die Außenseiterrolle. Es ist wie mit dem bunten Vogel zwischen grauen Spatzen: Er wird abgelehnt. Die hohe Kunst besteht darin, Individualität (siehe Seite 21) zuzulassen und zu fördern und dabei trotzdem die Integration in die Gemeinschaft anzuregen. Kinder brauchen andere Kinder für ihre eigene Entwicklung. Dazu ist eine gewisse Anpassungsfähigkeit notwendig.
Vielleicht erzählen Sie ihm von dem Wellensittich unter Spatzen und überlegen gemeinsam, wie dieser sich helfen könnte. Seine schönen Federn ausreißen oder lieber ein paar graue Federn ins Federkleid stecken? Sie können auch ganz direkt Ihre Sorgen ansprechen.
Achten Sie darauf, nicht selbst unbewusst zu exzentrische Ansätze zu fördern, und sprechen Sie über den »Preis«, die diese unter Umständen haben. Helfen Sie Ihrem Kind bei der Suche nach zu ihm passenden Kindern.

? Wie helfe ich meinem Rockzipfelkind, sich besser von mir abzulösen?

Rockzipfelkinder fühlen sich nur in der Nähe der engsten Familienmitglieder so richtig wohl. Es sieht so aus, als fürchten sie sich, mutig in die Welt hinauszustiefeln. Kindern, die sich scheuen, Kontakte zu anderen Menschen aufzunehmen, die Welt außerhalb der Familie zu entdecken, fehlt es meist an Selbstvertrauen (siehe Seite 12).
Manchmal sind dies besonders ängstliche Kinder. Einige haben böse Erfahrungen gemacht und sind deshalb vorsichtig. In diesem Fall sollten Sie mit Ihrem Kind zusammen in die Welt gehen, um ihm wieder Sicherheit zu geben. Lösen Sie es in kleinen Schritten von Ihrem Rockzipfel. Fangen Sie mit kurzen Trennungen an, die Sie dann ausdehnen. Erweitern Sie die Trennungszeiten und den Kreis der Orte/Personen, bei

denen sich das Kind aufhält. Loben Sie jeden gelungenen Schritt. Manchmal ist es aber eher nicht die Außenwelt, die Rockzipfelkindern unüberschaubar und bedrohlich erscheint. Ab und an haben diese Kinder Angst, die Mama/die Eltern allein zu lassen. Weil Mama oft so traurig aussieht. Weil die Eltern manchmal ganz fürchterlich streiten. Diese Kinder haben unbewusst den Auftrag übernommen, Probleme in der Familie zu regulieren. Überlegen Sie: Könnte das bei Ihrem Kind der Fall sein? Wenn ja, müssen Sie es klar aus der selbst übernommenen Verantwortung entlassen. Wenden Sie sich an eine Erziehungsberatungsstelle, denn in deren Situation ist oft professionelle Unterstützung hilfreich.

? Brauchen auch zufriedene »Einsiedlerkrebse« Kontakte zu Gleichaltrigen?

Manche Kinder scheinen sich selbst genug zu sein. Sie sind vorwiegend für sich und wirken glücklich und zufrieden dabei. Da es auch Erwachsene gibt, die weniger Nähe und Gesellschaft brauchen als andere, taucht die Frage auf, ob man diese Kinder zu Kontakten zwingen sollte.
Unser biologisches Programm lautet: Der Mensch ist ein Herdentier. Damit ist gemeint, dass die wenigsten Menschen allein überlebensfähig wären. Ein wichtiger Lernbereich in der Kindheit sind soziale Verhaltensweisen. Diese können später nur schwer nachgelernt werden. Deshalb scheint es für alle Kinder sehr wichtig zu sein, dass sie Kontakt mit anderen Gleichaltrigen haben. Auch wenn sie sich später vielleicht dafür entscheiden, eher für sich zu sein. Sie haben dann die Wahl und sind nicht auf eine Alternative festgelegt, weil sie die zweite nicht beherrschen.
Geben Sie Ihrem Einzelgänger also einerseits Raum fürs Eremitendasein. Verführen Sie ihn aber auch immer wieder dazu, mit anderen zusammen zu sein. Und zwar nicht mit Erwachsenen. Diese bevorzugen diese Kinder manchmal von sich aus. Sondern regen Sie Kontakte mit Gleichaltrigen an! Laden Sie Kin-

der ein und machen Sie gemeinsam etwas Schönes. Vielleicht können Sie den Urlaub mit einer anderen Familie mit passendem Kind verbringen. Helfen Sie Ihrem Kind am Anfang beim Kontaktfinden und ziehen Sie sich erst zurück, wenn es klappt.

? Wie sollte ich reagieren, wenn mein Kind manchmal andere Kinder oder Tiere ärgert?

Manche Kinder scheinen relativ früh Freude daran zu entwickeln, andere Menschen zu provozieren und zu piesacken. Sie zeigen wenig Mitgefühl mit deren Kummer. Sie genießen es offenbar, Macht über andere auszuüben.
Vielleicht will Ihr Kind dabei herausfinden, wie weit es gehen kann. Möglicherweise lebt es aber auch eigene Spannungen oder Ohnmachtsgefühle aus. Fühlt es sich vielleicht in der Familie eher schwach und ausgeliefert? Das könnte der Fall sein, wenn Ihr Kind ab und an geschlagen oder auf eine Weise bestraft wird, die es nicht nachvollziehen kann. Vielleicht sieht es auch häufig Trickfilme, in denen es darum geht, auf der Seite der Mächtigen zu sein? Zeigen Sie Ihrem Kind jedes Mal klar die Grenzen auf. Seien Sie besonders konsequent bei Verhalten, das Sie auf keinen Fall dulden.
Sprechen Sie immer wieder darüber, wie sich die Opfer fühlen. Führen Sie den Grundsatz ein: Was du nicht willst, das man dir tu, das füg auch keinem andern zu! Das gilt auch für Sie selbst! Versuchen Sie selbstkritisch zu sein und suchen Sie auch in Ihrer Familie nach den Ursachen seines Verhaltens.

? Wie helfe ich meinem Kind, das in Konflikten häufig zum Opfer gemacht wird?

Gehört es zu den Kindern, denen man schon sehr früh die Opferrolle ansieht? Wirkt es also oft ängstlich, scheu, hilflos, ist es schnell weinerlich? Sucht es bei Konflikten rasch die Hilfe der Erwachsenen? Dann sendet es mit seinem Verhalten feine Signale aus, die besagen, dass es sich schwach fühlt.

Solch arme Prügelknaben sind gehäuft Opfer von Gewalt unterschiedlichster Abstufungen und Formen, heute oft von Mobbing. Prüfen Sie, wie die Stellung Ihres Kindes in seiner Gruppe ist. Ist es eher isoliert, fühlt es sich unwohl?
Zeigen Sie ihm, wie es sich wehren kann. Spielen Sie mit ihm verschiedene Situationen durch. Stärken Sie vor allem sein Selbstvertrauen (Seite12/13).

WICHTIG

Sündenböcke und Mobbingopfer brauchen Schutz, die Täter müssen klar in ihre Grenzen gewiesen werden. Erwachsene bemerken solche fatalen Entwicklungen nicht immer oder fühlen sich nicht zuständig. Um Ihr Kind zu schützen, müssen Sie hier unter Umständen auch direkt eingreifen und mithilfe der Erzieher oder Lehrer, anderer Eltern und notfalls auch der Polizei die Täter stoppen.

? Wie helfe ich meinem Kind wieder aus der Sündenbockrolle heraus?

Leider ist dies ein Etikett, das man nur sehr schwer wieder loswird. Wenn es rund um Max oft Streit gibt, wird die Lehrerin schnell wieder ihn beschuldigen, wenn in seiner Nähe Geschrei ertönt. Andere Kinder übernehmen rasch das Prinzip: Wenn Lisa mal gestohlen hat, wird sie es wieder gewesen sein, wenn etwas verschwunden ist.
Für Ihr Kind ist das fatal: Wieso soll es sich anstrengen, wenn es ohnedies immer die Schuld bekommt? Es könnte immer mehr in eine Problemkindrolle hineingetrieben werden. Sprechen Sie mit den Erziehern oder Lehrern über Ihre Befürchtungen. Beschreiben Sie ihnen, wie sich Ihr Kind jetzt fühlt. Überlegen Sie gemeinsam, was zu tun ist. Alle Kinder haben auch gute und für die Gemeinschaft wertvolle Eigenschaften, die man immer wieder betonen kann. Das sollten Sie bei Ihrem Kind besonders oft tun, und zwar in Gegenwart von anderen.

Gehen Sie in Ihrer Familie nach dem Motto vor: Im Zweifel für den Angeklagten. Sie sollten Ihr Kind nur beschuldigen, wenn seine Schuld erwiesen ist. Im Zweifelsfall sprechen Sie Ihren Verdacht aus und erklären dann, fair sein zu wollen und deshalb nach diesem Motto zu verfahren (siehe Seite 218). Versuchen Sie, Petzereien anderer Kinder zu unterbinden (siehe Seite 121). Hilfreich ist oft auch, allen klarzumachen, dass jeder Mensch Fehler und Schwächen hat und dass er Hilfe dabei verdient, diese zu überwinden.

? Wie gehe ich richtig mit meinem Geschichten- und Märchenerfinder um?

Ist Ihr Kind im sogenannten magischen Alter? Lesen Sie Seite 107! Wenn Ihr Kind bereits im Schulalter ist und viele Geschichten erfindet, wird es vielleicht einmal ein Dichter. Es scheint eine wunderbar entwickelte Fantasie zu haben. Genießen Sie das! Achten Sie aber darauf, dass es immer unterscheiden kann, ob es sich um eine Geschichte oder um die Realität handelt. Es sollte auch nicht zu ausgiebig in fremde Welten entfliehen.
Dienen die Geschichten allerdings regelmäßig dazu, eigene Fehler zu kaschieren, Konsequenzen seines Verhaltens aus dem Wege zu gehen, sollten Sie auf mehr Wahrheitsliebe drängen (siehe Seite 213). So manche Münchhausen-Geschichte wird erzählt, weil einem das eigene Versagen unendlich peinlich ist. Wenn Sie daran denken, fällt es Ihnen vielleicht leichter, angemessen auf Ihr Kind zu reagieren, als wenn Sie das Gefühl haben, ganz bewusst betrogen worden zu sein. Eltern erleben kindliche Lügen oft als einen Vertrauensbruch und eine persönliche Kränkung. Viele kleine Lügner beschummeln jedoch zunächst einmal sich selbst, wenn sie eine Entschuldigung für die kaputt gemachte Lieblingstasse der Mutter oder die Fünf in der Mathearbeit suchen. Haben Sie – innerlich – dafür Verständnis, wenn Sie auch – nach außen – auf die Wahrheit dringen müssen.

Einzel- und Geschwisterkinder

? Gibt es wirklich typische Eigenschaften und Probleme von Einzelkindern?

Einzelkinder kommen oft besser mit Erwachsenen zurecht als mit Gleichaltrigen. Auf diesem Feld fehlt ihnen die Übung. Sie reden deshalb besonders gern und viel mit den Großen. Dadurch sind sie sprachlich und in ihrer Allgemeinbildung meist reifer als Kinder mit Geschwistern. Sie haben jedoch weniger gelernt, sich auf Ihr Gegenüber einzustellen, da dies ja in der Regel immer die Erwachsenen tun.

Auf Einzelkindern kann ein besonderer Druck lasten, denn alle Erwartungen ihrer Eltern ruhen auf ihnen. Wenn sie diese nicht erfüllen können, ist das dramatischer, weil es keinen anderen Hoffnungsträger gibt.

Eltern konzentrieren sich mehr auf ein einzelnes Kind. Dadurch können sie es besser fördern. Daraus entstehen manchmal Entwicklungsvorsprünge. Es besteht jedoch die Gefahr, dass sich zu viel um das Kind dreht. Andererseits müssen sich Einzelkinder bei Auseinandersetzungen gegen die gemeinsame Front der Eltern durchsetzen.

Sie lernen, dies auch mit viel Durchsetzungskraft zu tun. Manche tun dies mit starkem Egoismus. Bestimmte soziale Verhaltensweisen (siehe Frage unten) können Einzelkinder schlecht üben. Besonders, wenn kein Ausgleich durch weitere im Umfeld lebende Kinder möglich ist. Einzelkinder stehen allein den Erwachsenen gegenüber. Diese erscheinen viel schlauer und fehlerlos. Manches Kind erlebt sich dann als Versager. Ein Geschwisterkind ist in der gleichen Lage, das tröstet ungemein. Geschwister können sich geheim oder offen miteinander solidarisieren. Manche Einzelkinder entwickeln daraus Ausgleichsstrategien und werden besonders ehrgeizig und leistungsorientiert.

? Wie können wir die Sozialkompetenz unseres Einzelkindes fördern?

Sorgen Sie für viel Kontakt mit anderen Kindern. Bestimmte soziale Verhaltensweisen wie abgeben, zusammen arbeiten, sich-in-andere-Hineinversetzen kann das Kind auch im Umgang mit seinen Eltern lernen, wenn sie darauf achten. Vermeiden Sie es, Ihr Kind zu sehr zu verwöhnen und mit der vollen Breitseite Ihrer elterlichen Aufmerksamkeit und Zuwendung zuzuschütten.
Achten Sie bei Auseinandersetzungen darauf, dass Ihr Kind nicht in eine zu unterlegene Position gerät. Vermeiden Sie es, dass Sie und Ihr Partner gleichzeitig auf es einreden. Abwechselnd kann sich eventuell sogar einer von Ihnen mit dem Kind solidarisieren und signalisieren, dass seine Sicht der Dinge durchaus nachvollziehbar ist. Selbst wenn Sie trotzdem nicht nachgeben und auf der elterlichen Forderung bestehen müssen.

? Was sind sogenannte typische Eigenschaften von Erstgeborenen?

Erstgeborene haben tatsächlich oft einige Gemeinsamkeiten aufgrund ihrer besonderen Situation:
Sie sind immer eine Zeit lang Einzelkinder, mit allen damit verbundenen Folgen und Privilegien (siehe Seite 76). Sie müssen sich mit der Geburt eines Geschwisters daran gewöhnen, die Liebe ihrer Eltern von nun an zu teilen und das auch noch gut zu finden. Manche Erstgeborene haben oft lange das Gefühl, benachteiligt zu sein und besonders für ihre Bedürfnisse kämpfen zu müssen. Können Sie Ihrem Kind anfangs noch Begeisterung für das kommende Geschwisterchen suggerieren, erweist sich dieses schließlich oft als Mogelpackung, sobald es erst geboren ist (siehe Seite 84). Man kann nicht einmal mit ihm spielen. Es nervt nur. Und Mama gibt es bloß noch im Zweierpack mit dem kleinen Schreihals.
Erstgeborene sind den Zweitgeborenen durch die Einzelförderung in der ersten Zeit manchmal geistig und körperlich überle-

gen – und nutzen das natürlich aus. Erstgeborene können aber auch echte Führungsqualitäten entwickeln, wenn die Eltern ihnen dabei helfen, die Vorteile der Rolle als große Schwester/ großer Bruder zu entdecken. Es kann das Selbstwertgefühl enorm steigern, jemanden zu beschützen, das Idol für einen Kleineren zu sein oder jemandem etwas beibringen zu können. Ältere Geschwister sind für die Jüngeren oft die Nummer 1.

? Welche Besonderheiten gibt es bei zweitgeborenen Geschwisterkindern?

Bei einem Erstgeborenen ist der Ehrgeiz der Eltern besonders groß, alles richtig zu machen. Sie nehmen beim ersten Kind alles viel genauer, geraten schneller in Panik, wenn es mal nicht so läuft wie geplant. Beim zweiten Kind wissen Eltern, dass viele Entwicklungsschritte von alleine passieren und können diese gelassen abwarten.
Oft dürfen Zweitgeborene schon viel früher mehr als der Erstgeborene, als er in diesem Alter war. Ihre Eltern haben gelernt, dass manche Kämpfe oder bestimmte Regeln oder Vereinbarungen gar nicht so wichtig sind, wie sie ihnen beim Ersten erschienen. So unterscheiden sich unter Umständen die Zeiten, wann der Mittagsschlaf abgeschafft wird, wann ein Kind abends wieder zu Hause sein muss oder wann es erstmals bei einem Freund übernachten darf bei Erst- und Zweitgeborenen deutlich. Zweitgeborene üben also weniger, sich gegen die Eltern durchzusetzen. Sie bekommen jedoch den Nachteil zu spüren, dem Älteren in geistiger und körperlicher Hinsicht meist unterlegen zu sein. Andererseits sind Kleinere immer niedlicher, weil sie eben die Jüngsten sind. So lösen sie oft bei den Eltern Begeisterung aus, ohne sich groß anstrengen zu müssen. Wenn der Niedlichkeitsbonus mit den Jahren nachlässt, kommt wieder stärker das frühere Unterlegenheitsgefühl zum Tragen. Dann müssen sich Zweitgeborene eigene Bereiche suchen, aus denen sie echte Selbstsicherheit und Selbstwert gewinnen können.

? Sind Neid und Konkurrenz unter Geschwistern eigentlich normal?

Leider ja! Spannenderweise haben oft alle Geschwister gleichzeitig das Gefühl, dass die anderen durch die Eltern mehr geliebt werden. Nicht wenige Erwachsene kämpfen ihr Leben lang um die Anerkennung und Liebe ihrer Eltern. Ein Lösungsansatz von Kindern ist es, sich unterschiedliche Plätze in der Familienrangreihe zu suchen. Wenn der Platz des besonders musikalischen Kindes schon vergeben ist, sucht sich das zweite Kind unbewusst einen anderen Bereich, um die besondere Liebe der Eltern zu erringen. Es wird vielleicht besonders sportlich oder malt toll.

? Was sollten wir bei unserem Nesthäkchen beachten, damit es selbstbewusst wird?

Nesthäkchen stehen – weil sie so süß sind – oft im Mittelpunkt der gesamten Familie. Je größer der Altersabstand zu den anderen Familienmitgliedern ist, desto größer ist die Wahrscheinlichkeit! An die Hauptrolle können sich die Kleinen ganz schnell gewöhnen. Haben sie sie dann einmal nicht, ist der Kummer groß. Vermeiden Sie also zu viel Aufmerksamkeit und Extrawürste! Andererseits kann es für das jüngste Kind sehr stressig sein, statt zwei möglicherweise vier Erziehungspersonen zu haben: Eltern plus ältere Geschwister. Dann werden die Betroffenen bockig und wehren sich mit Recht. Legen Sie fest, wer erziehen darf – nur Sie!
Wenn Nesthäkchen nicht durch ihre Position im Mittelpunkt der Familie übertrieben verwöhnt werden und ebenso wie die anderen Kinder in der Familie geliebt und erzogen werden, kann sich allerdings noch ein anderes Problem stellen: Nesthäkchen sind die Letzten in der Familienrangordnung. Alle anderen können alles besser und dürfen viel mehr. Das kann ihr Selbstbewusstsein ankratzen. Andere leben eher die Rolle der Hilflosen aus und schlagen ihren Vorteil daraus. Vermeiden Sie beide Verhaltenstendenzen!

? Bei behinderten Kindern kommen oft die Geschwister zu kurz. Worauf müssen wir achten?

Suchen Sie – wann immer es möglich ist – nach einem Ausgleich und Möglichkeiten der Extrazuwendung für Ihre anderen Kinder. Sprechen Sie ab und an nur mit ihnen darüber, wie es ihnen mit ihrer Rolle geht. Ermuntern Sie sie zu sagen, was sie brauchen, und suchen Sie nach Lösungen dafür. Nehmen Sie Kontakt zu Kindern auf, die vom gleichen Schicksal betroffen sind. Diese können sich untereinander wunderbar verstehen und unterstützen. Manchmal gibt es spezielle angeleitete Geschwistergruppen in Einrichtungen, in denen die behinderten Kinder betreut werden, oder sie gründen selbst eine solche Interessensgruppe.

Ihre Kinder brauchen viel Unterstützung. Sorgen Sie im Zweifelsfalle für professionelle Unterstützung.

TIPP

Appellieren Sie nicht ständig an das Verständnis Ihres Kindes beziehungsweise loben Sie es nicht zu sehr, falls es wieder einmal verständnisvoll ist. Das könnte dazu führen, dass es eigene Bedürfnisse noch seltener anmeldet. Das tun diese Geschwister oft von sich aus, um die meist überlasteten Eltern zu schonen.

? Sandwichkinder werden oft übersehen. Was kann ich dagegen tun?

Als Sandwichkinder bezeichnet man alle Kinder zwischen dem Erst- und Letztgeborenen. Leider scheint es wirklich oft so zu sein, dass sie eher übersehen werden. Das passiert, weil die starken Erstgeborenen gut für sich sorgen können, da sie entsprechend gefördert wurden. Ebenso viel Zuwendung erhalten in der Regel die Nesthäkchen (siehe Seite 79 f.). Meist sind die Mittelkinder eine Zeit lang fast unsichtbar. Später entwickeln sie jedoch nicht selten Auffälligkeiten, um wahrgenommen zu werden. Manche behalten diese bis in das Erwachsenenalter hinein bei. Einige produzieren sich gern vor Publikum oder fallen durch ihr Äußeres auf. Andere holen sich Aufmerksamkeit über eine Krankheit oder psychische Störung. Achten Sie deshalb besonders auf ein unkompliziertes, angepasstes, »pflegeleichtes« Sandwichkind, damit kein Defizit an Aufmerksamkeit für dieses Kind entsteht!

? Welche Besonderheiten in der Erziehung von Zwillingen müssen wir beachten?

Zwillingsgeschwister entwickeln oft eine besonders enge Bindung zueinander, besonders die eineiigen. Ihre Individualität zu entdecken fällt manchen schwer.
Achten Sie deshalb bewusst auf Unterschiede! Ziehen Sie sie verschieden an. Lassen Sie sie in unterschiedlichen Kindergruppen eigene Erfahrungen sammeln.
Vermeiden Sie eine Sorgenkindrolle durch eine möglicherweise komplizierte Vorgeschichte (z.B. Frühchen). Das schwächt das Vertrauen in die eigenen Stärken.
Nutzen Sie alle Möglichkeiten, die Sie zu Ihrer Unterstützung bekommen können, denn bei Zwillingen verdoppeln sich Stress und Schlafmangel der Eltern. Damit bekommen diese Kinder nur die halbe Zuwendung. Das kann sie früher selbstständig werden lassen. Es kann aber auch das Gefühl entstehen, nie genug zu bekommen.

? Sollen wir Sohn und Tochter gleich erziehen?

Ich hoffe nicht, dass Sie das tun, denn schließlich handelt es sich ja um unterschiedliche Persönlichkeiten, ganz unabhängig von ihrem Geschlecht (siehe Seite 83). Abgesehen davon, wäre es für Sie in Ordnung, wenn sich Männer und Frauen völlig identisch verhalten würden? Vermutlich eher nicht. Und da Sie Ihre Kinder auf das Leben als Erwachsene vorbereiten wollen, müssen beide auch lernen, sich einigermaßen

»rollentypisch« zu verhalten. Was das jedoch heißt, darüber streiten sich nicht nur die Fachleute. Man stellt jedoch immer wieder fest, dass Menschen, die sich zu weit von den geltenden Rollenbildern entfernen, Schwierigkeiten mit ihren Mitmenschen bekommen. Welche Frau will schon eine männliche Heulsuse? Männer dürfen durchaus auch weinen, aber nicht täglich. Wer mag Prinzessinnen, wer Mannsweiber? Denn Frauen dürfen durchsetzungsstark sein, aber auch ihre schwache Seite in der Beziehung zeigen dürfen.
Sie sollten sich zunächst also überlegen, wie die Frau oder der Mann aussehen soll, den Sie da heranziehen. Achten Sie darauf, was Sie und Ihr Partner vorleben. Richten Sie Ihren Blick bei der Erziehung vor allem auf die Persönlichkeit und prüfen Sie, was dieser noch fehlt, um später als Frau ihre Frau beziehungsweise als Mann seinen Mann zu stehen.

WICHTIG

Regeln und Grenzen sollten nicht vom Geschlecht des Kindes abhängen. Natürlich sollen und können Jungen heute mit Puppen und Mädchen mit Autos spielen. Der Satz: »Jungen weinen nicht!« ist längst überholt! Selbstverständlich dürfen sich Mädchen beim Spielen genauso schmutzig machen wie Jungen. Diese wiederum müssen wie Mädchen soziale Kompetenzen erwerben. Söhne und Töchter sollen sich gleichermaßen an Hausarbeit beteiligen. Jungen *und* Mädchen dürfen wehrhaft sein.

? Können Eltern ihre Kinder gleich lieben?

Kann man das denn? Kann man überhaupt zwei Menschen gleich lieben? Ich denke: nein! Wenn Sie Glück haben – beziehungsweise Ihre Kinder –, lieben Sie alle gleich stark, aber jeweils auf eine ganz besondere Art und Weise. Manchmal schämen sich Eltern einzugestehen, dass ihnen eines der Kinder irgendwie seelisch näher ist oder vom Verhalten her mehr liegt als das andere. Liebe kann man aber leider nirgendwo so einprogrammieren, wie man sie gern hätte. Sie können jedoch alles dafür tun, trotzdem all Ihre Kinder zu schätzen und ihnen gerecht zu werden.

? Aber Eltern sollten Kinder auf jeden Fall immer gleich behandeln, oder?

Wenn Sie ein Blumenfreund sind, werden Sie nicht alle Ihre Pflanzen gleich behandeln! Manche brauchen mehr, manche weniger Sonne, manche mehr Wasser, andere Wasser mit einer bestimmten Temperatur.
Nur dann gedeihen sie gut. Das ist mit Kindern nicht anders! Dadurch wird es manchmal schwierig, allen gleichermaßen gerecht zu werden. Erklären Sie Ihren Kindern, dass der eine zum Beispiel mehr Hilfe bei den Hausaufgaben benötigt, dafür der andere immer zum Fußballtraining gefahren werden muss. Berücksichtigen Sie grundsätzlich die Altersunterschiede Ihrer Kinder. Ältere sollten mehr Pflichten, aber auch mehr Rechte als Jüngere haben. Das ist aber kein allgemein gültiges Gesetz: Es macht nicht viel Sinn, das jüngere Kind viel früher ins Bett zu schicken, wenn es einfach weniger Schlaf braucht als sein Geschwister.
Bringen Sie Ihren Kindern bei, dass Sie jedem zu geben versuchen, was er braucht, auch wenn das Verschiedenes ist. Suchen Sie, wenn der eine irgendwo ein Privileg hat, immer nach einem Ausgleich für den anderen.

Verschiedene Familiensituationen

? Ein Baby kommt – wie helfen wir unserem Erstgeborenen bei seiner »Entthronung«?

Nutzen Sie die Zeit der Schwangerschaft, um Ihren Erstgeborenen in die Vorbereitungen auf das neue Familienmitglied einzubeziehen. Zeigen Sie ihm Fotos ungeborener Kinder in

Kinderbüchern und erklären Sie ihm, wie sich das Geschwisterkind gerade entwickelt. Erzählen Sie ihm, wie man mit einem Baby umgehen muss.

Machen Sie ihm keine falschen Versprechungen darüber, wie toll alles wird, wenn das Baby erst da ist. Es wird nicht toll für ihn. Er kann mit dem Schreihals nichts anfangen. Mama ist nur noch genervt durch den nächtlichen Schlafmangel. Ständig hat sie das quäkende Etwas an der Brust, wenn man sie braucht. Wie wundervoll es sein kann, Geschwister zu haben, merkt Ihr Kind erst sehr, sehr viel später! Teilen Sie sich die Betreuung mit Ihrem Partner auf: Mama kümmert sich um das Kleine – das ist meist wegen des Stillens so –, Papa ist für den oder die Großen zuständig. Wechseln Sie sich ab, so oft das möglich ist.

Gehen Sie mit negativen Aussagen in Richtung: »Und morgen bringen wir ihn wieder zurück, nicht wahr?!« gelassen um. Sie erleichtern Ihrem Großen die Situation, wenn er seine Gefühle ungestraft ausdrücken darf. Signalisieren Sie Verständnis. Machen Sie ihm klar, dass Sie sehr glücklich sind und der Neue von nun an dazugehört.

Alle werden sich in der ersten Zeit zuerst dem Neuankömmling zuwenden – selbst Papa, wenn er von der Arbeit kommt. Auch Ein- und Zweijährige sind noch so goldig und machen so phänomenale Entwicklungsfortschritte, dass sie automatisch mehr Aufmerksamkeit erhalten als ein Siebenjähriger. Achten Sie darauf, dass es nicht zu arg wird für Ihren Großen. Steuern Sie gezielt dagegen. Es sollte auch Vorteile haben, groß zu sein. Machen Sie Ihrem Erstgeborenen klar, dass er Vorrechte genießt, die das Kleine noch nicht hat. So darf er vielleicht länger aufbleiben und muss keinen Mittagsschlaf mehr machen. Vielleicht gibt es jetzt neue Vater-Sohn-Aktivitäten und spezielle Männerzeiten für die beiden. Auch Mama sollte sich etwas einfallen lassen, was sie nur mit ihrem Erstgeborenen zusammen macht.

Achten Sie darauf, nicht ständig an das Großsein zu appellieren. »Der ist doch noch so klein, der versteht doch noch nicht, dass er deine Sachen nicht haben soll.« Dabei muss der Kleine das trotzdem akzeptieren. Dieses »Hab' doch Verständnis, nimm doch Rücksicht!« kann belastend und ungerecht sein. Besonders wenn Ihr Kind an anderer Stelle wieder gesagt bekommt, dass es für etwas noch zu klein ist.

? Wir ziehen um. – Wie bereiten wir unsere Kinder am besten auf die Veränderungen vor?

Beziehen Sie die Kinder so zeitig wie möglich in alle Vorabsprachen und Entscheidungen mit ein. Lassen Sie sie bei der Zuteilung der Zimmer mitreden, bei der Auswahl von Tapeten, Gardinen und Möbeln. Die Kinder sollten selbst Vorschläge machen, wie ihre Zimmer eingerichtet werden. Vielleicht fertigen Sie mit ihnen gemeinsam einen Zimmergrundriss und Schiebemöbel an, um verschiedene Varianten der Einrichtung durchzuprobieren.
Feiern Sie in Kindergarten, Hort und Schule Abschied. Aber auch ein Good-bye-Picknick auf einer Decke in der leer geräumten Wohnung kann toll sein.
Lassen Sie Ihre Kinder die Einweihungsfeiern in der neuen Wohnung mitplanen. Laden Sie – auch außerhalb der Festivitäten – neue Kinder zum Kennenlernen ein.
Bei aller Feierei und Freude über das neue Heim: Traurigkeit und Abschiednehmen gehören dazu. Auch wenn es Ihnen schwerfällt, Ihre Kinder traurig zu sehen: Gestatten Sie ihnen ihren Kummer. Je mehr sie diesen ausdrücken können, desto schneller wird er vergessen sein!

? Wie können wir trotz des chronischen Zeitmangels als Berufstätige gute Eltern sein?

Sie sollten kein schlechtes Gewissen haben, weil Sie beide arbeiten gehen! Es ist erwiesen, dass die Menge der gemeinsam mit den Kindern verbrachten Zeit weder über die Qualität ihrer Beziehung zueinander noch darüber entscheidet, ob

Ihre Kinder wirklich bekommen, was sie brauchen. Es gibt genug Familien, in denen beide Eltern zu Hause sind, ohne ihre Kinder angemessen emotional zu versorgen oder zu fördern. Haben Sie denn Alternativen zur jetzigen Situation? Vielleicht müssen Sie beide arbeiten, damit Sie finanziell gut versorgt sind? Vielleicht wären Sie als Hausfrau oder Hausmann todunglücklich? Ihre Kinder hätten dann immer das Gefühl, dass Sie ein Opfer für sie bringen.

Ihr Lebensmodell hat durchaus auch Vorteile für Ihre Kinder: Vermutlich werden diese schneller selbstständig und lebenstüchtig sein. Sie erleben selbstbewusste Eltern, die ihr Leben souverän gestalten. Dabei wird es zwar mehr Krisen zu bewältigen geben, als wenn ein Elternteil sich ausschließlich um den Familienbetrieb kümmern kann. Das aber kann Kinder besonders stark machen.

Damit aus den kleinen Krisen keine Dauerveranstaltung wird, benötigen Sie viel Struktur im Tagesablauf, in der Verteilung der Aufgaben und Zuständigkeiten. Rituale können Ihnen dabei helfen, genügend Raum und Zeit für alle Familienmitglieder zu organisieren (siehe Seite 41).

Achten Sie darauf, dass Ihre Kinder nie das Gefühl haben, der letzte abzuarbeitende Punkt auf einer langen Liste der Aufgaben zu sein. Natürlich muss man dem Chef gegenüber eine Menge Zugeständnisse machen, um seinen Arbeitsplatz zu sichern. Probieren Sie aber, wann immer möglich, das freundliche Nein-Sagen und passen Sie Ihren Ehrgeiz den gegebenen familiären Möglichkeiten an.

? Kann ich als alleinerziehende Mutter meinem Sohn den Vater ersetzen?

Es ist für Alleinerziehende sehr schwierig, den männlichen und weiblichen Part in der Erziehung zu übernehmen. Üblich ist eine Arbeitsteilung zwischen den Eltern: Während der eine mehr für emotionale Unterstützung und Schutz zuständig ist – traditionell eher die Mutter –, kümmert sich der andere um

die Grenzen, angemessene Forderungen und Selbstständigkeit, – eher der Vater. Es erfordert einen ständigen Spagat, beides gleichzeitig tun zu wollen!
Ihr Sohn braucht unbedingt Erfahrungen mit Männern, damit er lernt, sich männlich zu verhalten, was auch immer das ist. Da in den Lebensräumen unserer Kinder traditionell Frauen in der Überzahl sind, müssen Sie nach Alternativen suchen. Gibt es einen Patenonkel, einen Opa, einen Trainer, der diese Funktion erfüllen könnte?
Suchen Sie dringend nach Entlastung für sich, etwa bei Familienangehörigen und Freunden oder bei Selbsthilfegruppen für Alleinerziehende. Sie können beim besten Willen nicht für zwei schuften. Wenn Sie allein alle Verantwortung tragen müssen, überfordern Sie sich.

W WICHTIG

Den Vater – auch wenn er seine Pflichten noch so schlecht erfüllt – können Sie nicht aus dem Leben Ihres Kindes streichen. Ihr Kind muss sich mit seinem Schicksal auseinandersetzen und lernen, damit zu leben. Es hat viel von Ihrem Ex-Partner geerbt und sich in der gemeinsamen Zeit abgeschaut: Positives und Negatives.
Der Vater ist wie die zweite Lebenswurzel, die man nicht einfach kappen kann. Bedenken Sie außerdem, dass Kinder, die gar keinen Kontakt mehr zu einem Elternteil haben, diesen früher oder später idealisieren. Sie dichten dem verbleibenden Elternteil die Schuld für die Trennung an und entwickeln Aggressionen gegen diesen.

? Wie lernen meine Kinder damit zu leben, dass ihr Vater ganz aus unserem Leben verschwunden ist und sie nicht mehr sehen wird?

Leider müssen zu viele Kinder heute dieses Schicksal erleiden. Es sind recht unterschiedliche Gründe, die Väter dazu brin-

gen, die eigenen Kinder quasi aus ihrem Leben zu streichen. Leider gelingt dies den Kindern umgekehrt viel schlechter. Sie fragen sich, ob sie es denn gar nicht wert sind, dass man sich um sie kümmert und ob sie nicht liebenswert sind. Helfen Sie ihnen, indem Sie ein Bild des Vaters entstehen lassen, mit allen guten und weniger guten Seiten. Etwas muss Ihnen einmal an ihm gefallen haben. Wie haben Sie sich kennengelernt? Wie war die gemeinsame Zeit? Sprechen Sie von den gemeinsamen Plänen und Träumen, auch wenn diese irgendwann wie eine Seifenblase geplatzt sind. Zeigen Sie den Kindern Fotos aus den guten Tagen.
Reden Sie über mögliche Gründe des Vaters, sich so aus der Verantwortung zu stehlen: Vielleicht ist er unbeholfen und weiß nicht, was er mit Kindern anfangen soll? Vielleicht fürchtet er, an den Aufgaben zu scheitern? Oder er hat ein schlechtes Gewissen? Für manche Väter ist es zu schmerzlich, an die einmal geliebte Frau und die geliebten Kinder erinnert zu werden. Vielleicht, – ja, sicher weiß er nicht, was ihm alles an kostbarer gemeinsamer Zeit entgeht.
Wenn die Kinder wieder einmal nach ihm fragen – das passiert immer schubweise –, gestatten Sie ihnen ruhig, Kontakt aufzunehmen, auch wenn es möglicherweise eine Enttäuschung wird. Manchmal heilt Zeit die Wunden und der Vater überlegt sich doch, ob nicht ein Minimum an Umgang mit seinen Sprösslingen möglich ist. Dabei könnte es hilfreich sein, wenn Sie ihm schreiben, was Sie beziehungsweise die Kinder erwarten und was nicht. Vielleicht ist wenigstens ein Kartengruß zu den Feiertagen als Minimalvariante erreichbar oder ein Brief, in dem er schreibt, wie er jetzt lebt und dass er seinen Kindern alles Gute wünscht.

? Wie kann ich meiner Tochter dabei helfen, mit dem Tod ihres Vaters fertig zu werden?

Geben Sie Ihrer Tochter zunächst Halt und Raum, um ihre durcheinanderwirbelnden Gefühle zu verarbeiten: Trauer,

Zukunftsangst, Verunsicherung, Sorge um Mama, vielleicht auch Schuldgefühle. Letztere sind, obwohl in der Regel völlig unbegründet, sehr häufig. Sie sollte jemanden zum Reden haben, wann immer ihr danach ist. Alles aufschreiben oder aufmalen dürfen, auch noch nach Wochen. Jeder Mensch hat sein eigenes Tempo, um mit so einem Schicksalsschlag fertig zu werden. Es gibt Kinder, die nach den ersten Tränen fast nahtlos zum Alltag überzugehen scheinen. Man hat festgestellt, dass diese Kinder oft hochgradig geschockt sind und körperlich zahlreiche Stresszeichen aufweisen. Ihr Kummer ist oft stärker als bei Kindern, die länger weinen. Machen Sie Ihrem Kind keine Vorwürfe, egal ob es »zu viel« oder gar nicht weint.
Geben Sie Ihrem Kind so viele Antworten wie möglich, wenn es sich um seine Zukunft sorgt. – Etwa ob Sie beide in der Wohnung bleiben können? Ob Sie ihm den Ballettunterricht weiter bezahlen können?
Seien Sie zuverlässig in allen Absprachen, wann Sie nach Hause kommen und wo Sie hingehen. Denn Ihre Tochter wird Angst bekommen, Sie auch noch zu verlieren. Vielleicht werden auch Sie Angst haben.
Treffen Sie Regelungen für den Fall, dass Ihnen etwas passiert. In der ersten schweren Zeit ist es in Ordnung, wenn Sie beide in einem Zimmer schlafen. Wenn Ihre Tochter klammert und Sie so wenig aus den Augen lassen möchte wie möglich, ist das normal. Später sollten Sie jedoch darauf achten, die Trostgemeinschaft wieder aufzulösen, und zu einer angemessenen Distanz zurückkehren.
Organisieren Sie professionelle Hilfe für Ihr Kind, falls Belastungsanzeichen auftreten und nicht nach einigen Wochen langsam abklingen. Mögliche Reaktionen sind: Rückschritte in der Entwicklung, z.B. das Kind nässt wieder ein, Trennungsängste, Leistungsabfall, Konzentrationsstörungen, Depressionen mit Appetitverlust oder -steigerung, allgemeine Antriebslosigkeit oder auch Reizbarkeit.
Regen Sie Trauerrituale an, diese helfen sehr: eine Fotocollage über Papa gestalten, eine Kerze für ihn basteln und beim

Abendessen auf seinen Platz stellen, das Grab besuchen, ihm Briefe schreiben und dort hinterlegen, einen Gruß für ihn in Richtung Wolken schicken … Denken Sie auch an ganz persönliche Erinnerungsgegenstände für Ihre Tochter, sein Lieblingsbuch, der liebste Pullover, die Pfeife.

T TIPP

Suchen Sie für sich selbst Hilfe und Unterstützung – etwa bei einer Erziehungsberatungsstelle. Sie werden sicher ebenso traurig und verzweifelt über den Verlust sein und Zukunftsängste haben. Viele Dinge sind zu regeln. Versuchen Sie nicht, das alles allein zu bewältigen.

? Wie erkläre ich meinem Kind den Tod?

Jeder Mensch hat seine eigene Philosophie über den Tod und das Sterben. Niemand weiß mit letzter Sicherheit, was passieren wird, wenn das Herz aufhört zu schlagen. Es wäre hilfreich, wenn Ihr Kind nicht das erste Mal mit diesem Thema konfrontiert wird, wenn ein wichtiger Mensch gestorben ist. Genauso wie Sie Ihr Kind an den Straßenverkehr heranführen, sollten Sie das mit schwierigen und auch von Erwachsenen gescheuten Themen tun. Erzählen Sie ihm, was Sie über den Tod denken. Es gibt gute Kinderbücher, die Sie dabei unterstützen (siehe Seite 247). Nutzen Sie alle sich bietenden Gelegenheiten: Meldungen in den Nachrichten, ein toter Vogel auf dem Weg zum Kindergarten. Wenn Sterben und Tod zu den natürlichen Lebensrythmen gehören, verlieren sie einen Teil ihres Schreckens für Sie beide.

? Was ist zu tun, wenn wir uns in Erziehungsfragen oft nicht einig werden können?

Prima, dass Sie unterschiedliche Meinungen haben! Da haben Sie eine höhere Chance, bei der Erziehung den richtigen Kurs zu finden. Die männliche und die weibliche Sicht der Dinge unterscheiden sich nun einmal und können sich wunderbar ergänzen! Wo die Mutter zu vorsichtig und überbesorgt ist, kann der Vater mit seiner Bodenständigkeit überzogene Reaktionen verhindern. Wo der Vater zu streng ist, kann die Mutter sich vielleicht besser in die Lage des Kindes versetzen. Sie müssen nur noch eine gemeinsame Strategie erarbeiten, denn Sie dürfen sich nicht durch die Kinder gegeneinander ausspielen lassen. Holen Sie sich im Zweifelsfall lieber einmal mehr das Statement Ihres Partners ein.

Achten Sie darauf, dass Sie nie den anderen und seinen Standpunkt vor den Kindern entwerten. Bringen Sie den Kindern bei, dass es unterschiedliche Ansichten gibt und Argumente für beide Seiten. Zeigen Sie ihnen dann, wie man daraus Kompromisse entwickelt. Das können und sollten Sie ganz offen vor den Kindern tun (siehe Seite 34). Kommen unauflösbare Meinungsverschiedenheiten öfter vor, sollten Sie – nun ohne Kinder – eine Grundsatzdiskussion führen. Suchen Sie zunächst nach den Gemeinsamkeiten Ihrer Ansichten. Meist sind sich Eltern am ehesten in den Zielen der Erziehung einig. Die meisten Differenzen gibt es zum »Wie«. Wie streng sollten Sie sein? Wie viel Kontrolle ist angemessen? Was will man vom Kind erwarten und fordern?

Wenn sich kein Mittelweg für ein bestimmtes Problem finden lässt, könnten Sie sich zunächst für eine Weile auf eine Variante festlegen. Wechseln Sie aber nicht zu schnell, wenn Sie mit ihr nicht so gute Erfahrungen machen. Alle Strategien brauchen Zeit, um zu wirken. Auch wenn sich letztendlich herausstellen sollte, dass es die falsche Wahl war: ein zu schnelles Hin und Her verunsichert die Kinder nur.

? Wie gewöhnen wir Oma und Opa ab, uns ständig in unsere Erziehung hineinzureden?

Das ist zum einen wirklich lästig, zum anderen erfahrungsgemäß nicht so einfach zu ändern.

Verhandeln sollten Sie:

- über die Anzahl der Geschenke oder Mitbringsel;
- über die Art des Spielzeugs, der Filme und Aktionen.

Wenn Sie gar nicht mit den Erziehungsmethoden der Großeltern einverstanden sind umso mehr, je länger und öfter Ihre Kinder mit Oma und Opa zusammen sind.

Großzügig sein sollten Sie:

- bei allem, was Oma und Opa in den eigenen vier Wänden veranstalten. Kinder können sehr wohl lernen, dass in unterschiedlichen Lebensräumen andere Regeln gelten;
- wenn Oma und Opa die Kinder ein bisschen verwöhnen. Großeltern dürfen das;
- wenn Sie eifersüchtig sind, weil Sie von Ihren Eltern früher gern ähnlich behandelt worden wären.

Sich verbitten sollten Sie:

- dass Oma und Opa die Kinder manipulieren;
- dass Oma und Opa Ihre Autorität untergraben, indem sie Sie vor den Kindern schlecht machen;
- Diskussionen über Erziehung vor den Kindern;
- dass Oma und Opa die Regeln bei Ihnen zu Hause bestimmen. Beraten dürfen sie, entscheiden sollten Sie.

Notfalls müssen Sie in diesen Fällen den Kontakt eine Zeit lang einschränken oder aussetzen.

? Oma und Opa verwöhnen ihre Enkel sehr. Kann ihnen das schaden?

Das kommt auf das Ausmaß der Verwöhnmaßnahmen an. In der Regel ist es allerdings unproblematisch. Liebe und Anerkennung haben noch keinem Kind geschadet. Den Verzehr von Süßigkeiten, Fernseh- und Computerzeiten sollten Sie allerdings beizeiten regeln. Sind Oma und Opa aber Miterziehende, ohne deren Unterstützung Sie vielleicht als Alleinerziehende gar nicht auskommen, ist eine Absprache – genau wie zwischen Elternteilen – unbedingt erforderlich. Wie sollte Ihr Kind sonst Regeln lernen können?

? Wir werden uns aufgrund von Arbeitslosigkeit finanziell einschränken müssen. Wie erklären wir das den Kindern?

Kinder sind überfordert, wenn dunkle Wolken am Familienhimmel stehen, sie aber nur darüber spekulieren können, was ihnen wohl bevorsteht.
Seien Sie also ganz offen, ohne die Kinder zu sehr zu verunsichern. Berufen Sie einen Familienrat ein und legen Sie die Karten auf den Tisch. Sie sollten nicht alle möglichen Konsequenzen ausmalen, aber die nächstliegenden. Machen Sie Vorschläge, wo man sparen könnte. Lassen Sie die Kinder dann mitüberlegen. Wenn Kinder mitreden und mitentscheiden können, ist es für sie leichter, mit Entbehrungen zu leben. Wägen Sie gemeinsam ab, ob lieber der Musikschulunterricht ausgesetzt oder eine Zeitschrift abbestellt werden soll. Ob das Taschengeld gekürzt werden muss oder die Geburtstagsparty etwas bescheidener ausfällt.
Stellen Sie eine Sparliste auf: Statt unterwegs Snacks einzukaufen, werden eigene Sachen mitgenommen. Statt Pommes vom Schnellimbiss gibt es Ofenpommes zu Hause. Schokoriegel sind in der Schule nur noch am düsteren Montag erlaubt. Erinnern Sie die Kinder nicht ständig an die finanzielle Misere. Führen Sie lieber in größeren Abständen eine Grundsatzdiskussion. Vermeiden Sie, dass Ihre Kinder glauben, nun sei die glückliche Kinderzeit zu Ende. Sehen Sie die neue Situation vielmehr als Aufgabe, an der Sie alle wachsen und zusammenwachsen können.

Trennung der Eltern

? Was gilt für Kinder in Bezug auf eine mögliche Trennung: Lieber ein Ende mit Schrecken oder ein Schrecken ohne Ende?

Es ist Kindern nicht zuzumuten, mit Eltern zu leben, die ihre Paarbeziehung als völlig unbefriedigend empfinden und nur

noch »den Kindern zuliebe« weiter auf einem Pferd reiten, das schon längst schlapp gemacht hat.
Deshalb sollten Sie beide all Ihre Kräfte zunächst in die Richtung lenken, Probleme zu lösen und wieder den Weg zueinander zu finden. Wenn Sie sich – zum Beispiel nach einer absolvierten Paartherapie – absolut sicher sind, dass es keine Hoffnung mehr gibt, fällt eine Trennung in der Regel leichter. Diese muss keine Opfer hinterlassen. Lesen Sie dazu die beiden nächsten Fragen.

? Wie können wir unsere Trennung schonend für die Kinder gestalten?

Es gibt keine Trennung ohne Kummer und Schmerz bei allen Beteiligten. Schließlich müssen eine Menge Hoffnungen und Träume begraben werden. Dennoch müssen Kinderseelen keinen größeren Schaden nehmen. Damit Ihnen das gelingt, sollten Sie Folgendes beachten:
Ihre Kinder brauchen Erklärungen: Leicht gesagt, denn nicht selten wissen die Erwachsenen selbst nicht genau, was da gerade mit ihnen passiert ist. Geben Sie ihnen zumindest vorübergehende Erklärungen. Das ist besser als das Vertrösten auf später. Stellen Sie immer wieder klar, dass die Kinder nicht schuld sind, auch wenn Mama und Papa unter Umständen oft über Erziehung gestritten haben.
Ihre Kinder brauchen Klarheit: Für manche Kinder kommt die Trennung der Eltern aus heiterem Himmel. Einerseits blieben ihnen so die Streitigkeiten zuvor erspart. Andererseits sind diese Kinder oft tief verunsichert, da es keine Warnsignale gab. Sie bleiben lange auf der Hut, damit es nicht plötzlich wieder zu solch gravierenden Einschnitten in ihrem Leben kommt. Sorgen Sie für Klarheit, indem Sie nach der Trennung keine gemeinsamen Familienveranstaltungen den Kindern zuliebe organisieren, bei denen der Eindruck einer heilen Welt entsteht: Sie sollten deutlich signalisieren, dass sich etwas verändert hat. Sagen Sie Ihren Kindern, dass die

Trennung endgültig ist. Trotzdem werden auch Ihre Kinder vermutlich lange auf eine Versöhnung warten und sich vielleicht sogar dafür zuständig fühlen.
Ihre Kinder brauchen klare Zukunftsperspektiven: Wer wird wo wohnen? Welche Veränderungen sind damit verbunden? Wann werden sie wen sehen? Gibt es jetzt finanzielle Probleme? Was passiert, wenn Mama nun arbeitet? Wie werden Gegenstände aufgeteilt? Reden Sie offen mit den Kindern!
Ihre Kinder brauchen jede nur mögliche Sicherheit: Sagen Sie ihnen immer wieder, dass zwar die Liebe zwischen Mann und Frau auf der Strecke bleiben kann, aber nicht die Liebe zwischen Eltern und Kindern. Versichern Sie ihnen, dass Sie sie nie verlassen werden, auch wenn es Streit gibt oder Sie einmal sauer auf sie sind.

TIPP

Ihre Kinder brauchen in der Trennungszeit unbedingt emotionale Unterstützung. Sie werden traurig sein, Angst vor der Zukunft haben, vielleicht in ihrer Entwicklung zurückfallen. Viele Kinder funktionieren zunächst einmal weiter, als sei überhaupt nichts passiert. Sie wollen es ihren Eltern nicht noch schwerer machen. Bleiben Sie unbedingt mit den Kindern über die Trennung im Gespräch, ohne ihnen Gespräche aufzuzwingen. Oft ist es hilfreich, über Dritte zu sprechen. Nutzen Sie Kinderbücher, Filme, andere Betroffene aus Ihrem Umfeld oder professionelle Hilfe. In Erziehungsberatungsstellen gibt es Scheidungskindergruppen, die für Kinder sehr entlastend sein können.

? Ich bin nach unserer Trennung noch sehr traurig und verletzt. Worauf muss ich jetzt unbedingt zum Wohl meiner Kinder achten?

Ihre Kinder brauchen starke Eltern: Auch wenn es Ihnen selbst während der Trennung eine Zeit lang nicht gutgeht:

Machen Sie Ihren Kindern deutlich, dass Sie als erwachsener Mensch für sich selbst verantwortlich sind und für sich sorgen können. Und dass Sie sich Hilfe organisieren können. Vermeiden Sie, dass Ihre Kinder sich dafür zuständig fühlen. Sie sind als Ihr Tröster, Aufheiterer oder Kummerkasten überfordert! Lassen Sie nicht zu, dass aus ihnen ein Partnerersatz wird!
Versichern Sie Ihren Kindern immer wieder, dass es sich bei der Trennung um ein Erwachsenenproblem handelt und dass sie keine Schuld trifft. Oft fühlen sich Kinder schuldig, da die Eltern öfter um die Ordnung im Kinderzimmer und schlechte Zensuren gestritten haben.
Ihre Kinder brauchen vernünftige Eltern: Vermeiden Sie vor ihnen alle Entwertungen des Partners, so wütend Sie auf diesen auch sein mögen. Wer möchte schon Kind eines Scheißkerls oder einer neurotischen Tusse sein?
Trennen Sie die Paar- und die Elternebene: Sie trennen sich nur als Paar, sie bleiben aber beide Eltern für Ihre Kinder. Was Ihnen als Paar passiert ist, müssen Sie – jeder für sich – aufarbeiten, da sonst alte Verletzungen den Umgang miteinander weiter belasten. Sie werden in diesem Fall Ihre Probleme nicht los. Und Sie können auf der Elternebene nicht im Interesse Ihrer Kinder zusammenarbeiten.
Achten Sie beide darauf, dass Sie nicht durch sehr kämpferische Anwälte in Auseinandersetzungen hineingezogen werden, die sie so nie wollten. Hilfreich ist in vielen Fällen eine Mediation, bei der außergerichtlich nach fairen Problemlösungen für alle Beteiligten gesucht wird.

? Muss ich meine Tochter zum Umgang mit ihrem Vater zwingen, wenn sie nicht will?

Wenn neutrale Personen Kinder zu ihren Kontaktwünschen befragen, so sprechen sich diese in der überwältigenden Mehrheit für den Kontakt aus. Auch wenn sie vielleicht zuvor den Eltern etwas anderes versichert haben. Sogar in den Fällen, in denen während der Besuche Dinge geschehen, die die Kinder

überfordern und belasten, suchen und brauchen sie den Kontakt, allerdings natürlich in einer für sie günstigen Form. Warum sagt Ihre Tochter, dass sie Papa nicht mehr sehen will? Kinder spüren genau, was sich ihre Eltern unausgesprochen wünschen und erfüllen diesen Wunsch. (Mama regt sich rund um den Umgang immer so auf. Das ist nicht gut für sie.) Ich meine jetzt nicht die direkte Beeinflussung gegen den anderen Elternteil, die es vereinzelt auch gibt. Es genügt ein leichtes Augenrollen oder Stöhnen der Eltern, aus dem die Kinder lesen, dass Mama bzw. Papa wohl nicht so gut findet, was beim anderen Elternteil gelaufen ist. Überlegen Sie also zunächst genau, ob Sie den Umgang im tiefsten Inneren nicht wollen und ob Sie Ihre Tochter unbewusst dahingehend beeinflussen. Machen Sie sich klar, wie wichtig der Kontakt für Ihre Tochter – und genauso für Sie – ist.
Sagen Sie ihr dann deutlich, dass Sie möchten, dass der Kontakt weiter besteht. Auch wenn Ihnen das schwerfällt. Wenn die Verweigerung Ihrer Tochter dann immer noch anhält, müssen sie nach den möglichen Gründen dafür suchen. Manchmal haben Kinder auch Angst vor den Übergaben, wenn es dabei immer wieder zu heftigen Auseinandersetzungen kommt. Diese wollen sie sich dann ersparen.
Vielleicht fühlt sich Ihre Tochter jedoch beim Vater fremd – dann brauchen beide erst recht Zeit, wieder den Draht zueinander zu finden – oder solidarisiert sich mit Ihnen, wenn Ihr Ex-Mann Sie sehr verletzt hat – als Vater kann er trotzdem sehr liebevoll sein. Holen Sie sich Hilfe, um gemeinsam diese Hindernisse aus dem Weg zu räumen.

? Soll ich den Umgang mit dem Vater für eine Weile unterbinden, wenn mein Sohn danach oft völlig aus dem Gleichgewicht ist?

Nein. Was dafür spricht, den Kontakt zum anderen Elternteil unbedingt aufrechtzuerhalten, können Sie auf Seite 87 f. nachlesen. Kinder sind nach einem Besuchswochenende

immer aufgedreht. Sie müssen von einer Welt in die andere wechseln. Bei Papa gelten andere Regeln als bei Ihnen. Sie erleben in zwei Tagen sehr viel, da die Zeit oft genutzt wird, alles nachzuholen, was in der Zwischenzeit versäumt wurde. Und jeder Wechsel von zu Hause in das neue Umfeld erinnert wieder an das Trauma der Trennung.
Aber: Schaffen Sie die alljährlichen Kindergeburtstagsfeiern ab, weil Ihr Kind danach erschöpft und überdreht ist? Wohl kaum, schließlich handelt es sich dabei um ein festes Ritual und damit um einen wichtigen Haltgeber. Sie sollten sich mit dem Vater zusammensetzen, um gemeinsam zu überlegen, woher eine darüber hinausgehende Erregung kommen könnte. Versuchen Sie, mehr Alltag in die Besuchskontakte zu bringen, indem Sie die Zeiten ausdehnen – zum Beispiel einen Nachmittag dazunehmen.

Geben Sie dem Vater mehr Verantwortung für Alltagsangelegenheiten, sofern er weiterhin in der Nähe wohnt: etwa zum Kieferorthopäden gehen, zum Training fahren, für das Diktat üben, Vokabeln lernen (siehe Seite 99 f.).
Falls es regelmäßig nach dem Besuch Diskussionen zum Thema Regeln und Grenzen gibt, à la »Bei Papa darf ich das!«, denken Sie daran: Auch zusammen erziehende Eltern fahren nicht stets einen Kurs (siehe Seite 91). Das schadet Kindern nicht, wenn eine Einigkeit in grundsätzlichen Dingen besteht und wenn die Eltern mit der Uneinigkeit umgehen können und den anderen nicht entwerten oder bekämpfen. Kinder können sich unterschiedlichen Regeln durchaus anpassen.

Machen Sie sich gegenseitig keine Vorhaltungen: Sie haben beide ein Recht darauf, es anders zu machen als der andere. Vielen Eltern fällt es schwer, trotz aller Probleme für den Umgang zu kämpfen. Sie halten meine Empfehlungen nicht selten für eine Zumutung für sich selbst, sind aber später sehr froh und stolz auf sich, wenn sie sie zum Wohle ihrer Kinder erfolgreich umgesetzt haben.

WICHTIG

Wann kann ein zeitweiliges Aussetzen der Kontakte ausnahmsweise doch erforderlich sein? Wenn das Kind nach den Besuchen schwere Auffälligkeiten und Symptome wie Albträume, Einnässen, Selbstverletzungen und Angstzustände zeigt und der Vater nicht bereit ist, an Veränderungen zu arbeiten. Beziehen Sie bei den Gesprächen das Jugendamt mit ein! Wenn es Hinweise auf sexuelle oder körperliche Übergriffe gibt, befragen Sie in diesem Fall einen Kinderpsychologen. Wenn der Vater vorübergehend nicht dazu in der Lage ist, den Umgang angemessen zu gestalten, etwa weil er zu viel trinkt, das Kind in Kneipen mitschleppt oder eindeutig und unkorrigierbar das Kind gegen Sie aufhetzt ... Für Problemfälle gibt es auch die Möglichkeit des begleiteten oder kontrollierten Umgangs. Dabei sehen sich Kind und Elternteil in neutralen Räumen unter Anleitung einer Sozialpädagogin. Fragen Sie bitte Ihr Jugendamt.

? Wie kann ich als Besuchspapi die Wochenenden kinder- und elternfreundlich gestalten?

Schön, dass Sie dabei an drei Personen denken: Kind und beide Elternteile. Wenn Sie das Wochenende für alle Beteiligten stressfreier gestalten möchten, sollten Sie die folgenden Empfehlungen beachten:

- Versuchen Sie, nicht alles in die beiden Tage hineinzupacken, was Sie die Woche(n) über versäumt haben. Es muss nicht jedes Mal Zoo, McDonald´s, Rummel und Kino sein, so glücklich Sie die strahlenden Augen Ihres Kindes auch machen. Ihr Kind braucht das Wochenende zum Erholen und verträgt deshalb nicht zu viel Action auf einmal. Außerdem kommen Sie vor lauter Events vielleicht gar nicht zum Reden über das Gewesene oder Alltagskümmernisse. Weniger ist mehr. Höhepunkte sollen Höhepunkte bleiben und nicht zur Norm werden!

- Sehen Sie zu, dass Sie in das Wochenende möglichst viel Alltag hineinbekommen. Es ist schwierig, über die Jahre hinweg die Nähe zu Ihrem Kind zu halten. Sie kennen seine Freunde nicht, wissen wenig über Alltagssorgen, die einzelnen Lehrer … Kein Kind erstattet einen Bericht über die letzten zwei Wochen, damit Papa auf dem Laufenden bleibt. Beim Vortragen des Hausaufgabenheftes könnten Sie eher ins Gespräch über Lehrer und Schule kommen. Den besten Freund könnten Sie zu einem Ausflug mitnehmen. Gute Erfahrungen machen Eltern, die neben den Wochenendkontakten einen zusätzlichen Nachmittag mit dem Kind verbringen. Sie begleiten es zum Fußballtraining oder üben mit ihm das Einmaleins.
- Vereinbaren Sie – wenn möglich – zumindest am Anfang einen festen Besuchsrhythmus. Am meisten Stress entsteht für Kinder durch eine mangelnde Verbindlichkeit. Nichts ist schlimmer, als sich auf Papa zu freuen und dann muss er arbeiten. Lieber weniger Termine planen, aber die mit Garantie. Auch für den »Alltagselternteil« ist es sehr belastend, mit einem tieftraurigen Kind dazusitzen, weil der Kontakt mit Papa geplatzt ist. Auf einem Kalender sollte Ihr Kind verfolgen können, wann es wieder bei Ihnen ist.
- Hilfreich sind zusätzliche feste Telefonverabredungen. Halten Sie, wenn zwischen Ihnen und Ihrer Exfrau noch dicke Luft herrscht, die »Übergaben« des Kindes so kurz wie möglich. Manchmal ist es in der ersten Zeit sogar besser, es nur an die Tür zu schicken, ohne dass sich die Erwachsenen begegnen. Später ist es für Ihr Kind hilfreich, wenn es erlebt, wie die Eltern freundlich miteinander umgehen.
- Treffen Sie bei diesen Übergaben erst Absprachen, wenn Sie das beide schon ohne Streit hinbekommen. Andernfalls sollten Sie das bitte telefonisch ausdiskutieren. Suchen Sie dafür Zeiten aus, nach denen das Kind nicht eine aufgelöste Mama erlebt oder einen wutentbrannten Papa. Übergangsweise kann außerdem ein Pendelheft hilfreich sein, in dem beide Seiten die wichtigsten Informationen austauschen.

- Wenn sich die Lage entspannt hat, sollten Sie regelmäßige Termine auf neutralem Boden, zum Beispiel in einem Café, vereinbaren, um ohne Ihr Kind die grundsätzlichen Dinge abzusprechen: Infos vom letzten Lehrergespräch, die Feriengestaltung, die Auswahl einer geeigneten Schule …
- Die Verantwortung für die Vereinbarung und Einhaltung der Termine liegt bei den Erwachsenen.
- Auch wenn Sie sich von einem älter werdenden Kind ab und an einen Korb einholen werden: Es ist Ihr Job, Ihr Interesse an dem Kontakt zu zeigen und nicht auf die Initiative Ihres Teenagers zu warten!

? Ab wann kann ein Kind im Wochenwechsel bei Vater und Mutter wohnen?

Zunächst sieht diese Aufteilung der Kinder auf beide Elternteile sehr fair aus. In der Regel sind Kinder jedoch frühestens im Grundschulalter dazu in der Lage, zwei Lebensmittelpunkte zu haben. Vorher sind sie durch die ständigen Umstellungsprozesse überfordert, selbst wenn der Kindergarten vielleicht derselbe bleibt.

Da die Umstellung auf die Schule von den Kindern ebenfalls viel Kraft verlangt, würde ich auch in der ersten und fünften Klasse noch abwarten, bis Sie gegebenenfalls eine solche Regelung ausprobieren. Manche Kinder tun sich damit aber auch anschließend noch sehr schwer.

Unabdingbare Voraussetzung für das Funktionieren einer solchen Aufteilung ist, dass zwischen Ihnen und Ihrem Ex eine sehr gute Abstimmung in allen Fragen der Erziehung erfolgen kann und dass Sie beide über eine Menge Organisationstalent verfügen. Schließlich müssen Sie genau überlegen, was Ihr Kind in der Woche brauchen könnte. Das ist in der Schulzeit oft ein Problem. Günstig ist aus diesem Grunde, wenn beide Wohnungen nicht allzu weit entfernt liegen, sodass man zwischendurch mal schnell zur anderen Wohnung flitzen kann. Vorteile einer solchen Regelung liegen darin, dass Sie beide

Alltag und Wochenende mit Ihrem Kind erleben können. Die Erziehungsarbeit verteilt sich gleichmäßiger, sodass es seltener zu Überforderungssituationen kommt, wie sie für viele Alleinerziehende leider typisch ist. Ihr Kind hat auf diese Weise eine Chance, eine gute und weitgehend normale Beziehung zu Ihnen beiden gleichermaßen zu bewahren.

? Kann es sein, dass ich die negativen Gefühle, die ich meinem Ex gegenüber habe, irgendwann auf unseren Sohn übertrage?

Diese Gefahr ist tatsächlich vorhanden. Kontrollieren Sie sich immer wieder selbst: Manchmal sind es kleine Gesten und Angewohnheiten des Kindes und Sie sehen Ihren Ex-Mann in Miniaturausgabe vor sich. Oder Sie entdecken sogar Ansätze von Verhaltensweisen, die Ihnen bei Ihrem Ex sehr zu schaffen gemacht haben. Wenn Sie sehr schlechte Erfahrungen mit ihm gemacht haben, dann kann es für Sie schwierig werden, sachlich auf Ihr Kind zu reagieren.

Angenommen, Ihr Ex hat Sie mehrmals belogen: Alle Kinder schwindeln irgendwann einmal. Wenn Sie Ihren Sohn dabei erwischen, werden bei Ihnen jedoch die Alarmglocken läuten: »Jetzt kommt das Erbe seines Vaters durch. Ich will mir nie wieder so wehtun lassen!« Damit steigt das Risiko, dass Sie überreagieren und die Situation falsch bewerten. Sie werden Ihren Sohn wahrscheinlich viel strenger bestrafen, als wenn es die negativen Erfahrungen mit Ihrem Ex nicht gäbe. Vielleicht wird Ihr Sohn dadurch erneut lügen, weil er Angst vor Ihrer Reaktion hat. Sie stecken dann beide in einem Teufelskreis, aus dem Sie nur sehr schwer wieder herauskommen.

Verdeutlichen Sie sich immer wieder, dass Ihr Sohn zwar Dinge von seinem Vater geerbt und andere sich abgeschaut hat, dass er aber ein eigenständiger Mensch ist. Kaum ein Mensch gleicht dem anderen. Zahlreiche Einflüsse und Bedingungen lassen ihn zu dem werden, was er ist. Ihr Kind ist kein Klon Ihres Ex-Mannes. Geben Sie ihm eine Chance!

TIPP

Hilfreich ist es möglicherweise für Sie beide, wenn Sie Ihre Erfahrungen mit Ihrem Ex-Mann gut aufarbeiten. Wie ist es dazu gekommen? Was haben Sie übersehen? Wie war das Beziehungsspiel zwischen Ihnen beiden? Nie ist nur einer schuldig oder Buhmann/-frau!

Neue Partnerschaft

? Wie bringe ich meinen neuen Freund und meine beiden Kinder zusammen, damit daraus eine neue Familie werden kann?

Sicher haben Sie Ihren Kindern schon von Ihrer neuen großen Liebe berichtet. Vielleicht sind die beiden sogar schon neugierig. Erzählen Sie ihnen von Ihrem neuen Freund. Zeigen Sie ein Foto. Lassen Sie sie an Ihrer Freude teilhaben, ohne dass sich die Kinder eifersüchtig fühlen müssen. Planen Sie für das erste Treffen und das weitere Kennenlernen gemeinsame Unternehmungen. Das ist besser, als wenn sich alle unmittelbar gegenübersitzen, und der familiäre Intim- und Wohnbereich bleibt zunächst geschützt. Die Aktion steht im Vordergrund und kann so manche heikle Situation entkrampfen. Erwarten Sie dabei nicht zu viel von allen Beteiligten. Ihre Kinder und Ihr Partner brauchen Zeit, sich aneinander zu gewöhnen. Versichern Sie Ihren Kindern, dass ihr Papa der Papa bleibt, dass sie ihn nicht verraten oder aufgeben müssen. Sie können im Gegenteil einen neuen Freund dazugewinnen, wenn es gut läuft. Auch der Papa braucht manchmal die Versicherung, dass er nicht ausgebootet wird, sonst könnte er seine Befürchtungen auf die Kinder übertragen.
Geben Sie Ihrem neuen Partner und Ihren Kindern Zeit und Raum zum Kennenlernen. Nach den ersten gemeinsamen Unternehmungen sollten sich alle auch ohne Ihr Beisein beschnüffeln dürfen, das ist manchmal leichter für sie.

? Mein neuer Partner soll bei uns einziehen. Welche Klippen müssen wir umschiffen?

Zunächst einmal müssen Sie sich gemeinsam mit Ihrem Partner überlegen, wie Sie die Spielregeln innerhalb der Familie definieren wollen. Welche Rolle soll der neue Mann besetzen: der Freund von Mama, das erwachsene Mitglied einer WG, Stiefpapa oder Freund der Familie? Davon leitet sich ab, welche Rechte und Pflichten er bezüglich der Kinder hat. Darf er Regeln aufstellen? Darf er Grenzen setzen? Irgendwann heißt es meist: »Du hast mir gar nichts zu sagen, du bist nicht mein Papa!« Dann müssen Sie klar Stellung beziehen können!

Für welches Modell Sie sich entscheiden, hängt von Ihnen ab und von den Reaktionen der Kinder. Als leiblicher Elternteil müssen Sie aber schließlich festlegen und den Kindern verkünden, was Sie von ihnen bezüglich der neuen Situation erwarten. Es ist in Ordnung, wenn Sie zumindest in der ersten Zeit die Hauptzuständige für Ihre Kinder bleiben.

Sie sollten Ihre Kinder nie auffordern, zum neuen Mann »Papa« oder »Vati« zu sagen. Drängen Sie sie auch nicht unbewusst dazu. Denn: Was gibt es Schöneres, als wenn Mama sich freut! Im Gegenteil: Unter Umständen sollten Sie sie bremsen. Es ist nicht angemessen, den Titel »Papa« schon nach einem Vierteljahr zu verleihen! Er sollte ein Ehrentitel bleiben, der sogar gefeiert werden darf.

Nochmals müssen Sie sich Ihrem Ex-Partner zuwenden, weil er Angst bekommen könnte, nun zur Randperson zu werden. Es kann sehr schmerzlich sein, wenn ein anderer täglich mit den eigenen Kindern zusammen sein darf, die man so vermisst! Und wenn es einem Elternteil schlecht geht, geht es automatisch den Kindern schlecht.

? Wir werden eine sogenannte Patchworkfamilie. Worauf müssen wir achten?

Lesen Sie bitte unter der vorherigen Frage nach, welche Klippen Sie generell umschiffen müssen. Im Patchwork-Fall kom-

men allerdings noch zusätzliche beachtenswerte Fakten dazu. Die Anzahl notwendiger Absprachen und möglicher Konfliktherde vervielfachen sich häufig. Die Planung des Umgangs mit den anderen leiblichen Elternteilen, aber auch von Urlauben kann zu einer logistischen Herausforderung werden.
Sie müssen zunächst wieder die Beziehung der Kinder zum nicht-leiblichen Elternteil definieren. Diesmal aber ebenso die Beziehung der Kinder untereinander. Sind sie Geschwister? Stiefgeschwister? Freunde? Konkurrenten? Neid und Konkurrenz sind oft größer als unter leiblichen Geschwistern. Dadurch, dass die Kinder oft ein ähnliches Alter haben, werden sie schneller miteinander verglichen. Daraus kann rasch ein »Deine-Kinder-meine-Kinder« Wettbewerb werden, wenn Sie nicht aufpassen. Zeit, Aufmerksamkeit der Eltern, aber auch materielle Dinge müssen plötzlich auf mehrere Personen aufgeteilt werden. Ein bisheriges Einzelkind hat nun zwei jüngere Geschwister. Diese haben jetzt eine große Schwester, die sich vielleicht als Ersatzelternteil aufspielen möchte oder unter ihrer Entthronung leidet …
Es ist wichtig, diese Prozesse genau zu beobachten, immer wieder darüber im Gespräch zu bleiben, bei Problemen gegenzusteuern. Holen Sie sich rechtzeitig in einer Erziehungsberatungsstelle Hilfe, bevor Ihnen die Schwierigkeiten über den Kopf wachsen. Wenn es gut läuft, ist die neue Großfamilie für die Kinder ein Schatz und Pool unterschiedlichster Erfahrungen und vielfältigster Unterstützung.

T TIPP

Schaffen Sie Gelegenheit zum Beziehungsaufbau: Neben gemeinsamen Aktivitäten sollten Sie und Ihr Partner manchmal etwas allein mit den eigenen oder den Kindern des Partners unternehmen. Versuchen Sie, die Wochenenden so zu koordinieren, dass alle Kinder gleichzeitig bei den jeweils anderen Elternteilen sind, sodass niemand zu kurz kommt.

Familienalltag

Je rauer der Wind in der Welt dort draußen bläst, desto mehr sehnen sich Erwachsene wie Kinder nach Geborgenheit, Harmonie und Liebe in den eigenen vier Wänden. Sie wünschen sich vor allem, dass sie in ihrer Familie so sein können, wie sie möchten. Dass es weniger Zwänge, Konkurrenz, Anpassungs- und Leistungsdruck gibt als in der übrigen Welt. Es wäre schön, wenn das bei Ihnen daheim so ist. Auch wenn es sich nicht immer so einfach realisieren lässt.

Immer wieder dringen Belastungen von außerhalb in Ihren Familienalltag hinein. Das ist eine unvermeidbare Normalität. Je älter Ihre Kinder werden, umso stärker werden die Einflüsse von außen, von Freunden und der Clique. Alles, was Sie in der Familie vorleben, bleibt jedoch weiterhin von besonderer Bedeutung: Hier sollen die Kinder all das lernen, was Ihnen wichtig ist und all das verlernen, was Ihren Vorstellungen nicht entspricht. Schließlich wollen Sie Ihre Kinder bestmöglich für ihr Leben stark machen. Dazu müssen Sie sie ab und an ermahnen, oft erinnern und sich manchmal gegen sie durchsetzen. Sie müssen außerdem Ihr eigenes Verhalten immer wieder kritisch beobachten und überprüfen. Bei all diesen Anstrengungen soll in der Familie ständig ein wohlwollendes, verständnis- und vertrauensvolles Klima herrschen? Das ist wirklich ganz schön viel verlangt!

Doch niemand erwartet von Ihnen, dass Sie perfekt sind. Am allerwenigsten Ihre Kinder. Haben Sie kein schlechtes Gewissen, wenn Sie nicht jede Situation optimal managen. Das kann kein Vater und keine Mutter leisten. Versuchen Sie einfach, alles so gut zu machen, wie Sie es können, und Ihr Ziel nicht aus den Augen zu verlieren, wenn es mal wieder schlechter läuft und viele Klippen zu umschiffen sind! Es lohnt sich!

Ganz normale Entwicklungsphasen

? Was versteht man unter dem magischen Alter?

Das ist eine Entwicklungsstufe im Vorschulalter, in der das Kind versucht, sich die Welt zu erklären, indem es magische Ideen dazu heranzieht und Dinge personifiziert. So erklärt das Kind, dass beispielsweise die Säge heiß wird, weil sie sich beim Sägen so angestrengt hat, oder: wenn man nicht auf die Ritzen im Straßenpflaster tritt, bekommt man zum Geburtstag eine Babypuppe. Das Kind glaubt an die Existenz von Monstern – schließlich knackt es immer hinter der Heizung, Zahnteufeln – na gut, das haben die Eltern vorgeschwindelt – und fantastischen Freunden, die es im Alltag begleiten (siehe unten). In seinen Spielen geht es völlig in seiner Rolle als Prinzessin, Powerranger oder Pferd auf. Es ist manchmal so in seine Fantasiewelt vertieft, dass es nicht mehr eindeutig unterscheiden kann, ob etwas tatsächlich stattgefunden hat oder nicht. Realität und Fantasiewelt verschmelzen in diesem Fall miteinander. Dadurch kommt es zu scheinbaren Schwindeleien. Diese sind jedoch unbedingt von eigentlichen Lügen (siehe Seite 215) zu unterscheiden, bei denen das Kind bewusst die Wahrheit verdreht, um beispielsweise einer Strafe zu entgehen.

? Unsere Tochter hat einen unsichtbaren Freund, einen kleinen Löwen, der sie überallhin begleitet. Fördert das nicht die Flucht aus der Realität?

Sie beschreiben eine ganz typische Erscheinung des magischen Alters, denn schätzungsweise hat mindestens jedes dritte Kind Erfahrungen mit solchen Begleitern. In diesem Alter spricht nichts dagegen, dass Sie den erdachten Freund in den Alltag einbeziehen. Beispielsweise könnte er der Tochter sagen, dass es Zeit ist aufzuräumen und ihr dabei helfen. Diskutieren Sie nicht über Existenz oder Nicht-Existenz, aber sagen Sie, wenn es Ihnen zu viel wird.

Bei einem älteren Kind kann ein über längere Zeit existierender eingebildeter Freund ein mögliches Alarmsignal für ein Problem sein, das es nicht allein lösen kann. Vielleicht ist Ihre Tochter auf der Suche nach einer Freundin und tut sich schwer mit Kontakten. Können Sie ihr dabei helfen? Erklären Sie Ihr Kind nie für verrückt. Zeigen Sie ihm, dass Sie sich freuen, dass es Ihnen davon erzählt.
Verbieten Sie die Flucht in andere Welten nicht, aber vermitteln Sie, dass es auch wichtig ist, die Welt der Fantasie und der Realität immer unterscheiden zu können. Die Zeit, die Kinder in der Fantasie verbringen, darf nicht länger sein als die in der Realität. Suchen Sie professionelle Hilfe, wenn sich das bei Ihrer Tochter nicht so verhält.

? Unsere Tochter nervt mit dem ewigen »Warum-Warum«? Gibt sich das von selbst?

Neben dem kindlichen Wunsch, die Welt zu verstehen, lieben Kinder das Warum-Spiel besonders, weil es sie in intensiven Kontakt mit den Eltern bringt. Vier- und Fünfjährige studieren dabei, wie sich die Erwachsenen auf der Suche nach dem Warum abstrampeln. Sie bleiben lange in Beziehung mit dem Kind, das dafür wenig tun muss. Machen Sie sich keine Sorgen, nach ihrem fünften Lebensjahr haben Kinder meist das Interesse an diesem Spiel verloren.
Bis dahin versuchen Sie es positiv zu sehen: Sie können Ihre geistige Beweglichkeit bei der Suche nach kindgerechten Antworten trainieren. Nehmen Sie die Fragen Ihrer Tochter ernst und beantworten Sie so viele wie möglich. Suchen Sie dabei nach einfachen, nur auf die Frage bezogenen Antworten. Suchen Sie einen rituellen Abschluss, wenn Sie den Eindruck haben, Ihr Kind hört gar nicht mehr zu und hat nur noch Freude an dem Spiel. Zum Beispiel das berühmte »Warum, warum, warum ist die Banane krumm? Wenn die Banane gerade wär, wär's keine Banane mehr!« Sie dürfen auch ganz offen eingestehen, wenn Sie keine Lust auf das Spiel haben!

? Mein 5-Jähriger schrie neulich bei einem aufgeschlagenen Knie: »Hilfe ich verblute!« Diese Panik ist doch nicht normal, oder?

Doch, in diesem Alter schon. Das Kind hat noch zu wenig biologisches Verständnis, um die echte Gefahr abschätzen zu können. Es weiß nur, dass Blut etwas Lebenswichtiges ist. Den Vorgang der Blutgerinnung kennt es nicht. Dafür hat es jetzt auf einmal eine ungefähre Vorstellung von der Endlichkeit des Lebens. Daher die Panik.

Besorgen Sie sich ein Anatomie-Buch für Kinder und erklären Sie ihm die Wunder des menschlichen Körpers. Bei sehr großem Geschrei bei Mini-Kratzern und unsichtbaren Verletzungen sollten Sie nicht zu viel Aufhebens machen. Nehmen Sie trotzdem das Gefühl Ihres Kindes ernst, es kann sich einfach erschrocken haben. Sagen Sie ihm, dass es vielleicht wehtut, dass aber kein Grund zu großer Sorge besteht. Fügen Sie einen Selbsthilfetipp an: etwas kaltes Wasser, mit ein wenig Speichel benetzen, vorsichtig reiben …

TIPP

Bei einem größeren Unfall ist es wichtig, wenn auch schwierig, selbst möglichst ruhig zu bleiben. Ihre Sorge und Angst überträgt sich unmittelbar auf das Kind. Geben Sie ihm Sicherheit: Sagen Sie, dass Hilfe unterwegs ist, erzählen Sie ihm, was als Nächstes passieren kann – dass es wahrscheinlich geröntgt wird, dass es vielleicht einen Gipsverband bekommt und so fort.

Wichtige Entwicklungsschritte

? Sollte mein dreijähriger Sohn nicht schon ohne Windel auskommen?

Leider halten sich Kinder nur selten an die zeitlichen Vorstellungen ihrer Eltern. Jedes Kind hat sein ganz persönliches

Tempo, das – wie man inzwischen festgestellt hat – entscheidend von der Reife bestimmter Regionen im Gehirn abhängt. Diese kann niemand beeinflussen. Alles was sich zwischen zweieinhalb (sehr früh) und viereinhalb Jahren (relativ spät) bewegt, ist noch völlig normal. Als das ganze Windelgeschäft noch viel umständlicher war als heute, hatten Eltern eine höhere Motivation, ihr Kind frühzeitig trocken zu bekommen. Lange galt das Erreichen der Sauberkeit sogar als Gütekriterium für Erziehung und Kind. Bewirkt hat man damals nur das Einschleifen von Reflexen, die meist recht störanfällig waren. Heute ist man gelassener. Das sollten Sie auch sein. Wenn Sie Ihrem Sohnemann dennoch ein wenig auf die Sprünge helfen wollen, probieren Sie es so:

- Kaufen Sie zunächst eine besondere Gerätschaft, egal ob Topf oder Kindersitz und Fußhöckerchen für die Toilette. Der Topf sollte kein Spielzeug sein! Stellen Sie ihn, wenn Sie mögen, neben die Toilette und machen Sie ab und an eine gemeinsame »Sitzung«. Achten Sie dabei unbedingt auf Ihr eigenes Wohlbefinden! Loben Sie Ihren Sohn, wenn er erfolgreich sein Geschäftchen im Topf verrichtet hat.
- Lassen Sie Ihren kleinen Jungen im Sommer nackt im Garten herumlaufen. Wenn er dann einmal plötzlich Pipi macht, sieht er, was sein Körper kann und was normalerweise in der Windel landet.
- Machen Sie Probedurchläufe ohne Windel. Gehen Sie einen Schritt zurück, wenn Ihr Kind noch überfordert ist. Nicht wenige Kinder erklären ihren Eltern eines Tages, dass die Windelära vorbei ist, und sind dann bald trocken.

? Wie fördern wir, dass unsere Tochter jetzt langsam auch in der Nacht trocken wird?

Sie können nichts erzwingen. Selbst wenn Sie Ihrer Tochter abends nichts mehr zu trinken geben oder sie mitten in der Nacht aufwecken und auf die Toilette setzen würden, brächte das keinen wirklichen Entwicklungsschritt. Nächtliche Sauberkeit hat zwei wichtige Voraussetzungen: zum einen eine gewisse Speicherkapazität der Blase bis zum Morgen und zum zweiten das rechtzeitige Aufwachen, wenn die Blase überzulaufen droht. Beobachten Sie einmal die Toilettengewohnheiten Ihrer Tochter: Muss sie vielleicht sogar tagsüber alle naselang zur Toilette? Dann üben Sie mit ihr, von Mal zu Mal immer etwas länger auszuhalten.

Sie können Ihr Kind auch auffordern, vor dem Schlafengehen dreimal im Abstand von jeweils zehn Minuten Pipi zu machen, damit seine Blase völlig leer ist.

Geben Sie Ihrer Tochter vor dem Zubettgehen nur noch ein kleines Glas Wasser oder Tee zu trinken. Wenn sie etwa eine große Teeflasche leert, wird sie diese Flüssigkeitsmenge kaum bis zum Morgen halten können.

Was soll passieren, wenn Ihr Kind durch den Blasendruck wach wird? Spielen Sie das gedanklich durch: Ihre Tochter ist halb verschlafen, findet sie den Lichtschalter? Möglicherweise ist sie im magischen Alter (siehe Seite 107)? Gibt es einen monsterfreien Weg zur Toilette?

Sollte Ihre Tochter zwischen fünf und sechs Jahren noch keine Ansätze von nächtlicher Sauberkeit zeigen, lassen Sie zuerst von Ihrem Kinderarzt abklären, ob es organische Ursachen dafür geben könnte. Wenn nicht, sollten Sie sich professionellen Rat holen, um psychische Probleme wie Kummer oder Stress auszuschließen (siehe Seite 237 f.).

? Wie gewöhne ich unserem vierjährigen Sohn endlich den Schnuller ab?

Prüfen Sie zunächst erst einmal die Voraussetzungen dafür: Hat Ihr Kind gerade eine relativ stabile Entwicklungsphase oder gibt es zusätzliche Belastungen, wie z.B. Eingewöhnung in den Kindergarten, Geburt eines Geschwisterchens, die den Zeitpunkt ungeeignet machen? Falls Sie sich für den Abschied vom Schnuller entscheiden, sollte es kein Zurück geben! Jetzt gilt es, konsequent zu bleiben.

Wenn Sie sicher sind, dass die Zeit reif ist, überlegen Sie sich ein Abschiedsritual. Zunächst sollten Sie Ihrem Kind erklären, was passieren wird. Rechnen Sie nicht mit Begeisterung, da es ja auf eine liebe Gewohnheit verzichten soll. Ist das Kind anfänglich angetan von Ihrer Idee, so hat es noch nicht erfasst, was dies wirklich bedeutet und wie heftig die Sehnsucht nach dem Tröster werden kann. Machen Sie ihm den Abschied schmackhaft. Indem es zum Beispiel zum Kleinkind erklärt wird und kein Baby mehr ist. Sprechen Sie nicht von einem »großen« Kind, denn das werden Sie in anderen Situationen wieder zurücknehmen. Suchen Sie nach einer Trostalternative, vielleicht ein ganz besonderes Kuscheltier, ein Kissen, einen Talisman. Aber bitte keine Nuckelflasche, damit produzieren Sie das nächste Problem.
Sie können schrittweise vorgehen: Zunächst ist das Ziel, den Schnuller tagsüber nicht mehr zu benutzen und im Bett zu lassen. Dann ist der Mittagsschlaf dran und erst zuletzt folgt das abendliche Schlafengehen.
Das Kind sollte den Schnuller selbst wegwerfen dürfen, möglichst nicht in den Mülleimer, da könnte es auf die Idee kommen, ihn wieder herauszuangeln. Erkennen Sie die Verabschiedung ausgiebig an und loben Sie Ihr Kind für seine gute Absicht und sein Durchhalten. Kommt irgendwann das böse Erwachen und der große Kummer, trösten Sie Ihr Kind, verweisen Sie auf sein Abschiedsritual und den Ersatz und strahlen Sie Zuversicht aus, dass es den Verlust bewältigt.

? Was kann ich tun, damit mein Kind auf seine Abendflasche verzichtet?

Das Vorgehen ist ähnlich wie beim Abgewöhnen des Schnullers (siehe oben). Schenken Sie Ihrem Kind eine Alternative, etwa eine hübsche Kindertasse. Sie kann mit einem Schluck ungesüßtem Tee am Bett stehen. Achten Sie bei der Auswahl des Ersatzes darauf, dass Sie nicht ein neues Problem erzeugen. Wenn Sie zum Beispiel zu lange am Bett sitzen bleiben

oder sich sogar zu Ihrem Kind legen, um es zu trösten, könnte es sich daran gewöhnen.
Strahlen Sie die Gewissheit aus, dass Ihr Kind auch diesen gar nicht so einfachen Entwicklungsschritt meistern wird. Geben Sie auf keinen Fall den Bitten Ihres Kindes nach, wie lautstark und tränenreich sie auch vorgetragen werden. Sonst lernt es nur, dass es lange genug Druck machen muss, um sein Ziel zu erreichen. Der Kummer gibt sich in absehbarer Zeit. Denken Sie – um durchzuhalten – an die Gründe, die Sie hatten, diesen Schritt zu gehen.

Lernen in der Familie

? Wie lernt mein Kind die Achtung vor anderen Menschen, denen es begegnet?

Das meiste wird sich Ihr Kind abschauen und -hören: zunächst nur von den Familienmitgliedern, später auch von Erziehern, Freunden und dem Fernsehprogramm. Überprüfen Sie immer wieder kritisch: Achten sich die Menschen in Ihrer Familie? Wie reden Sie über die Verkäuferin, die sich verrechnet hat, die Kollegin, den Bettler in der S-Bahn? Wie oft beschimpfen Sie andere Autofahrer als Idioten? Wie fair können Sie mit dem anderen Elternteil streiten? Das alles zählt viel mehr als alle Glaubensbekenntnisse und Appelle an Ihr Kind!

? Unser Großer mag weder die Zähne putzen noch sich waschen. Wie bringen wir ihm minimale hygienische Gewohnheiten bei?

Machen Sie einmal eine Umfrage unter ehrlichen Erwachsenen: Wer hatte keine Phase, in der er es mit dem Waschen und Zähneputzen nicht so genau nahm? Hat in diesen kurzen Phasen davon jemand Schaden genommen?
Natürlich haben hygienische Angewohnheiten einen Sinn. Die Maßstäbe, was sinnvoll ist, sind aber unterschiedlich:

von täglich zweimal duschen bis zu einem großen Wannenbad in der Woche. Vom Zähneputzen nach jeder Mahlzeit bis zu morgendlicher und abendlicher Zahnpflege. Sie merken schon, ich plädiere für etwas Gelassenheit. Zum einen leben Sie Ihrem Kind vor, dass diese Dinge zum ganz normalen Alltag gehören. Zum anderen halte ich es für wichtig, dass Kinder hier frühzeitig Eigenverantwortung übernehmen. Das tun sie, wenn Eltern wenig erklären, nur gelegentlich kontrollieren und aus Konsequenzen lernen lassen. Diese könnten sein:

- Wenn ich mit dir Turnschuhe kaufen soll, dann müssen Füße und Socken sauber sein!
- Geld für ein neues Basecup gibt es nur, wenn die Haare zweimal wöchentlich gewaschen werden. Gehen Sie mehr vom tatsächlichen Bedarf aus als von sturen Regeln.
- Ein nach Schweiß müffelndes Kind darf erst an den Esstisch, wenn es gut riecht. Das können Kinder nachvollziehen!
- Hängen Sie ein Schild ins Bad: Ihr müsst nicht alle Zähne putzen! Nur die, die ihr behalten wollt!

? Unser Kind zieht den Schmutz wie ein Magnet an. Wie können wir ihm beibringen, seine Kleidung ein bisschen zu schonen?

Kinder unterscheiden sich in ihrem Ekelgefühl enorm: Manche scheinen sich erst richtig wohlzufühlen, wenn die Kleidung endlich nicht mehr wie neu aussieht.

Bei manchen Kindern steckt eine motorische Ungeschicklichkeit dahinter, für die sie nichts können. Trainieren Sie in diesem Fall seine Feinmotorik (siehe Seite 124) durch alle möglichen Tätigkeiten mit den Händen, wie malen, basteln, stecken, fädeln, schneiden, bauen ….

Andere Kinder sind so hektisch und impulsiv, dass sie die nächste Pfütze erst sehen, wenn sie schon darinstehen. Auch hier nützen Appelle wenig. Sorgen Sie in diesem Fall für genug »Auslauf« und Zeiten der Entspannung. Suchen Sie nach praktischen Lösungen: Sie können von Ihrem kleinen

Schmutzfink verlangen, dass er sich zum Spielen alte, strapazierfähige Sachen anzieht. Kaufen Sie dunkle Kleidung und solche, die sich leicht reinigen lässt.

TIPP

Versuchen Sie, das Ganze etwas gelassen zu sehen. Ich behaupte, dass Kinder ohne Schmutz nicht gesund groß werden können. Nur wenn Sie Ihr Kind fünf Minuten vor dem Besuch bei Oma in den Garten gelassen haben mit der Ansage, sich nicht in den Sandkasten zu setzen, und Sie finden es genau dort vor, sollte es zur Wiedergutmachung des Schadens selbst seine Sachen schrubben müssen.

? Soll ich meinem Kind morgens immer die Kleidung heraussuchen, da es sonst oft unmögliche Kombinationen wählt?

»Jein«. Ihr Kind soll seinen eigenen Geschmack entwickeln und sich gleichzeitig »sozial verträglich« kleiden lernen. Das kann es zunächst in erster Linie durch Ihren elterlichen Einfluss, der aber nicht zu stark sein sollte. Wie soll es sonst herausfinden, worin es sich wohlfühlt und was bei anderen gut ankommt? Wie soll es seinen eigenen, ganz persönlichen Stil entdecken? Vielleicht findet Ihr Kind seine gewählte Kombination ja richtig cool? Manche Kombis galten früher als »No Go« und sind heute total angesagt.
Sie merken schon, ich plädiere wieder für viel Selbstbestimmung. Vielleicht können Sie ja einen Beraterjob bei ihm bekommen? Das heißt, dass Sie immer – in angemessener Form – Ihre Meinung äußern dürfen. Sie dürfen auch Geschmacksbildung betreiben, indem Sie bei seiner Auswahl laut denken oder indem Sie sich zusammen Bilder in Katalogen anschauen oder diskutieren, wie andere Leute sich anziehen. Vielleicht wählen Sie als Zwischenschritt die Variante, bei der Sie das Kind aus Alternativen auswählen lassen.

? Wie bringe ich meinen Kindern Ordnung bei?

Ich glaube, neun von zehn Eltern stellen sich täglich diese Frage. Leider gibt es noch kein Patentrezept dafür. Dieses wäre dann aber garantiert nobelpreisverdächtig! Als Erstes gilt: Vorleben, vorleben, vorleben.
Gehen Sie altersgemäß vor:
Mit einem Kindergartenkind räumen Sie das Zimmer täglich gemeinsam auf – Ihr Kind ist von großen Bergen überfordert – und geben Ihrem Kind dabei konkrete Anweisungen, wo es welche Gegenstände hinbringen soll. Man kann das in spielerischer Form tun: Erst werden alle runden Spielsachen weggeräumt, dann alle blauen, zum Schluss alle weichen. Das macht das Aufräumen unterhaltsamer und schafft zugleich Struktur. Mit einem etwa Fünfjährigen gehen Sie arbeitsteilig vor: »Solange ich die Legos sortiere, stellst du die Bücher ins Regal.« Legen Sie für Schulkinder wöchentlich einen Aufräumtag fest und definieren Sie genau, was alles dazugehört. Für die anderen Tage gibt es dann reduzierte, aber konkrete Forderungen. Sehen Sie zu, dass Sie dabei berechenbar bleiben: Es ist schwierig zu verstehen, dass an einem Tag der unordentliche Schreibtisch oder die herumliegende Wäsche unkommentiert bleibt und zwei Tage später einen entsetzlichen elterlichen Wutanfall provoziert!
Grundsätzlich gilt:

- Es sollte einen Platz geben, an dem angefangene Bau- und Kunstwerke länger stehen bleiben können, ohne zu stören.
- Ordnungsaktionen sollten für Kinder nachvollziehbar sein, dann werden sie eher akzeptiert. Beispielsweise: Einmal in der Woche muss der ganze Boden frei sein, damit gründlich durchgesaugt werden kann.
- Ordnungssysteme sollten großzügig sein, sonst sind sie für Kinder schwer zu handhaben: die Kuscheltiersammlung in die Hängematte, die Bücher ins Regal und kleine Teile wie Autos und Tiere in die Kiste.
- Besuch darf nur ins Kinderzimmer, wenn dieses halbwegs aufgeräumt ist.

WICHTIG

Überprüfen Sie Ihre Maßstäbe: Diese sind auch bei Erwachsenen sehr verschieden. Es gibt ziemliche Chaoten, die trotzdem sehr gute Arbeit leisten. Die Maßstäbe von Kindern und Erwachsenen unterscheiden sich offenbar radikal. Kinder verstehen oftmals überhaupt nicht, was die vorgeschlagenen Aufräumaktionen für einen Sinn haben sollen. Manchmal machen sie eher die gegenteilige Erfahrung: Nach dem Aufräumen finden sie gar nichts mehr. Ich meine, einer Wohnung, in der Kinder wohnen, sollte man das auch ansehen. Dazu gehören »Marken«, die die Kinder in allen Räumen setzen.

? Wie erreiche ich, dass mein Kind im Haushalt mithilft und Pflichten übernimmt?

Zeigen Sie Ihrem Kind beizeiten, dass es nicht im Hotel Mama lebt. Schon Zweijährige können Ihnen beim Tischdecken und -abräumen helfen. Gewöhnen Sie es daran, Aufträge zu übernehmen, und bedanken Sie sich dafür. Kleinere Kinder lieben das heiß. Verderben Sie Ihrem Kind nicht den Spaß, indem Sie die Ausführung bemäkeln. Im zweiten Schritt sollten Sie Ihrem Kind eine regelmäßige Aufgabe erteilen, zum Beispiel den Tisch abzuräumen. Vermutlich müssen Sie Ihr Kind immer wieder daran erinnern. Eventuell müssen Sie ihm mehrmals genau erklären, was es tun soll. Passen Sie auf, dass Sie es mit der Aufgabe nicht überfordern.
Jedes Familienmitglied sollte eine solche Haushaltspflicht haben. Besprechen Sie mit Ihren Lieben, wer was erledigen könnte und was altersgemäß für sie ist.
Bringen Sie Ihrem Kind bei, dass es selbstverständlich ist, einen angerichteten Schaden zu beseitigen: Wer ein Glas umkippt, muss aufwischen. Wer mit schmutzigen Schuhen den Flur entlangläuft, muss fegen. Übernehmen Sie solche Sachen nicht selbst, weil Sie denken, dass es dann ordentlicher ist, was im Übrigen zweifelsfrei stimmt. Dass ein Kind sich

völlig selbstständig und eigenverantwortlich um einen Bereich kümmert, können Sie auch von einem Zehnjährigen eher noch nicht erwarten. Immer wieder werden Sie daran erinnern müssen, dass das Meerschweingehege gesäubert werden muss, dass der Mülleimer voll ist …

Achten Sie darauf, Ihr Kind nicht zu sehr zu nerven und zu gängeln. Passiert das immer wieder, weil Ihr Kind die Absprachen nicht einhält, sollten Sie sich alle zusammensetzen und gemeinsam nach Alternativen suchen.

? Wie bringen wir unserem Kind angenehmere Tischmanieren bei?

Entscheiden Sie zunächst, welche Regeln Sie überhaupt vermitteln wollen, und leben Sie diese konsequent vor! Machen Sie ab und an eine Mahlzeit zu einem Spiel: Sie könnten mit Ihrem Kind die Rollen tauschen. Bitte stellen Sie Ihr Kind, wenn Sie sein Essverhalten imitieren, nicht bloß! Wichtiger ist, dass Ihr Kind versucht, Sie als Erwachsene nachzuahmen. Sie können auch »vornehmes Restaurant« spielen.

Arbeiten Sie nicht an allen Fronten gleichzeitig. Das belastet die Stimmung bei Tisch und nervt alle Beteiligten nur. Überlegen Sie, wie der nächste Schritt aussehen könnte.

Am besten vereinbaren Sie Teilziele: sich das Schmatzen abzugewöhnen, nicht mehr das Messer abzulecken, nicht mit den Fingern zu essen. Geben Sie Ihrem Kind ein vorher vereinbartes Geheimzeichen, wenn es in sein altes Verhalten zurückgefallen ist. Loben Sie Ihr Kind viel. Sie könnten auch mit einem Bekräftigungsplan arbeiten (siehe Seite 56 f.).

? Was kann ich tun, damit meine Kinder liebevoller miteinander umgehen?

Gewöhnen Sie sich als Erstes an den Gedanken, dass zu jeder normalen Geschwisterbeziehung Streit gehört! Geschwister haben gegenüber Einzelkindern einen entscheidenden Vorteil:

Sie verfügen über ein viel breiteres Übungsfeld für soziales Verhalten unter Gleichrangigen. Allerdings kann ein Streit zwischen Geschwistern mitunter so ausufern, dass er den gesamten Familienalltag überschattet. Oder er eskaliert so weit, dass sich die Kinder ernsthaft verletzen. Dann müssen Sie etwas dagegen tun. Versuchen Sie es mit den folgenden Regeln:

- Mischen Sie sich so wenig wie möglich ein! Die Kinder sollen bei Streit und Konflikten ihre eigenen Erfahrungen sammeln. Das gilt auch dann, wenn meist der eine auf Kosten des anderen gewinnt. Der Verlierer wird nicht lernen, sich dagegen zu wehren, wenn Sie es für ihn erledigen. So kann er kein Selbstbewusstsein entwickeln. Ohnmachtsgefühle und Aggressionen stellen sich ein. Sie sollten aber mit beiden Kindern getrennt Ihre Beobachtungen besprechen und klar Stellung beziehen, was Sie als ungerecht empfinden und dem Dauerverlierer Mut zusprechen.
- Lassen Sie sich nicht zum Schiedsrichter machen! Sie können gar nicht fair sein. Jeder Streit hat eine Vorgeschichte. Die werden Sie in der Regel nicht völlig durchschauen.
- Wenn es zu laut hergeht oder eine Eskalation droht: Trennen Sie die beiden Streithammel und schicken Sie sie in ihre Zimmer zum Abkühlen.
- Machen Sie nach dem Streit eine Auswertung. Jeder darf zunächst seine Sicht darstellen. Sie werden wahrscheinlich zwei recht unterschiedliche Darstellungen hören.
- Fassen Sie – ohne zu werten – zusammen, worum es offenbar ging. Suchen Sie dann zusammen nach Kompromissen und Lösungen. Bieten Sie dabei nicht zu schnell Ihre eigenen Vorschläge an. Die Kinder sollen lernen, selbst Lösungsideen zu entwickeln.
- Bestimmen Sie Streitregeln! Zum Beispiel »Gewalt ist verboten!« »Bestimmte Schimpfwörter sind tabu.«
- Überlegen Sie, ob Sie unbewusst die Konkurrenz zwischen Ihren Kindern schüren.
- Versuchen Sie Gegengewichte zum ständigen Streit zu schaffen. Unternehmen Sie gemeinsam etwas.

TIPP

Bei ständigem und überdurchschnittlich heftigem Streit sollten Sie überlegen, was dahintersteckt: Reagiert einer der beiden Streithähne Frust aus einem ganz anderen Bereich am anderen ab? Bezwecken die beiden möglicherweise unbewusst etwas anderes? Suchen sie zum Beispiel Ihre Aufmerksamkeit und Zuwendung? Ist einer besonders zänkisch, weil er sich dem anderen unterlegen fühlt, etwa in der Schule? Muss einer an seiner Steuerungsfähigkeit arbeiten, das heißt, sich zunehmend weniger impulsiv und mehr überlegt verhalten?

? Wann sollen Kinder abends zu Hause sein?

Regeln müssen für Kinder grundsätzlich nachvollziehbar sein. Sprechen Sie also mit Ihrem Kind immer über die Kriterien, die zu Ihrer Entscheidung geführt haben.
Im konkreten Fall gilt: Im Sommer auf dem Land können sich Kinder sicher länger draußen aufhalten als im Winter bei früher Dunkelheit in der Großstadt. Wenn Ihr Kind etwas Konkretes vorhat, z.B. Besuch bei der Freundin, Kindergeburtstag oder Musikschule, kann der Zeitpunkt später sein als bei offenen Aktionen wie »draußen spielen«. Bei einem Kind mit einem höheren Schlafbedarf ist es wichtiger, dass es rechtzeitig heim und ins Bett kommt. Ein meist überlegt handelndes oder eher vorsichtiges Kind sollte länger fortbleiben dürfen als ein Draufgänger, auf dessen Versprechungen Sie sich nicht verlassen können. Entscheidend sind die Sicherheit des Ortes und Weges. Manchmal ist es sinnvoller, eine Veranstaltung eine Stunde später gemeinsam mit anderen zu verlassen, als eine Stunde früher allein nach Hause zu laufen.
Irgendwann hören die meisten Eltern, dass alle anderen Kinder viel länger bleiben dürfen. Bleiben Sie darüber mit den anderen Eltern im Gespräch, damit Sie Ihr Kind weder unnötig in seiner Selbstständigkeit einengen noch ihm zu viel Freiheit zugestehen, die es vielleicht überfordert.

Schlechte Gewohnheiten

? Gibt es ein Gegenmittel gegen Petzen? Warum petzen manche Kinder so gern?

- Sie hoffen, damit bei den Erwachsenen zu punkten: »Ich bin eben doch braver (liebenswerter) als der andere!«
- Sie fühlen sich hilflos in einem Konflikt und werden durch das Eingreifen des Erwachsenen gestärkt.
- Sie holen sich Extra-Aufmerksamkeit und fühlen sich besonders wichtig, fast wie Mamas Stellvertreter.

Wenn Sie Ihren Kindern helfen wollen, sich das Petzen abzugewöhnen, müssen Sie bei den Ursachen ansetzen.

Machen Sie sich nie zum Schiedsrichter. Sagen Sie klar, dass Sie Petzen nicht mögen. Nur bei gefährlichen Dingen sollen die Eltern informiert werden. Besprechen Sie Beispiele dafür. Reagieren Sie gelangweilt bis gelassen, wenn Ihnen ein Fehlverhalten berichtet wurde. Erklären Sie, dass Sie sich später darum kümmern werden. Fordern Sie die Kinder auf, sich selbst zu behelfen, wenn Sie einen Konflikt schlichten sollen (siehe Seite 118 f.).

Machen Sie die Kinder fit, Konflikte selbst zu lösen, sodass Petzen und sich Schützenhilfe bei Mama holen überflüssig wird. Bei der Spielzeugbenutzung kann man sich abwechseln. Ein Kurzzeitwecker kann helfen: »Erst 30 Minuten du, dann 30 Minuten ich«. Hilfreich sind Regeln wie: Jeder bestimmt in seinem Zimmer. Jeder entscheidet über seine Sachen.

? Wie helfen wir unserer Tochter aus ihrer Bock- und Trotzphase, die nun schon drei Jahre anhält?

Damit aus dem Bocken keine ernsthafte Verhaltensstörung wird, ist es Zeit, dem ein Ende zu setzen. Prüfen Sie bitte:

- Haben Sie ein besonders willensstarkes Kind? Dann lesen Sie auf Seite 62 nach.
- Gibt es in Ihrer Familie zu viele Ver- und Gebote, gegen die Ihre Tochter rebelliert? Dann gilt: Weniger ist mehr!

- Fällt es Ihnen schwer, konsequent zu sein? Hat Ihre Tochter gelernt, durch großes Theater und dramatische Anfälle letztendlich doch immer ihr Ziel zu erreichen? Dann sollten Sie ihr schnellstens beibringen, dass das nicht mehr klappt: Gehen Sie auf Ihre Trotzereien nicht mehr ein!
- Wogegen protestiert Ihre Tochter möglicherweise? Gibt es einen Lebensbereich, in dem es ihr nicht gut geht, zum Beispiel im Kindergarten oder in der Schule? Was kann man daran ändern? Bekommt sie genug, aber nicht zu viel Zuwendung (siehe Seite 66)?

? Wie kann unser Sohn lernen, mit Veränderungen besser klarzukommen?

Kinder halten sich in ihrem Alltag an Gewohntem wie an einem Geländer fest. Deshalb brauchen sie so viele Rituale und Routinen. Allerdings gibt es Kinder, die bei Veränderungen in ihrem Umfeld oder ihrer Lebenssituation größere Umstellungsschwierigkeiten haben als andere.
Stellen Sie sich auf diese Besonderheit Ihres Kindes ein und kündigen Sie so viel wie möglich rechtzeitig an. Vermeiden Sie spontane Aktionen eher, das macht den Alltag leichter. Der normale Alltag ist spontan genug, da hat Ihr Sohn schon genug Gelegenheit zu üben.
Wenn Ihr Kind oft vor Freude überdreht, können Sie mit ihm einmal ein Rollenspiel durchführen und ihm so sein Verhalten spiegeln: Es soll vorspielen, wie es sich normalerweise verhält. Wie es ist, wenn es müde oder erschöpft ist. Wie es aussieht, wenn es vor Freude an die Decke springt.
Machen Sie ihm dann deutlich, dass zu lautstarke und überschäumende Freude zwar durchaus verständlich, aber für die Mitmenschen zuweilen anstrengend ist. Denken Sie sich einen Hinweisreiz zum »Runterkommen« aus, zum Beispiel das langsame Absenken der Hand. Dies soll für das Kind das Signal sein, ruhiger zu werden und sich wieder zu entspannen. Das klappt natürlich nicht auf Anhieb, ist aber erlernbar.

? Mein Kind sitzt beim Essen nicht still. Sollen wir lieber getrennt essen?

In den meisten Familien sind die Mahlzeiten die einzige Gelegenheit am Tage, bei der sich alle Familienmitglieder in entspannter Atmosphäre an einem Ort aufhalten. Es ist also eine ideale Möglichkeit für ein gemeinsames Gespräch, die Sie sich auf keinen Fall entgehen lassen sollten!

Sehen Sie sich als Erstes an, wo und wie Ihr Kind sitzt. Hat es einen kindgerechten Stuhl? Auf einem weichen Sofa ohne Rückenlehne, ohne Bodenkontakt der Füße könnten Sie auch nur kurze Zeit ordentlich sitzen!

Überprüfen Sie, wie lange bei Ihnen die Mahlzeiten dauern. Ist das Kind deutlich schneller fertig als die Erwachsenen, sollte es dann auch aufstehen dürfen.

Was passiert neben dem Essen? Tauschen vorwiegend Sie und Ihr Partner die Tageserlebnisse aus? Dann wird Ihr Kind herumzappeln, um beachtet zu werden. Beziehen Sie alle Anwesenden in das Gespräch mit ein!

Es gibt zappelige Kinder, denen das Stillsitzen generell schwerfällt (siehe Seite 63). Vielleicht können Sie ein solches Kind beim Essen eher ertragen und sogar beruhigen, wenn es nicht in Ihrem Blickfeld, sondern neben Ihnen sitzt?

Manchmal beruhigt Körperkontakt: Sie könnten Ihrem Kind, anstatt es immer nur zu ermahnen, einfach ab und an die Hand auf den Rücken oder Oberschenkel legen. All diese Maßnahmen können einen Zappelphilipp schon etwas erträglicher machen und entspannen. Ziel ist nicht ein ruhiges Kind, ein solches haben Sie nun einmal nicht, sondern ein nicht mehr ganz so nervös zappelndes.

? Unser Sohn muss lernen, nicht nur zu nehmen, sondern auch zu geben. Wie helfen wir ihm dabei?

Offensichtlich hat Ihr Sohn gelernt, dass er mit seinem Verhalten bequem und erfolgreich durchs Leben kommt. Jetzt ist allerdings Umlernen angesagt.

Machen Sie ihm in einem Gespräch klar, dass zum Größerwerden nicht nur mehr Rechte gehören, sondern dass es auch mehr Pflichten gibt. Benennen Sie die aktuellen Rechte wie Fernsehen bis … Uhr, bis … Uhr draußen spielen, Taschengeld … Aktuelle Pflichten könnten sein: seinen Job in der Schule ordentlich erledigen, Vereinbarungen einhalten, sich an der Hausarbeit beteiligen …

Legen Sie angemessene Haushaltspflichten fest, wenn es bisher noch keine gab (siehe Seite 117 f.).

Hat Ihr Sohn teure Wünsche, sollte er sich finanziell beteiligen. Wenn er etwa Markenjeans möchte, Sie aber können oder wollen nur eine »normale« finanzieren, so bezahlen Sie bloß diesen Betrag. Den Rest muss Ihr Sohn von seinem Geburtstagsgeld zuschießen.

Kann Ihr Sohn schon etwas Geld dazuverdienen? Die Beteiligung an den Haushaltspflichten sollte selbstverständlich sein. Darüber hinausgehende Aktionen könnten aber »entlohnt« werden: bei Oma den Rasen mähen, mit Papa den Keller entrümpeln, beim Tapezieren mithelfen …

? Unserem Kind passieren auffallend viele Missgeschicke. Umfallende Saftgläser, kaputte Füller … Was können wir tun?

Eine mögliche Ursache könnte das lebhafte Temperament Ihres Kindes sein. Daran können Sie wenig ändern. In diesem Fall können Sie nur Schadensbegrenzung betreiben: Markieren Sie etwa auf dem Tisch die Stelle, auf der das Glas in einem Sicherheitsabstand abzustellen ist, und stellen es notfalls selbst immer wieder dorthin. Kaufen Sie einen stabileren Füller …

Eine andere Ursache könnten feinmotorische Schwierigkeiten sein. Dann ist die Handgeschicklichkeit des Kindes noch nicht ausreichend entwickelt. Vielleicht tobt Ihr Kind normalerweise gern herum, spielt Fußball oder fährt Rad. Zu Hause sitzt es oft vor dem Fernseher. Das alles sind Aktivitäten, bei denen die Handgeschicklichkeit nicht geübt wird.

Geben Sie Ihrem Kind immer wieder Gelegenheit zum Malen, Basteln, Puzzeln, Lego spielen etc. Regen Sie Ihr Kind immer wieder zu diesen Tätigkeiten an.
Hat Ihr Kind eine verkrampfte Hand, sollten Sie ihm eher dicke Stifte anbieten. Es gibt ergonomische Aufsteckgummis für Stifte und spezielle Füller im Schreibwarengeschäft. Lassen Sie es zunächst großflächige Dinge malen: zum Beispiel mit einem Pastellkreidestift große Kreise und Achten in alle Richtungen auf Zeitungspapier – das geht auch mit einem nassen Malerpinsel auf der Terrasse. Oder es malt Kringel auf eine Tafel oder Bilder mit Straßenkreide.
Lassen Sie Ihr Kind die Hände zwischendurch immer wieder ausschütteln und lockern.

Geld und Geschenke

? Zu welchem Zweck sollte ein sechsjähriges Kind schon Taschengeld bekommen?

Eltern haben das Taschengeld erfunden, damit Kinder lernen können, mit Geld umzugehen. Dazu müssen sie ein bisschen rechnen und Mengen vergleichen können. Sie müssen üben, sich für etwas Bestimmtes zu entscheiden und auf andere Dinge zu verzichten. Das lernen sie am besten aus eigener Erfahrung. Wenn Ihr Kind also schon ein wenig mit Zahlen umgehen kann, können Sie ihm kleine Beträge geben. Am Anfang vielleicht sogar noch zweimal wöchentlich. Wichtig ist die Regelmäßigkeit – also bitte keine Spontanzuwendungen. Die Höhe des Taschengeldes und der Auszahlungszeitraum müssen dann mit dem Alter mitwachsen.

? Welche Taschengeldhöhe ist angemessen?

Manchmal gibt es in Ratgebern Taschengeld-Tabellen. Die finde ich wenig hilfreich, da die Höhe von mehreren Faktoren abhängt, die sich von Familie zu Familie unterscheiden:

- Was können Sie sich finanziell leisten?
- Was soll das Kind davon bezahlen? Nur persönliche Dinge wie Süßes und Spielkram oder auch Schulmaterialien, Freizeitveranstaltungen und Geschenke für Kindergeburtstage (siehe nächste Frage)?
- Was ist in Ihrem Umfeld üblich? Tauschen Sie sich mit den Eltern im Bekanntenkreis aus.
- Wie gut kann Ihr Kind schon mit Geld umgehen? Kann es einen Wunsch kurzfristig zurückstellen, weil es weiß, dass es die Limonade zu Hause umsonst bekommt und die am Imbissstand teuer ist, oder kauft es sich riesige Eisportionen, die es dann nicht schafft?

? Taschengeld ist Geld für die Tasche – was ist genau damit gemeint?

Das Geld in der Tasche ist für schnelles Ausgeben bestimmt. Für die netten Kleinigkeiten, die sich auch die meisten Erwachsenen leisten.
Ihre Einkäufe findet Ihr Kind bestimmt oft genauso wenig sinnvoll wie Sie die Dinge, die Ihr Kind heiß begehrt. Ihr Kind darf einen eigenen Geschmack haben, oder? Es muss natürlich noch üben, Preise zu vergleichen und auf ein günstigeres Angebot zu warten. Taschengeld bekommt man, um das zu lernen, nicht um das schon zu können. Beraten Sie Ihr Kind also – entscheiden soll es selbst. Seien Sie nicht sauer, wenn es Ihren Rat nicht beherzigt.

? Und wie lernt mein Kind das Sparen?

Besser als ihr Taschengeld können Kinder das Geld sparen, das ihnen die Oma nebenbei zusteckt sowie Geldgeschenke oder Zusatzbelohnungen in Geldform. Dieses Geld wird dann auf ein Sparbuch überwiesen oder kommt ins Sparschwein. Das sollte allerdings keine Öffnungsklappe haben, damit sich Ihr Kind nicht so leichttut, das Gesparte spontan auszugeben.

Vielleicht kaufen Sie ihm ein klassisches Sparschwein, das man zerschlagen muss. So lässt sich ein Wunsch möglicherweise noch einmal überschlafen oder der Einkauf zumindest ein wenig hinauszögern.

TIPP

Drängen Sie Ihr Kind beim Geldausgeben nicht zu sehr in die von Ihnen gut geheißene Richtung. Das weckt nur seinen Widerstandsgeist. Je sicherer Ihr Kind ist, selbst zu entscheiden, desto eher wird es Ihre Ratschläge mit einbeziehen. Es kann aus seinen Fehlern nur lernen!

? Unserem Geldbeutel bekommen Markenklamotten nicht. Müssen wir nachgeben, damit unser Kind in seiner Clique akzeptiert wird?

Tatsächlich gibt es noch Kindergruppen, in denen die Beliebtheit *nicht* von Kleidung, Handytyp und Rucksackmarke abhängt! Es soll auch noch Erwachsene geben, die den Wert eines Menschen nicht nach seinem Hab und Gut oder seiner Ausstattung bewerten!

Versuchen Sie, sich zunächst einmal im Gespräch mit anderen Eltern oder dem Lehrer ein Bild zu machen, wie ernst zu nehmend das Thema Marke tatsächlich ist.

Überlegen Sie: Wie erlebt Ihr Kind die Erwachsenen in seinem Lebensumfeld in diesem Zusammenhang? Welchen Wert misst Ihr Kind dem Haben bei der Beurteilung eines Menschen zu? Ist dieser sehr ausgeprägt, werden Sie es in der Diskussion schwerer haben. Je geringer das Selbstbewusstsein eines Menschen, desto wichtiger werden Statussymbole, – egal, ob groß oder klein. Lesen Sie auf Seite 12 f. nach, wie Sie das Selbstwertgefühl Ihres Kindes steigern können.

Schließen Sie Kompromisse. Sie werden sich dem Thema nicht ganz entziehen können. Aber Sie müssen nicht jedem neuen Trend hinterherhecheln. Sie kennen ja die raffinierten

Tricks der Werbung. Erzählen Sie Ihrem Kind davon! Beziehen Sie Ihr Kind in Ihre Überlegungen mit ein, wie die teuren Turnschuhe finanziert werden können. Ihr Kind sollte sich – nach seinen Möglichkeiten – daran beteiligen müssen: Es könnte sein Geburtstagsgeld dazugeben oder nach kleinen Verdienstmöglichkeiten Ausschau halten.

? Wie vermeiden wir einen riesigen Geschenkeberg zu Weihnachten?

Geschenkeberge haben meist nur zur Folge, dass sich Kinder nicht mehr über Kleinigkeiten freuen können, nach dem Fest alles schnell einmal durchprobieren und im Anschluss daran rasch wieder das Interesse daran verlieren.
Berufen Sie also rechtzeitig im Herbst einen Familienrat ein ohne Kinder. Erklären Sie Oma, Opa und Co., was Sie problematisch finden. Seine Liebe kann und sollte niemand mit einem Riesengeschenk zeigen müssen! Suchen Sie nach einem Übereinkommen, was für Ihr Kind am besten ist. Stehen größere Anschaffungen oder Geschenke an, sollten sich alle Familienmitglieder finanziell beteiligen. Daneben ist nur noch *eine* persönliche Kleinigkeit erlaubt.
Manche Familien einigen sich darauf, dass der Großteil des Geldes, das dem Kind zugutekommen soll, auf ein Sparbuch überwiesen wird – vielleicht für ein Ferienlager, ein Fahrrad oder eine Fahrt in einen Vergnügungspark. Dazu gibt es wieder nur ein kleines persönliches Geschenk.
Machen Sie sich bewusst, dass es wichtig ist, Ihrem Kind die Fähigkeit zu erhalten, sich über Kleinigkeiten zu freuen. Erfahrungsgemäß brauchen Nicht-Eltern dabei konkrete Hilfe, denn es ist viel schwieriger für sie, auf die kleinen Wünsche des Kindes zu achten, als das gerade angesagteste Modell aus der Fernsehwerbung zu kaufen. Grundsätzlich gilt: Spielzeug sollte von Kindern vielseitig verwendet werden können (siehe Seite 128). Manchmal ist es auch hilfreich zu überlegen, wer sich denn da eigentlich einen Wunsch erfüllt!

? Wie finde ich hochwertiges Spielzeug?

Suchen Sie sich Fachgeschäfte mit entsprechender Beratung. Manchmal darf man Gesellschaftsspiele dort erst einmal anspielen, um sich dann zu entscheiden. Häufig finden Sie in Elternzeitschriften auch wertvolle Empfehlungen. Zudem werden von Fachjurys Spiele des Jahres gewählt und Prädikate wie »spiel gut« verliehen.

Generell gilt, dass Spielzeug, welches Kinder auf verschiedene Weise verwenden und einsetzen können, sinnvoller ist, als ein auf wenige Spielmöglichkeiten festgelegtes. Spielzeug soll in erster Linie die Fantasie und Kreativität anregen. Ein fertiges Bauwerk etwa, an dem nichts verändert oder ergänzt werden kann, erfüllt dieses Kriterium nicht.

W WICHTIG

Jedes Kind braucht:

- Spielzeug zum Kuscheln und Liebhaben;
- Spielzeug zum Bauen und Konstruieren;
- Spielzeug zum Bewegen (Bälle, Sprungseil, Roller, Fahrrad ...);
- Spielzeug für Rollenspiele (Schule, Familie, Theater, Polizei, Zoo oder Bauernhof ...);
- Gesellschaftsspiele;
- Kinderbücher;
- viel Mal- und Bastelmaterial.

Sinnvoll sind außerdem:

- didaktische Spiele (dabei soll etwas Bestimmtes gelernt oder geübt werden);
- gute Computerspiele und Lernsoftware, um das Kind an diese Welt heranzuführen;
- Hörbücher/Musik-CDs;
- Musikinstrumente;
- eine Tafel.

Welche Geschenke sind für einen Kindergeburtstag angemessen?

Die meisten Kinder haben heute zu viel Spielzeug. Die Freude über das 99. Kuscheltier hält selten lange an. Hübsche Kleinigkeiten sind nur mit etwas Mühe zu finden.
Vielleicht könnten Sie dem Geburtstagskind einen Gutschein schenken: über einen gemeinsamen Nachmittag mit Ihnen und Ihrem Kind im Museum, Kino oder im Wald mit Picknick? Vielleicht haben die Gastgebereltern einen heißen Tipp für Sie? Was schenken denn die anderen Gäste? Wollen Sie in der Höhe des Preises wirklich miteinander konkurrieren? Wollen Sie Ihren Kindern vermitteln, dass man den anderen mehr mag, wenn das Geschenk groß beziehungsweise teuer ist. Vielleicht können Sie mit den anderen Eltern *gemeinsam* ein etwas größeres Geschenk kaufen? Schicken Sie Ihr Kind als Spion aus, die Vorlieben, Hobbys und Sammelleidenschaften des Geburtstagskindes auszukundschaften!

Mein Kind will sich den neuesten Gameboy kaufen, besitzt aber schon drei. Darf ich/sollte ich ein Veto einlegen?

Sie können in diesem Fall Ihr Veto einlegen und mit Ihrem Kind die Notwendigkeit und den Sinn dieses Kaufs diskutieren. Ein Veto für Geldausgaben sollte grundsätzlich von der Reife des Kindes und von der Höhe des Betrages abhängen. Stellen Sie eine nachvollziehbare Familienregel dazu auf!
Seien Sie bei jedem Fall selbstkritisch, warum Sie gerade Ihr Vetorecht ausüben wollen: Weil Sie erahnen, dass das pinkfarbene Rad Ihrem Sohn in einem Jahr nicht mehr gefallen wird? Sagen Sie ihm das, es stimmt vermutlich. Besteht er dann auf pink, könnten Sie ihm den eigenen Geschmack zugestehen und für das nächste Jahr den Kauf eines Lacksprays planen. Weil Sie die Sammelkarten sinnlos und völlig überteuert finden? Wiederum haben Sie Recht. Aber Ihr Kind wird das anders sehen. Es braucht diese Karten unbedingt, um in der

Schule mitreden zu können. Sie sind also für Kinder durchaus sinnvoll (siehe Seite 165 f.).
Weil Ihnen ein Computerspiel gewalttätig erscheint? Was sagt die Altersvorgabe? Kennen Sie das Spiel? Eine Alternative wäre, den Kauf zu gestatten und das Spiel gemeinsam zu spielen. Dann können Sie besser argumentieren, was Ihnen missfällt und was Sie bedenklich finden. Entwickeln Sie mit dem Kind in der Fantasie dazu eigene Spielversionen mit alternativer Kampftechnik! Bedenken Sie: Alles, was Sie verbieten, wird noch reizvoller. Dann spielt das Kind eben bei seinen Freunden. Damit verlieren Sie jede Einflussmöglichkeit! Es ist immer besser, Ihr Kind zu überzeugen. Verbote sollten Sie nur in Extremfällen aussprechen.

Sexualität und Aufklärung

? Ist Sexualität wirklich schon ein Thema für unseren Dreijährigen?

Vermutlich ist das so. Es gibt Säuglinge, die schon entdeckt haben, dass die Berührung der Genitalien oder deren Stimulation durch bestimmte Körperbewegungen angenehme Gefühle auslösen kann. Schon Dreijährige können das Interesse haben, sich in sogenannten Doktorspielen näher zu inspizieren (siehe Seite 135 f.). Manchmal spielen sie »Vater und Mutter schaukeln im Bett« nach.
Angeregt durch die Beobachtung einer Schwangerschaft könnten bei sehr wachen Kindern die ersten Fragen kommen, wie die Babys aus dem Bauch herauskommen. Aus dem Nabel? Oder wird der Bauch aufgeschnitten?
Bereits in diesem Alter beobachten Kinder nebenbei und auch ganz gezielt: Wie die Eltern Zärtlichkeiten austauschen. Wie sie sich verhalten, wenn man sie einmal bei »mehr« erwischt hat. Wie sie mit dem Körper Ihres Kindes umgehen: von der Lust am Eincremen des ganzen Körpers bis zu den Bereichen, die nicht jeder anfassen darf. Ob ein Spielen mit dem Glied

mit »Iiih!« bewertet wird. Wo man unbekleidet herumlaufen darf. Durch das Fernsehen – denken Sie an Ihr Kind, das gerade in der »Betttheaterphase« ist – passiert es ganz schnell, dass wache Kinderaugen und -ohren Dinge aufschnappen, die sie später nachspielen. Oft gibt es darauf ganz spannende Reaktionen der Eltern!
All das wird die spätere Einstellung Ihres Kindes zu Körperlichkeit und Sexualität mitbestimmen, ist also sehr wichtig.

? Ist es in Ordnung, wenn unser Sechsjähriger noch kein großes Interesse an Sexualität zeigt?

Spätestens zur Einschulung sollte Ihr Sohn darüber Bescheid wissen, woher die kleinen Kinder kommen und wie sie gezeugt und geboren werden. Sobald Ihr Sohn mit älteren Kindern in Kontakt kommt, wird er mit diesen Themen konfrontiert werden. Leider nicht unbedingt in der Form, die Sie für angemessen halten. Lassen Sie sich Ihre Chance auf ein erstes Gespräch deshalb nicht nehmen! Bieten Sie Ihrem Kind von sich aus Informationen an, wenn es nicht von selber fragt. Es gibt gute Kinderbücher, die dabei helfen (siehe Seite 247). Ein »zu früh« kann es nicht geben. Ist Ihr Kind noch nicht reif für Ihre Information, so geht sie zum einen Ohr hinein und zum anderen heraus. Unternehmen Sie ein paar Monate später einen neuen Versuch!
Machen Sie keine Aufklärungsstunden, sondern nutzen Sie alle »Aufhänger« aus dem Alltag: eine Filmsequenz, dass die Nachbarin ein Kind erwartet oder die neue Babypuppe. Bei aller Offenheit: Pornohefte, -filme und Sexspielzeug müssen kindersicher aufbewahrt werden!

? Wie sprechen wir mit unserer Neunjährigen angemessen über Sexualität?

Ihre Tochter weiß jetzt vermutlich Bescheid darüber, dass Erwachsene nicht nur Sex miteinander haben, wenn sie sich

ein Baby wünschen. Sie weiß auch, was ein Kondom ist oder wozu Mama Damenbinden braucht.
Alle Fragen Ihrer Tochter sollten Sie mit der gleichen Selbstverständlichkeit beantworten wie Fragen nach Verkehrszeichen oder Pferdepflege. Auch für dieses Alter gibt es gute Bücher. Vielleicht liest Ihre Tochter sogar schon die Bravo. Dann können Sie selbst noch etwas dazulernen! Hat Ihre Tochter für sich das Thema Selbstbefriedigung entdeckt, so gönnen Sie ihr den Spaß. Wahren Sie die Intimsphäre in diesem Bereich! Legen Sie jedoch Grenzen fest: Nicht in der Öffentlichkeit, nicht mit anderen Kindern …

? Wie erkenne ich die Grenze zwischen normalen Zärtlichkeiten zwischen Vater und Tochter und sexuellen Übergriffen?

Zunächst einmal wünsche ich allen Töchtern und Söhnen einen zärtlichen Vater! Diesem geht es vorrangig um das Wohlbefinden seines Kindes, nicht um das eigene. Obwohl das Schmusen und Kuscheln mit dem Kind natürlich auch ihm Spaß machen darf.
Erwachsene sollten bei Zärtlichkeiten unbedingt auf die Signale ihres Kindes achten. Sexuell übergriffige Väter und auch Mütter verdrängen oder fehlinterpretieren diese Zeichen oft. Berührungen der Geschlechtsorgane sollten nach der Säuglingspflege bzw. dem Babyalter für Eltern zunehmend tabu sein. Eine Sechsjährige kann sich den Po allein abwischen. Ein Neunjähriger kann lernen, ein Zäpfchen selbst einzuführen, wenn dies häufiger erforderlich ist. Körperpflege im Genitalbereich können bereits Dreijährige selbst durchführen.
Untersuchungen zeigen, dass sexueller Missbrauch nicht mal eben zufällig passiert, weil eine Situation entgleitet, sondern meist planvoll vorbereitet und vollzogen wird. Bei einem Verdacht, z.B. weil sich Ihr Kind auffällig für Sexualität interessiert oder sich komplett zurückzieht, sollten Sie umgehend professionelle Hilfe suchen!

Wie schütze ich mein Kind vor Übergriffen?

Zunächst sollten Sie sich bewusst machen, dass ein Kind viel seltener durch einen Unbekannten sexuell missbraucht wird als durch den Nachbarn, Vater, Onkel oder Trainer.
Gezielt nutzen diese Täter ihre Vertrauensstellung aus, das Kind dazu zu verführen, ihre eigenen Bedürfnisse zu befriedigen. Das verkaufen sie ihm dann als wahre Liebe oder besonders innige Beziehung.
Warnen Sie es also bitte nicht nur vor dem bösen Mann im Gebüsch! Der beste Schutz Ihres Kindes besteht darin, gefährliche Situationen zu erkennen, die es vermeiden oder denen es schnellstmöglich entfliehen sollte.
Sprechen Sie mit Ihrem Kind immer wieder über solche Situationen und üben Sie Verhaltensweisen, vielleicht sogar in einem kleinen Rollenspiel: Was tun, wenn ihm ein Fremder ein Geschenk verspricht, wenn es etwas mit ihm aus dem Keller holen soll oder wenn es an ein Auto herangerufen wird? Welche Wege sollte es meiden? Ermutigen Sie Ihr Kind, sich Hilfe zu holen, wenn ihm irgendetwas komisch vorkommt. Der beste Schutz sind immer noch Licht und Leute sowie Lärm, den es veranstalten kann.
Erzählen Sie dem Kind, was passiert, wenn es in eine solche Situation gerät. Sagen Sie ihm, dass der Mann es vielleicht an den Genitalien berühren wird. Dass er es auffordern wird, dasselbe bei ihm zu tun. Dass es dabei um Spiele geht, die nur bei Erwachsenen erlaubt sind. Diese Information lässt Ihr Kind im Fall der Fälle nicht so schnell vor Angst erstarren.
Bringen Sie Ihrem Kind bei, dass es nicht allen Erwachsenen bedingungslos gehorchen muss. Feuchte Küsse von Tante Daggi darf es genauso ablehnen wie Papas Kitzeln.
Nutzen Sie eines der vielen Kinderbücher zu diesem Thema (siehe Seite 247). Greifen Sie entsprechende Nachrichten auf, die die Kinder in der Regel sehr beschäftigen.
Achten Sie auf eine sichere Vertrauensbasis Ihres Kindes zu Ihnen! Bringen Sie ihm bei, dass es mit allem zu Ihnen kommen darf, ohne Ihre Liebe zu verlieren. Manche Kinder

scheuen eine Offenbarung, weil sie sich schuldig fühlen. Glauben Sie Ihrem Kind das Unglaubliche. Nur in Ausnahmefällen denken sich Kinder Übergriffe selbst aus. Suchen Sie sich im Verdachtsfall professionelle Hilfe. Wie ein Kind einen Übergriff verkraftet, hängt ganz entscheidend vom Danach ab.

? Wie kann ich meinem Fünfjährigen abgewöhnen, oft ganz gedankenverloren dazustehen und mit einer Hand in der Hose an seinem Geschlechtsteil zu spielen?

Träumt Ihr Sohn generell viel? Ist er oft in eine Fantasiewelt versunken (siehe Seite 63 f.)? Lassen Sie sich davon erzählen! Vielleicht nimmt sich Ihr Sohn gerade eine Auszeit aus der manchmal sehr anstrengenden Realität? Könnten Sie ihm andere Ruhepunkte anbieten?
Hat Ihr Sohn entdeckt, dass man sich so selbst schöne Gefühle bereiten kann? Gönnen Sie es ihm.
Erklären Sie ihm, dass sein Verhalten in Ordnung, in der Öffentlichkeit aber nicht erwünscht ist. Verabreden Sie mit ihm, dass Sie ihn darauf aufmerksam machen, damit er sich das abgewöhnen kann. Machen Sie eine unauffällige Geste aus oder ziehen Sie einfach die Hand aus der Hose. Hilft das nicht und/oder kommt dieses Verhalten sehr häufig vor, sollten Sie prüfen, ob Ihr Sohn sich auch sonst oft aus der Realität zurückzieht. Hat er sich verändert? Könnte es ein Problem geben, das ihn derzeit beschäftigt? Wenn Sie allein nicht weiterkommen, wenden Sie sich an eine Erziehungsberatungsstelle.

? Ich habe gehört, dass die sogenannten Doktorspiele etwas ganz Normales sind. Gibt es Grenzen?

Ja! Bringen Sie Ihrem Kind dazu bitte folgende Regeln bei:

- Das »Stopp« oder »Nein« eines anderen Kindes ist bei diesen Spielen unbedingt zu respektieren.
- Man darf sich nicht wehtun.

- Es werden keine Gegenstände in irgendwelche Körperöffnungen eingeführt.

INFO

Bei Doktorspielen entdecken Kinder bei »Untersuchungen und Behandlungen« den eigenen Körper und den anderer Kinder – des eigenen und des anderen Geschlechts. Hochzeit für Doktorspiele ist das Kindergartenalter. Nicht selten ziehen sich die Kinder dazu in unbeobachtete Ecken und Winkel zurück. Das Heimliche macht es besonders prickelnd. Dabei haben die Kinder bereits eine Ahnung, dass es sich um etwas Intimes handelt und dass die Erwachsenen anders darauf reagieren als auf andere Spiele.

? Und wenn dabei sogar koitusähnliche Handlungen vollzogen werden?

Kinder spielen Polizist, Kinderkriegen, Einkaufen, Mutter-Vater-Kind, Autoreparieren, in der Regel auch Schießen und Sterben. Warum also nicht Sexmachen? So wie sie es im Fernsehen oder manchmal bei den Eltern gesehen haben. Dass insbesondere kleinere Kinder einen richtigen Koitus zustande bringen, dürfte anatomisch-physiologisch unwahrscheinlich sein. Also dürfen sie spielen, wenn sie die auf Seite 135 unten genannten Regeln beachten und es sich nur um einzelne Spielsequenzen handelt. Sie können das Liebespaar höchstens, wenn Ihnen mulmig wird, zu einem Eis einladen oder mit etwas anderem ablenken.
Sorgen müssen Sie sich, wenn Ihr Kind über längere Zeit an diesem einen Spielthema festhängt oder die beiden dabei tatsächlich in Ekstase zu geraten scheinen. Sie könnten dann erklären, dass solche Spiele nur Erwachsenen erlaubt sind. In diesem Fall könnte man jedoch unter Umständen von einem sexualisierten Verhalten sprechen. Ziehen Sie dann besser einen Kinderpsychologen zurate.

Rund ums Schlafengehen

? Manche Kinder wackeln oder schaukeln hin und her. Wieso machen sie das?

Vermutlich fühlt es sich einfach unheimlich gut an. Oder sie bauen so Spannungen ab. Die Kinder wiegen sich selbst auf diese Art in den Schlaf.
Wenn Sie eingreifen wollen, sollten Sie das Ruckeln nicht direkt verbieten, was auch nicht klappen würde. Sie könnten versuchen, Alternativen zu zeigen. Bauen Sie etwa ein besonders kuscheliges Nest im Bett. Ob das klappt, hängt davon ab, seit wann das Kind diese Angewohnheit hat. Irgendwann gewöhnen Kinder sich allein dieses Verhalten wieder ab. Natürlich könnten Sie sich danebenlegen und das Kind streicheln, bis es schläft. Aber dann bauen Sie unter Umständen eine neue Gewohnheit auf, die Sie später wieder mühsam abtrainieren müssen.
Sie können einen besonderen Schlafkasper einführen, der zum Einschlafen im Arm gehalten werden will und bei Gewackel immer seekrank wird. Sie können es auch mit einer Einschlafkassette versuchen. Manche Kinder streichen sich mit einem Schmusetuch zum Einschlafen übers Gesicht und entspannen sich dadurch.
Etwa Fünfjährige sprechen bereits gut auf Entspannungsübungen und Fantasiereisen an.

? Was können wir tun, damit es nicht jeden Abend ein Zu-Bett-Geh-Theater gibt?

Sorgen Sie am Tag für genügend Zuwendung, damit Sie abends ein ruhiges Gewissen haben und es schaffen, hart zu bleiben, wenn Ihr Sohn nicht genug bekommen kann. Pflegen Sie Ihr Abend- und Ins-Bett-Geh-Ritual, sodass er sich rechtzeitig darauf einstellen und zur Ruhe kommen kann. Nach dem letzten Kuss ist Schluss! Denken Sie sich einen Standardsatz aus: »Eltern haben jetzt Feierabend!«

Das heißt, Sie sind nur noch in Notfällen einsatzbereit. Beugen Sie allen Gründen vor, Sie vom Feierabend abzubringen: »Noch mal Pipi machen« – kann das Kind allein. »Einen Schluck trinken« – kann es aus einem Glas Wasser am Bett. »Angst« – vertreibt ein Löwe vor dem Bett ... Vermutlich wird Ihr Kind trotzdem mehrmals bei Ihnen im Wohnzimmer erscheinen und dabei erfinderisch sein. Sagen Sie ihm den Feierabendsatz und schicken Sie es ins Bett. Geht es nicht prompt, müssen Sie aufstehen und es dorthinbugsieren – bitte sanft! Ohne Begründung, ohne Schimpfen, ohne Drohungen – es muss für es stinklangweilig sein. Nun müssen Sie mehr Geduld haben als Ihr Sohn. Es dauert unterschiedlich lang, wie schnell Kinder begreifen, dass sie nichts mehr erreichen und dass es keinen Sinn mehr macht, zu probieren, ob man nicht doch noch eine andere Reaktion der Eltern provozieren kann. Doch es lohnt sich durchzuhalten!

? Unser Kind kann schlecht einschlafen. Soll ich mich danebenlegen?

Das würde ich nur in einer besonderen Ausnahmesituation tun: Bei einer Krankheit, nach einem Krankenhausaufenthalt, nach einem bösen Erlebnis ... Sie gewöhnen ihm sonst etwas an, was Sie sicher nicht ewig durchhalten wollen. Auch wenn Sie es gegenwärtig vielleicht selbst genießen: Vorsicht! Wo bleiben sonst Partnerschaft, Feierabend und Zeit für Sie?
Jedes Kind kann lernen, allein einzuschlafen. Sagen und zeigen Sie Ihrem Kind, dass Sie es für groß genug halten, jetzt allein klarzukommen. Sagen Sie ihm, dass und warum Sie es anders als bisher machen wollen. Zum Beispiel: »Mama hat jetzt Feierabend!«
Wenn es nicht gleich einschlafen kann – das geht natürlich nie auf Befehl –, darf es sich ausruhen, vielleicht noch ein Buch lesen oder eine CD hören. Sorgen Sie am Tag für ausreichend Kuscheln und Zuwendung. Dann fällt Ihnen beiden die Trennung leichter. Sie können Ihrem Kind einen Einschlafkuschel-

tag pro Woche – festen Tag festlegen – zugestehen. Das ist dann ein Höhepunkt, auf den Sie sich beide freuen.

? Wie bekommen wir unseren nächtlichen Besucher wieder aus unserem Ehebett?

Machen Sie ihm das eigene Bett wieder schmackhaft! Vielleicht räumen Sie das Kinderzimmer um. Oder Sie kaufen ein Große-Kinder-Bett oder einen Spezialschlafbär. Erklären Sie Ihrem Gast, dass Aufwachen in der Nacht vorkommt und wie man wieder einschlafen kann. Loben Sie ihn für jede allein verbrachte Nacht.
Bei ganz Hartnäckigen können Sie die stressige Variante wählen: Sie stehen auf und transportieren den Einwanderer prompt zurück! Ohne aufregende Extrazuwendung, weder durch Kuscheln noch durch einen Schimpfmonolog. Solche Initiativen brauchen den richtigen Zeitpunkt und eine gewisse Nervenkraft bei Ihnen. Prüfen Sie deshalb, ob Sie eine Zeit lang nicht einfach für ihn eine Matte neben Ihr Bett legen. So schlafen Sie wenigstens besser. Warten Sie als Alleinerziehende bitte nicht bis zu dem Zeitpunkt, an dem Sie das Bett gerne für sich und Ihren neuen Partner hätten! Das erschwert Ihnen dreien die Sache ungemein. Spätestens ab dem Schulalter sollten Kinder nicht mehr im Bett ihrer Eltern schlafen.

? Gibt es Hilfen gegen Albträume?

Wussten Sie schon, dass Träume eine ganz wichtige Funktion für die psychische Gesundheit eines Menschen haben? Im Traum sortiert das Gehirn Erlebnisse des Tages, entscheidet, was wo abgespeichert und was aussortiert wird. Träumt Ihr Kind sehr häufig und sehr schlecht oder ist es beim Aufwachen desorientiert, völlig erschöpft und außer sich, sollten Sie prüfen, mit welchen Erlebnissen Ihr Kind möglicherweise derzeit nicht gut klarkommt, und nach Lösungen suchen. Natürlich müssen Sie es erst einmal trösten, beruhigen und ihm erklären, was es mit den Träumen auf sich hat. Sie können Ihr Kind anregen, die Träume aufzumalen oder nachzuspielen. Dabei könnten Sie die Geschichte gemeinsam zu einem guten Ende führen. Vielleicht bekommen Sie dabei auch eine Idee, welches Problem hinter einem Traum stehen könnte. Durch Erzählen, Spielen und Malen wird dieses gleichzeitig bearbeitet. Kommen Sie damit nicht weiter, sollten Sie zuerst zum Kinderarzt gehen, da hinter dem Aufschrecken in seltenen Fällen eine epileptische Erkrankung stehen kann. Falls er das ausschließen kann, sollten Sie sich in einer Erziehungsberatungsstelle beraten lassen.

INFO

All das kann Albträume erzeugen: Viele Eltern verstehen gar nicht, was ihr Kind Schlimmes zu verarbeiten hat – es war doch heute nichts Dramatisches los!? Kinder beschäftigt aber schon die Begegnung mit einem heftig bellenden Hund, oder dass die Erzieherin im Kindergarten laut mit einem anderen Kind geschimpft hat, oder dass Mama und Papa sich gestritten haben.

? Wie halte ich mein krankes Kind im Bett?

Kinder und Bettruhe, das passt kaum zueinander. Einem Kind muss es sehr schlecht gehen, damit es freiwillig im Bett bleibt. Sogar fiebernde Kinder – jeder Erwachsene wäre in einer solchen Situation völlig niedergestreckt – können spielen – manche gar herumwirbeln –, als seien sie gesund. Sie sollten Ihr Bettkind beschäftigen, mit allem was Ihnen so einfällt. Hierzu gibt es Ideenbücher! Suchen Sie Kompromisse: Vielleicht kann Ihr Kind sich schonen, wenn es ruhig und warm angezogen auf einer Decke im Wohnzimmer mit Legosteinen baut. Verbannen Sie Ihr Kind möglichst nicht ins Kinderzimmer, denn das wird von ihm als Strafe empfunden. Wohlbehagen ist die beste Medizin und mindestens so wichtig wie Schonung.

Bauen Sie also ein Spezialkrankenbett im Wohnzimmer auf. Oder Sie legen vielleicht eine Matte oder einen Futon in die warme Küche. So kann Ihr Kind Ihnen beim Kochen und Herumwerkern zusehen und mit Ihnen plaudern.

Alltag mit Kindern

? Welche Tipps gibt es für stressarme Unternehmungen mit Kindern?

Führen Sie eine Problemanalyse durch:

- Ist der Stress vor dem Aufbruch am belastendsten? Dann teilen Sie Ihrem Kind rechtzeitig mit, was ansteht, was Sie von ihm erwarten und wann es losgeht. Überlegen Sie: Was ist mitzunehmen? Wie lange wird es dauern, das Kind anzuziehen, inklusive Toilettengang? Planen Sie reichlich Zeit ein, damit Sie nicht unter Druck geraten. Reißen Sie Ihr Kind nicht aus dem Spiel, sondern kündigen Sie den Wechsel nochmals fünf Minuten vorher an.
- Ist das Auto- oder Bahnfahren für Ihr Kind schwierig? Da solche Fahrten aus Kindersicht nun einmal langweilig sind, müssen Sie für Abwechslung sorgen: Packen Sie Reisespiele oder Malsachen ein. Lassen Sie Ihr Kind eine Kassette oder CD anhören oder spielen Sie mit ihm »Ich sehe was, was du nicht siehst«. Sie können auch um die Wette zählen, wer mehr rote oder mehr grüne Autos sieht. Lesen Sie vor, wenn Sie nicht fahren müssen. Auch der Gameboy erweist sich auf langen Fahrten oft als ein Segen. Planen Sie mehrere Picknickpausen ein, auf die sich Ihr Kind freuen kann. Fahren Sie am besten so los, dass das Kind zumindest ein paar Stunden der Fahrt verschlafen wird.
- Hält Ihr Kind allgemeine Benimmregeln nicht ein? Üben Sie beispielsweise das Verhalten in einem Restaurant, indem Sie zu Hause ab und an »feines Lokal« spielen. Es gibt leider zu wenige kinderfreundliche Gaststätten. Nehmen Sie also Malsachen, Buch oder Gameboy mit. Gehen Sie mit dem

Kind in der Wartezeit auf das Essen noch einmal nach draußen. Vermeiden Sie Langeweile. Das gilt ebenso in Wartezimmern oder Ämtern (siehe unten).

? Wie kann ich meinem Kind den Aufenthalt in Warteräumen (beim Arzt, im Amt o.ä.) erleichtern?

Ein beschäftigtes Kind macht keinen Unsinn. Ihre Mühe bei der Planung wird sich lohnen!
Versuchen Sie, Ihrem Kind das Ganze irgendwie schmackhaft zu machen: indem Sie immer dann das besondere Wartezimmerbuch weiterlesen oder als Durchhalteprämie ein Eis ansetzen oder einen besonders attraktiven Spielplatz aufsuchen, wenn alles überstanden ist. Loben Sie Ihr Kind ausgiebig, wenn es durchgehalten hat!
Nehmen Sie ausreichend »Beschäftigungsmaterial« mit. Kennen Sie noch Papier- und Bleistiftspiele wie Käsekästchen oer Galgenraten? Zeigen Sie Ihrem Kind, wie man ein Himmel und Hölle-Spiel baut.
Es gibt Bücher mit tausend Spielideen für solche Situationen. Sammeln Sie in ruhiger Minute Ideen, das wird auch Ihnen später die Wartezeit verkürzen! Achten Sie darauf, dass Ihr Kind sich wohlfühlt, indem Sie ihm die Jacke ausziehen und etwas zu trinken geben.
Prüfen Sie, was Sie Ihrem Kind zumuten können oder wollen. Wenn Sie mit einer sehr langen Wartezeit rechnen müssen, sollten Sie Ihr Kind in der Zwischenzeit besser einer Betreuung anvertrauen oder den Termin so legen, dass es im Kindergarten oder in der Schule ist.

? Gibt es Abhilfe für den Albtraum gemeinsamer Einkäufe mit dem Kind?

Auch hier gilt: Sorgen Sie für körperliches Wohlbefinden, beschäftigen Sie es, loben Sie es, überfordern Sie es nicht. Sorgen Sie also für eine leere Blase. Vermeiden Sie zu warme Klei-

dung. Prüfen Sie, ob das Kind die neue Küche wirklich mit aussuchen und planen muss.
Sie können Ihr Kind auch mit Hilfsarbeiten beschäftigen. Kleinere Kinder haben sehr viel Spaß daran, Ihnen die Dinge zu holen. Ältere müssen natürlich verantwortungsvollere Aufträge bekommen. Sie können die besten Äpfel aussuchen. Oder Sie machen aus dem Abwiegen ein Ratespiel: Wie viele Äpfel wiegen ungefähr ein Kilo? Natürlich soll das Kind viel mitbestimmen: Welcher Joghurt für wen? Welche Knabberei zum Fernsehabend?

TIPP

In bestimmten Entwicklungsphasen – wann ist individuell unterschiedlich – können sich Kinder schlecht entscheiden. Dann kann das Einkaufen von Schuhen oder Kleidung für das Kind zur Tortur werden. Sich für etwas zu entscheiden heißt immer, sich gegen vieles andere zu entscheiden. Woher soll man heute schon wissen, was man morgen mag? Kratzen Sie also vor einem solchen Akt all Ihre Geduld zusammen. Überlegen Sie gemeinsam vorher, was gebraucht wird und wie es in etwa aussehen soll. Machen Sie sich zum Berater des Kindes, ohne es zu sehr in eine Richtung zu drängen, in die es gar nicht will. Gehen Sie im Ausschlussverfahren vor: Dieses oder jenes? Machen Sie zwischen dem 37. und 38. Geschäft unbedingt eine kleine Pause zum Auftanken!

? Sind für Kinder Geschichten und Märchen tatsächlich so wichtig?

Unbedingt! Geschichten erklären Kindern in einer für sie verständlichen Form den Lauf der Welt. Sie vermitteln zwischenmenschliche Werte und Normen wie Hilfsbereitschaft, den Umgang mit Gefühlen sowie Konfliktlösungen. Es gibt eine Fülle von sehr guten Kinderbüchern – auch in öffentlichen

Bibliotheken –, die Eltern und Pädagogen gezielt nutzen können, um Kindern wichtige Dinge zu vermitteln. Manchmal ist das einfacher, als unmittelbar über ein Problem zu sprechen, das das Kind hat. Es kann am Modell eines anderen Kindes in ähnlicher Situation lernen. Geschichten können immer wieder Anstoß zu Gesprächen geben. Ob das Kind ähnliche Situationen kennt? Wie es sich selbst verhalten würde? Oder Sie denken sich gemeinsam ein anderes Ende der Geschichte aus. Das Vorlesen und Ansehen von Büchern regt Kinder zum Lesen an, was ihre Entwicklung fördert und Vorteile in der Schule bringt. Beim gemeinsamen Lesen entsteht außerdem eine kuschelige Situation zwischen Kind und Eltern. Märchen enthalten oft generationsübergreifende Lebensweisheiten. Sie behandeln wichtige und topaktuelle Themen des Lebens wie den Kampf des Guten gegen das Böse, die unterschiedlichen Geschwisterpositionen, den Umgang mit Ängsten und dem Tod und, und, und.

? Welche Rolle spielen Talismane und Maskottchen heutzutage für Kinder?

Eine große, – und nicht nur für Kinder. Sie geben in schwierigen Situationen Sicherheit und Selbstvertrauen. Solche kleinen Glücksbringer kann man Kindern gezielt anbieten. Sie gehen dann mit einem besseren Gefühl an die nächste Herausforderung heran, egal ob Mathearbeit oder Zahnarztbesuch, und werden sich dadurch kompetenter erweisen.

? Mein Sohn muss zu einer OP ins Krankenhaus. Worauf muss ich achten?

Suchen Sie möglichst ein Krankenhaus mit Kinderstation, damit Ihr Sohn kindgerecht versorgt werden kann. Erklären Sie ihm vorher, was gemacht wird und warum. Spielen Sie bei kleinen Kindern den Ablauf durch, im Rollenspiel mit dem Kind oder mit (Hand-)Puppen. Informieren Sie sich zunächst

selbst gut! Nutzen Sie Kinderliteratur zu diesem Thema. Lassen Sie Ihr Kind alles aufmalen, wenn es mag. Das hilft ihm auch nach dem Eingriff, das Erlebte zu verarbeiten.
Versprechen Sie nichts, was nicht gehalten werden kann, etwa dass es nur ein ganz kleines bisschen wehtut. Äußern Sie Verständnis, wenn Ihr Kind über seine Angst spricht. Erklären Sie ihm, dass Sie sicher auch welche hätten. Erzählen Sie ihm, wie Sie mit Angst umgehen. Geben Sie einen Talisman oder ein Kuscheltier mit. Bei einem Kind im Kindergartenalter kann dieser Freund das Gleiche erleben wie das Kind und alle Stufen der Angst und Angstbewältigung durchlaufen.
Wer tapfer war, bekommt eine Belohnung. Tapfer ist nicht derjenige, der keine Angst empfindet, sondern der, der sie überwindet! Feiern Sie den Angstbesieger!

? Warum weint bei einem Kindergeburtstag das Geburtstagskind meist irgendwann?

Oft beginnt der Stress schon einige Tage vorher. Das Kind ist aufgeregt und überdreht. Manche Kinder schlafen zumindest in der letzten Nacht schlecht. Sie träumen davon, einen Tag lang absolut im Mittelpunkt zu stehen. Sie erwarten einen Tag mit einer Doppelration Glück. Dann holt sie die Realität ein: Es bleiben Wünsche offen. Die Eltern stecken in den Vorbereitungen und haben am tollen Tag wenig Zeit. Die anderen Kinder wollen bei Spielen auch Erster sein, sie streiten wie an anderen Tagen oder sind mehr miteinander befasst als mit dem Jubilar. Dazu kommt nervliche Übererregung und die löst sich dann in Tränen auf.

? Wie viele Kinder sollte mein Sohn zu seinem Geburtstag einladen dürfen?

Ich schlage Ihnen zwei Regeln vor:

1. Weniger ist mehr. Zu viele Gäste bringen oft zu viel Aufregung mit sich, die weder Eltern noch Kindern guttut.

Persönliche Zuwendung ist nur noch eingeschränkt möglich. Konflikte häufen sich.

2. *Maximale* Obergrenze: ein Gast pro Lebensjahr.

? Meine Tochter wirkt bedrückt, rückt aber nicht so recht mit der Sprache heraus. Darf ich in diesem Fall in ihrem Tagebuch nachlesen?

Das könnte – wenn es herauskommt – Ihre Beziehung schwer belasten. Eine sichere Beziehung ist aber das, was ein Kind am nötigsten braucht, wenn es Probleme hat. Ein solcher Übergriff kann dazu führen, dass Ihre Tochter mit dem Tagebuchschreiben aufhört. Damit würde sie eine wichtige Entlastungsmöglichkeit verlieren. Liegt ein bisher immer verschlossenes Tagebuch plötzlich »ganz zufällig« offen auf dem Tisch, kann das ein Signal sein. Lesen Sie es trotzdem nicht, – oft ist das Kind hin- und hergerissen. Es will, dass Sie wissen, was es bewegt, aber nicht, dass Sie es lesen oder dass es reden muss. Sagen Sie Ihrer Tochter stattdessen, wie sie auf Sie wirkt. Bieten Sie sich als Kummerkasten an. Fahren Sie mit dem Auto zu zweit irgendwohin: Beim Fahren reden Kinder oft eher als am Tisch. Erzählen Sie, dass Sie der Versuchung widerstanden haben, das Tagebuch zu lesen. Dass Sie es aber gern tun würden, wenn sie ihr Okay gibt.

? Wie lernt unser Kind, gut zu verlieren?

Im Vorschulalter machen fast alle Kinder eine Phase durch, in der sie schlecht verlieren können. Da fliegen schon mal die Spielsteine durch den Raum und es gibt Tränen. Zeigen Sie Verständnis für die Gefühle, die Ihr Kind gerade hat. Machen Sie Vorschläge, was es damit anfangen soll (siehe Seite 69). Geben Sie ihm Zeit und Gelegenheit, um sich wieder einzukriegen. Sagen Sie nicht: »Ist nicht schlimm. Ist doch nur ein Spiel.« – Es ist schlimm! – Lachen Sie es nicht aus! Sorgen Sie für faire Regeln beim Spielen: Alle mit Übungsvorteil oder

mehr Durchblick müssen Handicaps bekommen, z.B. eine Runde mehr, mehr Steine ins Haus bringen …
Ärgern Sie sich denn nie, wenn Sie eine Pechsträhne haben? Zeigen oder erzählen Sie Ihrem Kind, was Sie dann tun. Stärken Sie das Selbstbewusstsein Ihres Kindes an anderen Stellen. Wenn es sich okay findet, kann es leichter Schwächen und Niederlagen aushalten (siehe Seite 12).

? Ist es in Ordnung, wenn unser Sohn häufig zwei Dinge gleichzeitig macht, wie fernsehen plus Lego spielen oder CD hören plus Hausaufgaben?

Es gibt Kinder, die bringen sich durch Musik in einen guten emotionalen Zustand, sodass ihnen das Lernen tatsächlich leichterfällt. Andere Kinder sind wirklich abgelenkt. Sie brauchen Ihr Kind nur ganz genau zu beobachten, um herauszufinden, zu welchem Typus es gehört. Manche Kinder stimulieren sich durch eine Nebentätigkeit selbst. Sie bringen sozusagen ihr Hirn auf Touren. Das gilt zum Beispiel für das Malen im Unterricht. Andere Kinder sind völlig im Malen versunken und folgen nicht mehr dem Stoff. Deshalb reagieren Lehrer meist mit Verboten. Sie erleben Malen häufig als Desinteresse und sind persönlich gekränkt.
Es gibt jedoch tatsächlich Kinder, denen die Tätigkeit der Hand und das Verfolgen mit den Augen hilft, die Ohren auf Empfang zu halten. In die gleiche Kategorie fallen das Spielen am Stift oder das Lutschen an der Füllerkappe.
Manche Kinder haben sich jedoch angewöhnt, ihr Gehirn stets mit Informationen und einer Vielzahl von Reizen so vollzustopfen, dass es fast überläuft. Diese Kinder sind häufig nervös und unkonzentriert oder kauen an den Nägeln. Sollte Ihr Sohn dazugehören, sollten Sie ihm schleunigst mehr Gehirnpausen und Konzentrationsmöglichkeiten verordnen. Besprechen Sie Ihre Sorge mit ihm und beraten Sie, wie er ruhiger werden kann. Dazu werden Sie neue Regeln aufstellen müssen wie: Hausaufgaben plus CD sind tabu!

In der Freizeit

Immer weniger Familien können ihren Kindern traumhafte Bedingungen für die Freizeitgestaltung bieten: Reitunterricht, Sprachreise, Tennisclub …
Für viele scheint das meiste davon unbezahlbar geworden zu sein. Angebote von Schulen oder Gemeinden werden teurer oder entfallen völlig. Manchmal haben Familien das Gefühl, dass Fernsehen und Computer die einzigen Unterhaltungsmöglichkeiten darstellen. Dann muss auch meist ein eigener Fernseher für jedes Kinderzimmer her – eine Investition, die Sie sich sparen sollten.
Sicher ist es leichter, aus dem Vollen zu schöpfen, aber Käsekästchen, Stadt-Land-Fluss, gemeinsames Singen oder Kartenspielen und manch anderes gibt es zum Nulltarif. Wenn Sie zu den weniger begüterten Familien gehören, müssen Sie einfallsreicher sein und mehr Initiative entwickeln, um Ihrem Kind eine schöne gemeinsame Zeit und ab und an ein paar Highlights zu bieten. Die Spielzeugmenge bestimmt nicht, wie glücklich eine Kindheit ist. Es ist die Zeit, die Sie Ihrem Kind widmen, und das Gefühl, trotz Mangels eine Menge Schönes im Leben entdecken zu können.

Eine sinnvolle und glücklich machende Freizeitgestaltung ist auch heute das A und O als Ausgleich für allen Alltagsstress. Viele Kinder brauchen Hilfe dabei, um nicht den Reizen von Fernsehen, Werbung und Computer zu erliegen. Diese gehören zum Leben und sollten deshalb nicht verteufelt werden. Aber sie dürfen Ihre Kinder nicht völlig vereinnahmen. Kinder müssen lernen, sinnvoll damit umzugehen und sie als einen Teil ihrer Freizeit neben anderen zu nutzen.
Achten Sie unbedingt auch darauf, dass genügend Zeit für Muße bleibt. Diese Ruhephase brauchen Gehirn und Seele ebenso wie Anregung und Aktivität!

Interessen wecken und halten

? Wie kann ich meinem Kind beibringen, sich allein zu beschäftigen?

Es sollte in der Freizeit Ihres Kindes regelmäßig Zeit geben, in der Sie sich mit ihm beschäftigen, in der es Anregungen zu einer sinnvollen Freizeitbeschäftigung bekommt und in der Sie auf seine Bedürfnisse eingehen. Es sollte ebenso Zeiten geben, in denen Sie etwas tun und das Kind dabei einbeziehen, etwa in der Küche, wobei es Ihnen hilft.

Und es sollte Zeiten geben, in denen Ihr Kind akzeptieren lernt, dass Mama und Papa Zeit für sich brauchen: um in Ruhe die Zeitung zu lesen oder einen Tee zu trinken. Schicken Sie Ihr Kind dann in sein Zimmer, sagen Sie ihm, was Sie tun wollen und was Sie von ihm erwarten – nämlich: nicht gestört zu werden – und wie lange.

Stellen Sie bei kleineren Kindern einen Wecker ins Kinderzimmer, sodass das Kind verfolgen kann, wann es wieder zu Ihnen kommen darf.

Beginnen Sie mit kurzen Zeitspannen von fünf oder zehn Minuten und loben Sie Ihr Kind, wenn es das schafft. Kommt es vorzeitig heraus, sagen Sie ihm, dass die Zeit noch nicht um ist und es wieder in sein Zimmer gehen soll. Lassen Sie sich auf kein Extraküsschen, keinen »nur einen Schluck trinken« oder Ähnliches ein. Bringen Sie Ihr Kind notfalls wieder in sein Zimmer und schließen Sie die Tür.

Ihr Kind wird in der Zwischenzeit nicht vor Langeweile sterben. Vermutlich wird es sich eine Beschäftigung suchen, wenn es verstanden hat, dass es keine Alternative gibt.

? Mein Sohn behauptet ständig vorwurfsvoll, ihm sei langweilig. Ich bin doch nicht sein Animateur!

Reichen Sie die Kündigung ein, sollten Sie diesen Job in der Vergangenheit übernommen haben! Langeweile ist weder schmerz- noch krankhaft, sondern ganz normal.

Sagen Sie Ihrem Kind, wenn es wieder einmal quengelt, dass es sich ruhig auch einmal langweilen darf. Und dass man dann nicht selten die besten Ideen hat, was man tun könnte. Ihr Sohn wird von dieser Antwort natürlich überhaupt nicht begeistert sein und versuchen, Sie wieder in die alte Rolle des Animateurs zu bringen. Hat er aber verstanden, dass das nicht funktioniert, wird er in sich gehen und dann wirklich zu den Dingen und Interessen finden, die zu ihm passen. Das müssen Sie nur aushalten können!

? Unser Kind wünscht sich ein Haustier. Was muss ich alles bedenken?

Bedenken Sie bei der Auswahl bitte, dass ein Hund manches Kind im Umgang überfordert. Nachtaktive Tiere wie etwa Hamster oder solche, die man nicht anfassen kann etwa Fische, werden schnell uninteressant. Katzen können sehr eigenwillig sein. Machen Sie sich kundig, welche Tierart welche Umgebung und wie viel Pflege benötigt.
Überlegen Sie, wie weit Sie sich in die Pflege einbringen können und wollen. Sie müssen damit rechnen, dass Ihr Kind nicht automatisch in der Lage ist, das Tier eigenverantwortlich zu versorgen. Das gilt auch, wenn Sie Ihrem Kind lange Vorträge darüber gehalten haben, was an Pflichten auf es zukommt. Das Kind ist vermutlich so heiß auf ein Tier, dass es alles versprechen würde und kann noch nicht ermessen, was da tatsächlich auf es zukommt. Sie werden selbst – im Interesse des Tieres – die Oberaufsicht übernehmen müssen. Es könnte auch sein, dass Ihr Kind der Aufgabe noch gar nicht gewachsen ist. Entweder Sie übernehmen dann selbst die Versorgung oder Sie müssen Ihr Kind immer wieder zum Füttern und Saubermachen motivieren.
Lassen Sie Ihr Kind vielleicht erst in einem anderen Bereich beweisen, dass es Verantwortung übernehmen kann. Und dann reden Sie noch mal über die Anschaffung. Eine andere Möglichkeit wäre, dass Sie Freunde Ihres Kindes, die ein

Haustier haben, darüber berichten lassen, wie das so ist – wie lästig es sogar manchmal sein kann. Vielleicht übernehmen Sie probeweise ein Tier als Urlaubsvertretung?

INFO

Warum wünschen sich so viele Kinder ein Haustier? Tiere sind für Kinder oft der beste Freund, der immer zuhört und Geheimnisse bewahrt. Mit ihnen kann man kuscheln, wenn gerade keiner Zeit hat. Sie sind Gegenstand kindlicher Fürsorge. Kinder fühlen sich dabei wichtig und kompetent. Und sie haben in der Versorgung ihres Tieres eine Aufgabe, an der sie reifen können. Dementsprechend sollten Sie das passende Tier auswählen.

? Wie fördern wir, dass unsere Kinder nicht ständig von einem zum anderen Hobby wechseln?

Kinder sind nicht in der Lage, vorher einzuschätzen, ob ihnen ein Hobby wirklich längere Zeit Spaß machen wird. Fast jeder möchte gern schön Keyboard spielen können. Aber wer hat schon die Ausdauer und Willenskraft, dafür täglich zu üben? Der Freund schwärmt immer vom Judotraining. Das Kind selbst aber merkt, dass es die Übungen langweilig findet. Ohne Ausprobieren geht es also kaum. Suchen Sie beim nächsten Versuch nach Schnupperangeboten. Kaufen Sie nicht gleich die komplette Eishockeyausrüstung, sondern nutzen Sie Entleihmöglichkeiten. Sehen Sie sich nach Verträgen mit einer längeren Probezeit um, damit Sie gegebenenfalls aussteigen können.
Bei den »Heimhobbys« sollten Sie Ihr Kind nicht allein lassen. Wenn es gerade Naturexperimentierkästen oder Seidenmalerei entdeckt hat: Zu zweit macht fast alles mehr Spaß. Ihr Kind braucht Anleitung und die nötigen Grundmaterialien. Aber auch jemanden, der sich ebenfalls dafür interessiert und dem es von seinen Fortschritten berichten kann.

? Wie verführe ich mein Kind zum Malen als Vorübung zum Schreiben?

Kinder vermeiden meist Tätigkeiten, bei denen sie wenig Erfolgserlebnisse haben. Gerade bei Vorübungen, die ihm später in der Grundschule nützlich sein können, wäre jedoch Übung besonders wichtig.
Woher hat Ihr Kind diese Abneigung? Weil es von den Erwachsenen gehört oder es ihren Mienen angesehen hat, dass seine Produkte nicht den Erwartungen entsprechen? Weil es das im Vergleich mit den anderen Kindern selbst sehen kann? Weil es keine Lust auf Anstrengung hat? Liegen seine Probleme mehr in der Handgeschicklichkeit (siehe Seite 124 f.) oder in der Vorstellung, z.B. aus welchen Teilen ein Mensch besteht und was wo hin muss?
Locken Sie Ihr Kind eher als Übungsstunden anzusetzen. Nutzen Sie besonders attraktive Materialien, mit denen Ihr Kind etwas gestalten und ausprobieren kann, ohne dass man viel erkennen muss: Es gibt Farbe für die Badewanne, die Kinder sehr mögen. Es kann aber auch mit Fingerfarben matschen und Hand- oder Fußabdrücke anfertigen. Das gelingt immer. Drucken ist überhaupt in der Regel erfolgreich, auch mit Kartoffelstempeln. Es könnte auch einmal mit Wachsstiften Pergamentpapier bekritzeln. Wenn Sie das Blatt zusammenfalten und bügeln, entsteht wahre Kunst.
Wenn Ihr Kind die Angst vor dem Scheitern verloren und Spaß am Gestalten gefunden hat, können Sie sich im nächsten Schritt an konkrete Darstellungen wagen. Je größer die Formate sind, desto einfacher.
Wenn Sie sich an menschliche Darstellungen herantrauen wollen, können Sie Ihr Kind Körperformen ausschneiden lassen und diese gemeinsam aufkleben. Da sieht es gut, was fehlt, und kann es ergänzen. Erst gibt es nur die wichtigsten Teile, dann kommen immer mehr Details hinzu. Malen Sie den Körperumriss Ihres Kindes einmal auf Packpapier auf und lassen Sie es diesen ausmalen. Malen Sie gemeinsam die große

Pappkiste von der Waschmaschinenlieferung an und schneiden Fenster und eine Tür in das Haus. Loben Sie alles, was Ihrem Kind schon gut gelingt.

? Wie kann ich die verschiedenen Talente meines Kindes am besten fördern?

Vor der Talentförderung liegt die Talentsuche. Geben Sie Ihrem Kind die Möglichkeit, verschiedene Dinge auszuprobieren, bis es die gefunden hat, bei denen es Feuer fängt. Talentförderung muss Spaß machen. Natürlich gibt es Durststrecken, bei denen das Kind das Gefühl hat, im Klavierspiel nicht voranzukommen, nie den nächsten Gürtel im Judo zu schaffen. Oder es hat einfach Lust, etwas anderes auszuprobieren. Diese Zeiten müssen Sie gemeinsam durchstehen. Damit Kinder bei der Stange bleiben, muss die Tätigkeit, das Instrument oder die Sportart zu ihnen passen, sie müssen sich als erfolgreich erleben. Der Trainer muss nett sein und sie müssen sich in der Kindergruppe wohlfühlen, wenn sie nicht gerade Einzelunterricht bekommen.
Es ist aber wenig sinnvoll, ein Kind über Wochen hinweg zum Gitarre üben zu zwingen (siehe nächste Frage). Beraten Sie sich mit Ihrem Kind und dem Trainer oder Lehrer, wie Sie auftretende Probleme lösen wollen.

? In letzter Zeit gibt es immer öfter Streit beim Gitarreüben. Sollen wir den Unterricht abbrechen?

Lassen Sie Ihr Kind erzählen, was es denn am Üben stört: Fühlt es sich durch Sie gegängelt? Sieht es zu wenig Erfolg? Gefallen ihm die Musikstücke nicht? Vereinbaren Sie eine Probezeit mit ihm, wenn es den Unterricht aufgeben möchte: Wenn die Unlust in den nächsten acht Wochen nicht schwindet, wird der Vertrag gekündigt. Bis dahin muss es durchhalten.
Vielleicht hilft ihm mehr Eigenverantwortung. Legen Sie eine minimale Übungszeit fest, etwa zwei Viertelstunden pro

Woche. Lassen Sie Ihr Kind selbst bestimmen, wann es diese absolviert. Manchmal ist weniger mehr: Bei lustvollem Üben ist der Erfolg größer als bei der erzwungenen Abarbeitung eines Pensums. Manchmal hilft auch eine Pause oder ein konkretes Ziel, auf das hingearbeitet wird.

? Montag und Donnerstag Ballett, Dienstag und Freitag Nachhilfe und am Mittwoch Chor. Sollten Kinder nicht eher spontan ihre Freizeit gestalten?

Fördern heißt nicht überfordern: Achten Sie unbedingt darauf, dass Ihr Kind noch über reichlich unverplante Freizeit verfügt! Alle Kinder brauchen Zeit für ungezwungene Kontakte mit ihren Freunden und Freundinnen, für das berühmte »Die-Seele-baumeln-Lassen«, für die Entdeckung der eigenen Fantasie. Deshalb sollte eine Woche nie voll durch- und zugeplant sein! Zwei, maximal drei feste Termine an den fünf Nachmittagen sind das rechte Maß. Das gilt für Fünfjährige genauso wie für Zehnjährige.

Kinder mit Terminplan sind zwar möglicherweise gut gefördert, aber oft nicht mehr kindlich locker und spontan. Ihre sozialen Kontakte leiden in der Regel. Natürlich sind sie beim Schwimmen, Englischkurs und Chor auch mit anderen Kindern zusammen. Aber die können sie sich nicht aussuchen. Außerdem verläuft alles in einem strukturierten und von Erwachsenen geleiteten Rahmen. Es gibt wenig Raum dafür, sich abzustimmen, Kompromisse zu schließen oder eine natürliche Rangordnung zu entwickeln.

Verplante Kinder haben oft nur noch wenige Ideen, sich selbst zu beschäftigen. Kreativität und Fantasie kommen meist zu kurz. Darüber hinaus entwickelt sich eine Konsummentalität. Eigene Aktivität hat wenig Raum. Jeden Nachmittag sind Termine einzuhalten. An den wenigen freien Tagen gibt es ja noch den Kieferorthopäden oder es müssen Dinge besorgt werden. Das Kind kann zu wenig entspannen, seine eigenen Bedürfnisse erspüren und befriedigen. Oft zerreißen die Termine den Nachmittag, sodass die Kinder vorher nichts mehr anfangen wollen und hinterher weder Lust noch Kraft dazu haben. Überforderung und Terminstress machen Kindern genauso zu schaffen wie Erwachsenen und der Lernerfolg bleibt auf der Strecke.

? Wie machen wir aus unserem Sohn einen Sportfan, wie wir es in der Familie alle sind?

Ich bezweifle, dass man aus jedem Menschen einen Sportsfreund machen kann! Vielleicht meint Ihr Sohn, in Ihrer Familie nie so gut sein zu können wie die anderen Familienmitglieder? Vielleicht hat er damit auch völlig Recht. Wer will schon ewiger Letzter sein? Vielleicht möchte er eher in einem anderen Bereich glänzen?
Will man einen Menschen zu sehr in eine bestimmte Richtung drängen, löst das in der Regel ein Ziehen in die andere Richtung aus. Wie viel Anderssein wollen Sie Ihrem Sohn zugestehen? Nun wird es aber vielleicht besonders im Urlaub schwer, gemeinsame Aktivitäten zu finden, wenn Sie die bewegungsintensiven bevorzugen.
Suchen Sie nach Kompromissen, damit alle Familienmitglieder zum Zuge kommen. Machen Sie Aktionen mit, die Ihr Bewegungsmuffel vorschlägt, und erwarten Sie dafür von ihm das Gleiche. Überfordern Sie ihn dabei nicht, sondern suchen Sie Dinge aus, die er bewältigen kann. Vermeiden Sie offene und versteckte Kommentare über Unsportlichkeit, Faulheit und Trägheit, die Ihr Kind abwerten! Das weckt in der Regel noch wesentlich mehr Abwehr.
Suchen Sie nach den Ausnahmen von der Regel: Wenn schon nicht Sport, welche Spiele mit Bewegung könnten Ihrem Sohn vielleicht gefallen? Vielleicht sind das solche, bei denen es nicht um Leistung geht, wo er sich also nicht blamieren kann? Vielleicht tanzt er gern? Vielleicht mag er Kinderyoga? Das sind Dinge, die seine Beweglichkeit trainieren. Und wenn Sie Glück haben, kommt mit den Muskeln mehr Ausdauer und der Koordination auch der Spaß.

Kann unser Kind Ausdauer beim Spiel lernen?

Sie können Ausdauer trainieren, indem Sie systematisch die Spielzeiten steigern. Immer dann, wenn Ihr Kind abbrechen will, motivieren Sie es, noch fünf Minuten länger, noch eine Runde, bis zur nächsten Seite etc. auszuhalten. Loben Sie es dafür! Suchen Sie sich eine Umgebung, die nicht 1001 Ablenkungen bietet. So gelingt ein schwieriges Puzzle besser im Wohnzimmer, wo nicht Teddy und Co. zum nächsten Spiel einladen. Entschärfen Sie Misserfolge durch geeignete Hilfestellungen, möglichst bevor das Kind so frustriert ist, dass es alles hinwerfen will. Oder spielen Sie einen Positivkommentator, der das Kind lobt, wenn es sich geschickt anstellt, Ruhe bewahrt, noch einen Versuch wagt und sich nicht aufregt … Führen Sie die Regel ein, dass immer erst ein Spiel weggeräumt wird, bevor das neue beginnt.

TIPP

Vielleicht fällt es Ihnen leichter, Verständnis zu zeigen, wenn Sie Folgendes bedenken: Für Kinder sind Spiele Ernst. Spiel ist ihre Hauptbeschäftigung wie für uns vielleicht der Job. Wer will schon häufig Misserfolge ernten? Bei vielen Spielen sind Erwachsene einfach überlegen. Da haben Kinder keine wirkliche Chance. Es sei denn, Sie schummeln ihnen den Sieg zu, und das ist nun wirklich demütigend.

Obwohl wir alle Leseratten sind, konnten wir bisher das Interesse an Büchern bei unserem Sohn nicht wecken. Gibt es noch Hoffnung?

Drängen Sie Ihren Sohn nicht zu sehr zum Lesen. Das weckt nur bockigen Protest. Leben Sie ihm stattdessen weiter vor, dass Ihnen Bücher, Zeitungen und Lektüre viel bedeuten. Zeigen Sie ihm, wobei sie hilfreich sind und dass Lesen eine wunderbare Art der Unterhaltung darstellt. Suchen Sie mit ihm gemeinsam nach Informationen zu Themen, die ihn interessieren. Oft lesen Kinder zwar keine Bücher, aber Comics und Zeitschriften. Sehen Sie das als Kompromiss oder Anfang an. Wenn Sie Bücher schenken, wählen Sie weniger allgemein lehrreiche oder nützliche Bücher, sondern solche, deren Inhalt Ihr Kind wirklich interessieren könnte.

? Unsere Kinder haben keine Lust mehr auf gemeinsame Wochenendunternehmungen. Sollen wir das akzeptieren?

Früher oder später ist es immer so weit: Alles was »die Alten« machen, ist total öde. Außerdem ist man ja kein Kleinkind mehr, das mit Mami und Papi gesehen werden will, wie peinlich. Natürlich könnten Sie sich bei Kindern vor der Pubertät noch durchsetzen. Die Folge wäre jedoch vermutlich eher noch mehr Widerwillen gegen gemeinsame Unternehmungen. Wenn Kinder öfter erleben, dass sie selbst entscheiden können, ob sie am Sonntag zu den Großeltern mitkommen oder am Freitag ins Kino, werden sie sich meist bereitwilliger für Familienunternehmungen entscheiden. Sinnvoll ist auch, die Kinder gelegentlich beim Planen mitreden zu lassen. Setzen Sie jedoch Eckpfeiler: Es ist für die Großeltern sehr traurig, wenn die Enkel nicht zum Geburtstag erscheinen.

TIPP

Was Sie einklagen sollten: Familienleben besteht nicht nur aus Alltag, sondern auch aus gemeinsamen Erlebnissen, aus Spaß, den man miteinander teilt. Sie haben sehr wohl das Recht, ein Minimum davon einzuklagen. Es wäre fatal, wenn Sie bereits vor der Pubertät die Wochenenden komplett voneinander getrennt verbringen würden. Achten Sie auf mindestens eine gemeinsame Mahlzeit täglich. Vereinbaren Sie eine Mindestzahl von Familienevents im Monat.

Umgang mit anderen Kindern

? Wie schafft es unsere Tochter besser, Kontakt zu anderen zu bekommen und ihre Schüchternheit zu überwinden?

Woher könnte die Zurückhaltung Ihrer Tochter kommen? Hat sie schlechte Erfahrungen gemacht? Was leben Sie ihr in puncto Kontakt zu anderen vor? Müssen Sie ihr Selbstbewusstsein stärken (siehe Seite 12)?

Sie könnten Ihrer Tochter helfen, indem Sie andere Kinder einladen, beginnen Sie mit einem. Diese Kinder bilden dann vielleicht die Brücke zur Kindergruppe. Vielleicht können ihre Erzieher oder Lehrer das unterstützen? Bereiten Sie gemeinsame Spiele vor, bei denen Sie zunächst dabei sind. Beobachten Sie beide Kinder. Wo liegen die Schwierigkeiten? Gibt Ihre Tochter zu schnell nach und kommt deshalb immer wieder zu kurz? Ist sie zu schnell beleidigt? Kann sie schlecht verlieren? Greifen Sie lenkend ein, sodass die Gesamterfahrung des Kontakts positiv wird.

Werten Sie Ihre Beobachtungen nicht direkt aus à la: »Ist ja kein Wunder, dass es mit den anderen nicht klappt, wenn du immer …« Arbeiten Sie lieber an diesen Schwächen, wenn Sie mit Ihrer Tochter spielen. Machen Sie kleine Theaterspiele mit Puppen. Sie können Handpuppen, ganz normale Puppen oder Kuscheltiere verwenden. Spielen Sie Kontaktaufnahmen vor und kleine Geschichten zum Umgang von Kindern miteinander. Beziehen Sie Ihre Tochter in die Spiele zunehmend mit ein. Lassen Sie sie unterschiedliche Lösungen erfinden.

? Unser Sohn hat einen ziemlichen Raufbold zum Freund. Sollen wir den Umgang verbieten?

Kann man das? Selten halten Kinder solche Verbote ein. Wie wollen Sie das kontrollieren? Meist beginnen eine Menge Heimlichkeiten. Oder der Freund wird zunehmend idealisiert und die bösen, gemeinen, verständnislosen Eltern sind als

Berater in Freundschaftsdingen abgemeldet. Was ist Ihre Sorge? Dass sich Ihr Sohn schlechtes Benehmen abschaut? Er wird das eine oder andere ausprobieren. Ihr Vorbild und Einfluss werden aber stärker sein. Sie sind besorgt, dass er zu Unfug angestiftet wird? Die Versuchung besteht immer. Es ist besser, wenn Sie versuchen, nicht die Verlockung auszuschalten, sondern Ihr Kind darin zu stärken, ihr zu widerstehen. Was gefällt Ihnen nicht an dem Jungen, wenn Sie ihn im Kontakt mit Ihrem Sohn erleben? Sogar Raufbolde können als Freund ganz liebenswerte offene Kerlchen sein. Ist der Knabe sehr dominant und nutzt Ihr Kind nur aus? Dann ist zwar der Reiz groß, das für Ihren Sohn zu regeln. Vielversprechender ist es, wenn Ihr Sohn das selbst merkt und eine Gegenstrategie entwickelt. Vielleicht gibt es keinen anderen Freund? Oder der Typ ist deshalb so attraktiv, weil er genau das hat, was Ihrem Sohn fehlt? Vielleicht könnte er sich »eine Scheibe abschneiden«? Natürlich wäre es für den Freund toll, wenn Ihr Junge einen positiven Einfluss auf ihn ausüben könnte, sodass er seine Probleme in den Griff bekommt. Umgekehrt kann Ihr Sohn auch einiges von seinem Freund lernen: Nein-Sagen, etwas über die Welt und Familien, in denen es nicht so toll läuft, was passiert, wenn man Regeln verletzt …

Versuchen Sie, einen Beraterjob zu bekommen. Ihr Sohn darf nicht den Eindruck haben, dass Sie ihm den Freund schlechtreden wollen. Sie können aber laut überlegen, ihn nach seiner Meinung fragen, nach seinen Gefühlen.

TIPP

Grenzen ziehen sollten Sie, wenn:

- beide Kinder wiederholt und uneinsichtig in kriminelle Dinge verwickelt sind,
- Ihr Sohn erpresst oder unter Druck gesetzt wird und sich nicht wehren kann,
- häufig Dinge passieren, die Sie nicht gutheißen.

? Unser Sohn schließt schnell neue Kontakte. Wie findet er aber einen festen Freund?

Will er bei gemeinsamen Spielen zu sehr dominieren? Ziehen sich die anderen zurück, weil er sie verletzt oder kränkt? Ist er ihnen zu wirbelig und anstrengend? Hat er Ideen, mit denen sie nichts anfangen können? Ist er schnell beleidigt? Was beobachten Sie? Was sagt er selbst dazu?
Sprechen Sie mit ihm darüber, was er selbst an anderen nicht mag, welche Verhaltensweisen ihn stören. Mit Schulkindern können Sie solche Probleme direkt besprechen. Bei Kindergartenkindern arbeiten Sie besser indirekt, indem Sie Geschichten über Freundschaften vorlesen und diese besprechen, Filme diskutieren oder Szenen nachspielen. Achten Sie darauf, dass sich dieses Problemthema nicht zu sehr in den Vordergrund schiebt. Dann würde er sich nur verkrampfen und immer minderwertiger fühlen. So würde er vielleicht einiges von seinem Charme und seiner Anziehungskraft einbüßen. Geben Sie ihm Optimismus und Selbstvertrauen mit, dass er es schaffen wird, Beziehungen etwas länger zu halten. Übrigens werden nach meinen Beobachtungen feste Freundschaften immer seltener. Kindergruppen scheinen bei der heutzutage erforderlichen Flexibilität für die Kinder sicherer zu sein. Wie dramatisch ist es dagegen, wenn der beste Freund in eine andere Stadt umziehen muss!

? Wie gewöhnen wir unserem Kind bestimmte Ausdrücke wieder ab?

Denken Sie an die Regel, dass Kinder Verhalten wiederholen, wenn sie damit Aufmerksamkeit erringen können (siehe Seite 29). Vermeiden Sie also in diesem Fall lange Diskussionen, Gespräche und Befragungen, was zum Beispiel ein »Hurensohn« denn nun eigentlich sein soll.
Überlegen Sie besser gemeinsam mit Ihrem Partner, was in Ihrer Familie erlaubt ist und was Sie auf gar keinen Fall durchgehen lassen wollen. Ist das Wort Sch… oft aus Ihrem

Munde zu hören? Gelten gleiche Regeln für alle? Wie könnte man bei starkem Frust zivilisierter fluchen? Sie könnten die Schimpfwörter auch in Kategorien einteilen:
Kategorie 1 sind absolut verbotene Wörter. Das sollten jedoch nur ganz wenige sein. Kategorie 2 umfasst unschöne Wörter. Auf die reagieren die Eltern einfach nicht oder nur mit dem Kurzkommentar »Affensprache«. Kategorie 3 sind Wörter, die man zu Hause in Notfällen benutzen darf, aber möglichst nicht in der Öffentlichkeit.
Machen Sie Ihrem Kind klar, dass Sie das Gespräch immer sofort abbrechen werden, wenn Sie von ihm auf eine bestimmte Art angesprochen werden.

? Sollten wir uns einmischen, wenn unsere Kinder viel tauschen und dabei unfair sind?

Generell sind Schenken und Ausleihen sozial erwünschte Verhaltensweisen. Dass sich Kinder dabei eher am ideellen als am finanziellen, ihnen teilweise unbekannten Wert orientieren, ist naheliegend. Deshalb sollten Sie auf jeden Fall einen klaren Rahmen stecken.
Eine Regel könnte sein, dass ab einer bestimmten Größe generell die Erlaubnis der Eltern einzuholen ist. Eine andere Möglichkeit wäre, dass Transaktionen erst gelten, wenn die Eltern kein Veto einlegen. Eine Drei-Tage-Regel könnte dem Kind erlauben, spontane Entscheidungen drei Tage zu überdenken. Erklären Sie Ihrem Kind mit einer Geschichte oder in einem Tauschspiel, was faire Geschäfte sind, damit es ein Problemverständnis bekommt.
Wenn Ihre Kinder viel verschenken, sollten Sie überlegen, ob sie sich dadurch Freunde kaufen. Das können Sie ansprechen. Sagen Sie Ihrem Kind nicht, dass das völlig unsinnig ist, denn vermutlich ist sein Selbstwertgefühl derzeit angegriffen, wenn es keine andere Lösung sieht. Regen Sie es eher an zu überlegen, ob das funktioniert. Suchen Sie vor allem gemeinsam nach anderen Lösungen!

? Unsere Tochter »findet« auffällig oft Kleinigkeiten oder behauptet, sie geschenkt bekommen zu haben. Was sollen wir tun?

Stellen Sie gemeinsam Regeln auf, wie sie sich verhalten soll, wenn sie etwas findet oder geschenkt bekommt. Was darf aufgehoben werden, was ist unhygienisch? Was ist mit gefundenen Kleinigkeiten in der Schule? Sie könnte zu Stundenbeginn fragen, wem diese gehören, oder sie beim Hausmeister abliefern. Was ist mit Funden auf der Straße und wie ist mit diesen zu verfahren? Was passiert mit dem von der Freundin verschenkten Gameboy? Erklären Sie Ihrem Kind, dass für größere Geschenke außer der Reihe immer das Einverständnis der Eltern einzuholen ist.

Wenn Sie vermuten, dass Ihre Tochter manchmal dem Finden ein wenig nachgeholfen hat, also sehr schnell entscheidet, dass etwas herrenlos ist, sollten Sie zunächst darüber sprechen, wie es anderen Kindern und Eltern geht, wenn ständig neue Sachen gekauft werden müssen. Vielleicht kann sie als kleiner Detektiv doch noch herausfinden, wem die Sachen gehören? Sie können ihr auch einmal eine Geschichte von einem Kind erzählen, das manchmal Dinge eingesteckt hat, die ihm gut gefallen haben aber leider nicht gehörten. Und wie es ihm dann ergangen ist. Möglich ist auch, mit dem Klassenlehrer die Regelung zu treffen, dass kleine Fundsachen in eine Kiste kommen, aus der er bei Bedarf austeilt.

Sammlungen

? Warum sammeln Kinder so gern: Von Diddl, über Ü-Eier bis hin zu Steinen?

Sammeln scheint eine Leidenschaft zu sein, die so manchen Erwachsenen (Münzen, Briefmarken, Bücher, Schuhe …) und fast alle Kinder seit vielen Generationen irgendwann fasziniert. Welch ein Glück, wenn die Sammlung um weitere schöne Stücke erweitert werden kann!

Viele Sammler verbringen Stunden damit, ihre Schätze zu sortieren und zu bewundern. Auf diese Weise können Kinder wunderbar Ordnung üben.
Manchmal wird auch die ganze Familie in die Sammelleidenschaft hineingezogen, wenn etwa alle leere Streichholzschachteln sammeln oder kleine Parfümprobefläschchen. So kann man Kindern viele kleine Freuden bereiten. Bei einigen Sammelleidenschaften ist das Tauschen und Vergleichen der Objekte besonders beglückend. Darüber kommen die Kinder miteinander in Kontakt und lernen Grundprinzipien des Handelns. Gönnen Sie Ihrem Kind diese Freude, besonders wenn sie nicht zu kostspielig wird!

? Pokemon, Yu-Gi-Oh und Fußballkarten. Wieso sind diese Kartensammlungen so attraktiv?

Dahinter steckt zunächst einmal eine raffinierte und sehr erfolgreiche Werbestrategie, der sich kaum ein Kind entziehen kann. Monster, Hexen und andere Fantasiewesen waren für Kinder schon immer faszinierend. Bei der Identifikation mit diesen Wesen fühlen sie sich stark. Heute wird leider in vielen Comics, Animationsfilmen und Spielen nur noch gekämpft. In manchen Kinderköpfen entsteht dadurch das Bild, dass die ganze Welt ein einziger Kampfplatz sei.
Auch mit den Karten kann man kämpfen. Manche Karten sehen übrigens für Erwachsenenaugen gruseliger aus als es die dahinter liegende Story ist. Welcher Erwachsene hat jedoch Lust, sich damit zu beschäftigen? Schade eigentlich. Denn so versperren Sie sich den Zugang zu einem spannenden Aspekt der Lebenswelt Ihres Kindes. Jede Generation hat ihre Spiele: Sammelkarten und Rollenspiele sind ein wichtiger Spieltrend, der durchaus seine kreativen Seiten hat und das Miteinander von Kindern fördert.
Versuchen Sie es einigermaßen positiv zu sehen: Kinder erbringen teilweise erstaunliche Lernleistungen, um die Namen, Entwicklungsstufen und Lebensbedingungen der

Helden auswendig zu lernen. Das ist Gedächtnistraining. Wenn man Kinder in der Schule beobachtet, sieht man oft, dass ihnen diese Spiele wichtiger sind als der Unterricht. Sie fiebern förmlich der nächsten Pause entgegen, um gegeneinander kämpfen und die Karten tauschen zu können. Gemeinsam müssen die Regeln für die Kämpfe festgelegt werden. Was dabei passiert, ist soziales Lernen.

TIPP

Versuchen Sie tolerant zu sein. Ich kenne Kinder, die es nicht leicht haben, weil ihre Eltern diese Sammlungen nicht unterstützen wollen. Sie sind von vielen Pausenbeschäftigungen ausgeschlossen. Oft kommen sie mit dem, womit sie sich stattdessen beschäftigen, bei den anderen nicht an. Diese Sammlungen sind zwar nicht von der Herstellung, aber von der Funktion für die Kinder zumindest einen Teil ihres Geldes wert.

Computerspiele und Fernsehen

? Gameboy, Playstation, Xbox, Wii, Computerspiele ... Worin liegt für die Kinder der Reiz?

- Sie werden mit raffinierten Strategien gut beworben.
- Technik, elektronische Medien, Gameboy, Playstation und Computer liegen voll im Trend der Zeit.
- Sie sind immer und ohne großen Aufwand verfügbar. Das ist mit Freunden nicht so.
- Man kann sich damit in eine andere Welt beamen, in der man herrscht und Sorgen wie weggeblasen sind.
- Man hat sehr schnell immer wieder kleine Erfolge.
- Bis zu einem gewissen Grad kann man an den Geräten Stress und Frust abbauen. Wie sind Ihre eigenen Erfahrungen damit? Was tut Ihnen gut und was nicht? Wann sind Ihre Belastbarkeitsgrenzen erreicht?

? Gibt es Gefahren und Gesundheitsrisiken bei elektronischem Spielzeug?

Ja. Bei zu ausgedehntem Gebrauch könnten bestimmte Fähigkeiten Ihres Kindes, die zur sozialen Kompetenz gehören (siehe Seiten 21–27), nicht ausreichend trainiert werden. Diese Kritik haben sich Hersteller zu Herzen genommen und versuchen teilweise gegenzusteuern. Heute gibt es zunehmend Möglichkeiten, Computerspiele gemeinsam zu spielen. Kinder kommunizieren auch viel darüber, tauschen Spiele aus oder besuchen sich, um gemeinsam zu spielen. Beim gemeinsamen Computerspiel werden hingegen Strategien besprochen, Tipps gegeben und Lösungen gesucht. Dann ist ihre Hauptbezugsperson nicht mehr nur ein Gerät. Dieses tut ja – mehr oder weniger – das, was das Kind will. Kinder können mit ihm weder verhandeln noch Kompromisse schließen. Sie haben die Kontrolle und können leichter als aus einem Spiel mit anderen Kindern aussteigen, wenn es uninteressant wird oder sie sich als nicht erfolgreich genug erleben.

Außerdem werden Sinne und Gehirn der Kinder bei längerer Nutzung überreizt, da sie viele kleine Informationen blitzschnell verarbeiten müssen. Oft haben die Kinder dann rote Augen, sind nervös oder aggressiv.

Einige Kinder entwickeln Größenfantasien und bekommen die Trennung von Wirklichkeit und Spielwelt nicht mehr hin. Sie sind dann frustriert, wenn sie mit lautem Krachen auf dem Boden aufschlagen. Und kommen mit den Bedingungen in der Realität zunehmend weniger klar. Es entwickelt sich zudem unterschwellig die Philosophie, dass es im Leben ausschließlich darum geht, immer andere zu besiegen. Diese Einstellung lässt Kinder manchmal gewappnet wie junge Kampf-Monster durch die Welt gehen.

Hinzu kommt, dass bei zu häufigem Spiel Suchtgefahr besteht. Es gibt inzwischen viele Abhängige, die im realen Leben nicht mehr oder nur eingeschränkt lebenstauglich sind. Fazit: In Maßen ist alles okay. Sie sollten als Eltern Ihrem Kind helfen, dass daraus nicht Massen werden!

WICHTIG

- Achten Sie auf die Inhalte und die vermittelte Sicht auf die Welt. Es sollte auf keinen Fall nur um Rumballern gehen.
- Spiele, die man gemeinsam spielen kann, sind besser, als wenn Ihr Kind stundenlang allein vor einem Gerät sitzt.
- Spiele mit Bewegungsanregung sind zu bevorzugen.
- Tabu ist Gewalt in jeder Form! (siehe auch Seite 171)
- Legen Sie Zeiten fest und sorgen Sie für deren Einhaltung!

? Unsere Kinder sehen zu viel fern. Sollen wir den Fernseher ganz abschaffen?

Gegenfrage: Würden Ihre Kinder so lernen, sinnvoll damit umzugehen? Weitere Nachteile wären:

- Ihre Kinder könnten bei einigen sehr wichtigen Themen der Kinderwelt nicht mehr mitreden;
- ihnen würde eine Entspannungsmöglichkeit fehlen;
- sie würden eine Chance verlieren, sich Informationen über die Welt zu besorgen und Spannendes zu lernen;
- Fernsehen würde allein durch das Nichtvorhandensein attraktiver werden, als es eigentlich ist; die Kinder schauen dann unkontrolliert bei Freunden.

Nutzen Sie lieber die Chance, Ihren Kindern einen vernünftigen Umgang mit Fernsehen beizubringen. Sie können zum Beispiel mit den Kindern zusammen gezielt die Sendungen auswählen, die in einer Woche angesehen werden.

Legen Sie keine starren Zeiten fest, bei denen dann mitten in einem Film ausgeschaltet werden muss. Verbieten Sie außerdem das Herumzappen von Sender zu Sender. Das macht nervös und man kann dem Handlungsstrang des Gesehenen nicht folgen. Schauen Sie sich mit Ihren Kindern öfter einmal deren Lieblingsserien und -filme an und sprechen Sie anschließend darüber. Falls Ihnen das Fernsehprogramm und seine Inhalte für Ihre Kinder nur begrenzt zusagen, besorgen Sie sich Filme auf DVDs, die Sie öfter ansehen können.

? Welche Sendungen sind ungeeignet?

Achten Sie auf Ihr Kind: Wenn es nach einem Film überdreht ist, schlecht schläft, nur noch in der Gegend rumballert oder bedrückt wirkt, war es offenbar überfordert. Beobachten Sie, wie Ihr Kind mit fragwürdigen Szenen umgeht: Sitzt es wie hypnotisiert vor dem Fernseher? Geht es auf die Toilette, weil es verunsichert ist? Schließt es die Augen? Reagiert es körperlich und wird zum Beispiel blass oder rot oder bekommt feuchte Hände?
Verfügt Ihr Kind über Möglichkeiten, sich zu schützen? Schaltet es selbst ab, wenn ihm der Film zu nahegeht? Verlässt es den Raum? Versteckt es sein Gesicht? Oder wirkt es wie gelähmt? Schauen Sie öfter die Filme, die sich Ihr Kind ansieht, mit! Welche Werte werden vermittelt? Dass man ständig auf der Hut sein muss? Dass es lustig ist, wenn andere gegen Bäume laufen und sich Beulen holen? Dass es Supermänner gibt? Sind das Werte, die Sie Ihrem Kind vermitteln wollen? Sprechen Sie mit Ihrem Kind viel über das Gesehene. Helfen Sie ihm, den Unterschied zur Realität zu erkennen und das Geschehen in sein Weltbild einzuordnen.

INFO

Kinder legen sich schnell eine Schutzschicht zu. Ganz nach dem Motto: Was uns nicht umbringt, macht uns hart. Sie schalten quasi Gefühle ab, um nicht in Angst und Schrecken zu geraten. Filme können/müssen immer gruseliger und brutaler sein, um noch Schauder auszulösen. Leider gilt diese Abhärtung nicht nur für Filme, sondern überträgt sich schleichend auf den Alltag. Trainieren Sie Ihr Kind also nie darauf, Gewalt, Horror und Schrecken gut aushalten zu können!

? Welche Fernsehdauer ist unbedenklich?

Ich möchte hier keine starren Zeitangaben machen, sondern Ihnen Entscheidungskriterien mitgeben. Situationen und

Kinder unterscheiden sich zu sehr voneinander, als dass allgemeingültige Regeln sinnvoll wären. Überdrehte, nervöse, blasse Kinder mit geröteten Augen oder Kinder, die völlig benebelt wirken, haben zu lange davorgesessen.
Jedes Kind sollte einer ausgewogenen Mischung von Freizeitbeschäftigungen nachgehen: Bewegung, Kontakte mit Gleichaltrigen, kreative Tätigkeiten, Malen, Basteln, Pflege eines festen Hobbys, Verein, Musikinstrument, Puzzeln … Ihr Kind sieht zu viel fern, wenn es kaum noch Ideen hat, wie es sich ohne Fernseher und andere Berieselungen wie CD hören, Gameboy & Co. beschäftigen könnte. Wie wäre es mit einem fernsehfreien Tag in der Woche für alle?

TIPP

Die Zeiten, die Ihr Kind mit elektronischen Geräten verbringt, sollten Sie zusammenrechnen, um den Überblick zu behalten und klare Zeitlimits zu setzen.

? Und wie schaffe ich es, dass der Fernseher ausgeschaltet wird?

- Stellen Sie klare Regeln für den Fernsehkonsum auf und verhandeln Sie diese mit Ihren Kindern.
- Begründen Sie die Regeln. Erklären Sie Ihren Kindern, dass es sich nicht um persönliche Schikane handelt, sondern was für die Einschränkung spricht.
- Überwachen Sie die Einhaltung der Regeln: Zum Beispiel wird der Fernseher umgehend ausgemacht, wenn der vereinbarte Film zu Ende ist.
- Arbeiten Sie mit Konsequenzen: Wer an einem Tag die Vereinbarung überschritten hat, darf am nächsten Tag die überschrittene Zeit weniger fernsehen (siehe Seite 43 f.).
- Bieten Sie spannende Alternativen an: zusammen ein Spiel spielen, eine Abendbrotpizza belegen …
- Lassen Sie sich nicht auf Diskussionen ein.

? Sind die Altersempfehlungen für Filme oder PC-Spiele nicht oft zu streng?

Nein. Sie sollten sich unbedingt weiter an diese Empfehlungen halten. Es hilft auch nicht viel, wenn Sie mit Ihrem Kind gemeinsam Filme anschauen, die nicht für das Alter zugelassen sind. Meines Erachtens werden diese Altersempfehlungen sogar eher zu großzügig erteilt.
Erkundigen Sie sich über den Film, den Ihre Kinder unbedingt sehen wollen, und wägen Sie ab, ob bestimmte Inhalte emotional zu belastend für sie sein könnten. Erklären Sie Ihren Kindern, warum Sie streng sind: Sie sollen nicht mit Themen konfrontiert werden, die sie noch nicht verarbeiten können, wie Sex und Gewalt. Denken Sie bitte daran: »Ich halte das schon aus!« ist kein Argument, da es nicht normal ist, wenn Kinder sich brutale Szenen einverleiben und darüber lachen oder cool reagieren. Normale Gefühle in diesen Fällen wären Ekel, Abscheu oder Angst! Auch wenn Ihre Kinder einen altersgemäßen Film ansehen, kann es passieren, dass sie sich überfordert fühlen. Fragen Sie zwischendurch deshalb nach, wie es Ihren Kindern mit dem Film geht.

? Unser Sohn, aber auch mein Mann lieben Ballerspiele. Machen die nicht aggressiv?

Leider sind entsprechende Untersuchungen hierzu nicht eindeutig, sodass es immer wieder Diskussionen gibt. Vielleicht ist eine Antwort deshalb so schwierig, weil die befragten Nutzer dieser Spiele sehr unterschiedliche Menschen sind. Vermutlich müsste man statt »schädlich oder nicht?« fragen: »Für wen und unter welchen Bedingungen sind sie schädlich?« Manche Spieler erleben es als entspannend, Moorhühner zu erlegen oder feindliche Armeen zu bekämpfen. Andere merken selbst, wie sie nervös werden, wie sich der Nacken verkrampft, sie Frust sammeln, statt abzubauen, wenn es nicht so läuft. Oft sitzen Menschen letztendlich länger an der »Kiste« , als sie dies ursprünglich vorhatten.

TIPP

Halten Sie sich an die Altersbeschränkungen! Beobachten Sie Ihr Kind genau: Wirkt es eher angespannt, gereizt oder nervös nach dem Spiel? Neigt es von sich aus zu aggressivem Verhalten? Hat es andere Verhaltensprobleme? Ist es von Kämpfen und Waffen sehr fasziniert? In all diesen Fällen sollten Sie die Ballerspiele unbedingt einschränken!

? Müssen wir uns wegen der Waffensammlung im Kinderzimmer (Spielzeugpistolen, Kampfroboter, Monsterkarten) Sorgen machen?

Woher kommt die Faszination Ihrer Kinder? Fühlen sie sich eher klein und schwach und müssen deshalb aufrüsten? Erleben sie die Welt als bedrohlich und wollen sich schützen? Wie ist das Männerbild Ihrer Kinder: Ein richtiger Mann ist ein Kämpfer und teilt auch gerne aus?

Kinder haben schon immer gekämpft. Räuber und Gendarm, Indianer und Cowboy, Ritterschlachten … Jetzt sind es meist Fantasiewesen, die sich bekriegen. Kämpfe sind Teil unseres Lebens, ob wir das nun mögen oder nicht. Zum Glück sind sie jedoch nur ein Teil von vielen anderen Aspekten. Verbieten Sie also Ihren Kindern das Kämpfen nicht völlig. Machen Sie ihnen aber klar, was Sie von Krieg, Überfall und Sterben halten. Achten Sie vor allem darauf, dass Kämpfen nicht zum Hauptinhalt der Spiele wird. Meist geht es – wie schon in den alten Märchen – um den Kampf des Guten gegen das Böse. Sprechen Sie mit Ihren Kindern darüber, wo sich das Böse in unserer Welt zeigt und wie man es bekämpfen kann. Allerdings ohne Verwandlungen und Zaubertricks, auf die man in der Echtwelt leider verzichten muss.

Vermitteln Sie Ihren Kindern, dass man nicht nur mit roher Gewalt kämpfen kann, sondern mit List und Verbündung der Guten. Versuchen Sie nicht, ihnen die Waffen völlig zu verbieten. Schießen kann man auch mit einem Stockgewehr oder

notfalls mit dem ausgestreckten Zeigefinger. Bieten Sie Alternativen: So könnten Sie eine Schwimmnudel in zwei Teile schneiden und die Kinder fechten lassen.
Wichtig ist, Ihnen dabei Regeln nahezubringen:

- Wohin darf man nicht schlagen?
- Wie wird der Sieger bestimmt?
- Wenn einer »Stopp« sagt, wird der Kampf unterbrochen!

? Wie kriegen wir unseren kleinen Stubenhocker an die frische Luft?

Locken und verführen Sie ihn mit gemeinsamen Beschäftigungen: Pilze suchen, Drachen steigen lassen, Federball oder Tischtennis spielen, Hüpfspiele machen …
Zwingen Sie Ihr Kind aber nicht zum Rausgehen. Viel Druck in eine Richtung erzeugt Gegendruck. Dann geht es schnell nur noch um das Gewinnen statt um die Vorzüge der frischen Luft. Vielleicht lassen Sie Ihr Kind auch einfach seine Lieblingsbeschäftigungen im Freien ausüben? Einiges kann es sicher auf den Balkon oder auf die Terrasse verlegen oder Sie öffnen einfach das Fenster seines Zimmers weit. Wenn es Ihnen allerdings darum geht, dass Ihr Kind sich zu wenig bewegt, lesen Sie auf Seite 154 f. weiter!

Selbstständig außerhalb der Familie

? Ab wann sollte ich mein Kind allein verreisen lassen? Oma wohnt zwei Bahnstunden entfernt.

Hier die Kriterien, ab wann Sie Ihr Kind alleine auf eine Reise schicken können:

- Wie selbstständig ist Ihr Kind im Allgemeinen?
- Geht es allein in die Schule? Kann es Einkäufe und Botengänge erledigen? Schmiert es sich seine Brote selbst? Hält es normalerweise seine sieben Sachen gut zusammen?
- Ist es schon einmal mit Ihnen zur Oma gefahren?

- Fährt es allein mit anderen Verkehrsmitteln?
- Wie selbstbewusst ist Ihr Kind?
- Kann es kleine Probleme bewältigen und Konflikte lösen?
- Kann es auf andere zugehen und sich Hilfe organisieren?
- Haben Sie mit ihm ein Notfalltraining durchgeführt? Was tun, wenn der Zug stehen bleibt? Wenn Ihr Kind wegen einer Betriebsstörung irgendwo aussteigen soll? Wenn das Geld oder die Tasche weg sind? Wenn es plötzlich vergessen hat, wo es aussteigen muss (siehe Seite 181)?
- Ist es über mögliche Gefahren im Leben: Straßenverkehr, Taschendiebe, sexuelle Übergriffe … informiert?

? Leben kann heute ziemlich gefährlich sein: Wie schütze ich mein Kind?

Da Sie Ihr Kind nicht immer beschützen können, sollten Sie es fit dafür machen, selbst gut auf sich aufzupassen. Ziehen Sie zunächst Bilanz: Wie selbstständig ist Ihr Kind? Handelt es sich um ein von Natur aus eher ängstliches oder draufgängerisches Kind? Wo liegen die Hauptgefahren und Risikofaktoren in seiner alltäglichen Umwelt?

T TIPP

Ein mittleres Angstniveau ist am sichersten: Hat ein Kind zu wenig Angst, bringt es sich leicht in gefährliche Situationen. Hat es zu viel Angst, wird es unselbstständig. Je nachdem, wie ängstlich Ihr Kind ist, sollten Sie es eher warnen oder ihm mehr Sicherheit vermitteln.

- Legen Sie dann in den einzelnen Lebens- und Gefahrenbereichen jeweils den nächsten Lernschritt fest.
- Überlegen Sie, was Sie Ihrem Kind beibringen müssen, worüber Sie es informieren sollten.
- Üben Sie, das Erklärte umzusetzen. In der Anfangszeit sollten Sie beobachten, wie Ihr Kind sich verhält.

- Machen Sie ein Notfalltraining: Was soll es tun, wenn es zu hoch geklettert ist und sich nicht heruntertraut. Was soll es tun, wenn es sich verlaufen hat … (siehe Seite 175.) Ihr Kind wird dann bei Problemen nicht so schnell in Hilflosigkeit und Angst erstarren, sondern nach kurzer Zeit aktiv und selbstständig nach Lösungen suchen.

? Ab wann ist mein Kind fit für ein Ferienlager?

- Treffen die Kriterien von Seite 172 zu?
- Wie kommt es mit seinen Mitmenschen, Erwachsenen und Kindern, aus? Bekommt es schnell Anschluss?
- War es schon einmal für längere Zeit von Ihnen getrennt? Wie kam es da zurecht?
- Möchte es selbst in das Ferienlager? Hat es eine ungefähre Vorstellung davon, was es da erwartet?
- Wie ging es bisher mit Veränderungen um? Wie sensibel und ängstlich ist es im normalen Alltag?
- Die Anforderungen, die das Ferienlager an Ihr Kind stellt, sollten immer einen Schritt vor dem liegen, worin es schon sicher ist. Arbeiten Sie daran, Ihr Kind fit zu machen, damit es diese Entwicklungsaufgaben bewältigen kann!

? Wann kann ich mein Kind allein draußen spielen oder herumlaufen lassen?

Ihr Kind muss grundlegende Verhaltensweisen im Straßenverkehr beherrschen: Nicht zwischen parkenden Autos auf die Straße laufen; am Zebrastreifen oder der Ampel immer das Abbremsen der Autos abwarten; abschätzen, wie weit ein Auto entfernt sein muss, damit die Straße überquert werden kann; Blickkontakt zum Fahrer suchen … Ihr Kind sollte über Ortskenntnis verfügen und sich orientieren können. Wo kann man welche Straße am sichersten überqueren? Wie finde ich den Weg? Ihr Kind sollte sich auf jeden Fall im Allgemeinen gut steuern können.

Kindergarten, Hort und Schule

Nach der Familie stellen Einrichtungen wie Kindergarten, Hort und Schule den zweitgrößten Lebensraum Ihrer Kinder dar. Die Erfahrungen, die sie hier sammeln, positive wie negative, werden sie in ihrer Entwicklung ebenso beeinflussen wie es die Erziehung und die Erlebnisse in der Familie tun.

Für die Gestaltung dieses Lebensbereichs sind in erster Linie Pädagogen zuständig. Sie tun es nicht immer in dem Maße und in der Qualität, wie Sie es sich wünschen. Das ist besonders häufig dann der Fall, wenn Kinder etwas aus dem Rahmen fallen und es nötig wäre, etwas spezieller auf ihre Persönlichkeit oder ihre Schwierigkeiten einzugehen. Sie als Eltern können und sollten deshalb auf jeden Fall den Erfolg Ihrer Kinder in den Kindergruppen und in der Auseinandersetzung mit den unterschiedlichsten Lernaufgaben begleiten und unterstützen. Sie sehen oft aus einem ganz anderen Blickwinkel, was Ihre Kinder gerade brauchen. Das sind wichtige Informationen für die Erzieher und Lehrer. Dabei müssen Sie natürlich immer die konkreten Bedingungen im Auge behalten und gemeinsam überlegen, was möglich wäre.

Dafür ist eine gute Zusammenarbeit zwischen Ihnen und den Pädagogen im Interesse des Kindes eine Grundvoraussetzung. Vermeiden Sie also unbedingt ein wechselseitiges Hin- und Herschieben von Schuld und Verantwortung. Ihr Kind kann sich in der Schule nicht wohlfühlen, wenn Sie sich mit den dortigen Bedingungen nicht arrangieren können!
Nutzen Sie das Fachwissen der Pädagogen sowie den anderen Blick auf Ihr Kind, um Probleme und Entwicklungshindernisse rechtzeitig erkennen und verändern zu können. Arbeiten Sie gemeinsam daran, dass sich Ihre Kinder in diesem Lebensraum genauso wohlfühlen wie bei Ihnen zu Hause.

Rund um den Kindergarten

? Wie helfen wir unserer Tochter bei der Eingewöhnung in den Kindergarten?

Überlegen Sie als Erstes, was im Kindergarten für Ihre Tochter neu und ungewohnt sein wird:

- die fremde Umgebung;
- fremde Kinder, zu denen sie Kontakt bekommen soll;
- fremde Erwachsene, auf die sie hören soll;
- andere Regeln und Rituale;
- mehr Reize (Geräusche, Spielzeug, Kinder).

Wenn sich Ihre Tochter bisher überwiegend mit Ihnen allein in den eigenen vier Wänden aufgehalten hat, ist der Gegensatz, der sich durch die Gruppe auftut, natürlich riesig. Vielleicht waren Sie jedoch viel mit ihr unterwegs, haben auf dem Spielplatz Kontakt zu anderen Kindern aufgenommen. Oder Ihre Tochter wurde ab und an durch Großeltern und Babysitter beaufsichtigt. Dann wird Ihr Kind nicht mit zu vielen Entwicklungsaufgaben gleichzeitig konfrontiert.

Vereinbaren Sie mit dem Kindergarten, Gruppenräume, Erzieher und Kinder schon mindestens einmal kennenzulernen, bevor es ernst wird. Begleiten Sie Ihre Tochter dabei. Lassen Sie sie beobachten, wie Sie sich freundlich und vertrauensvoll mit den Erziehern unterhalten. Steigern Sie erst nach und nach die Aufenthaltsdauer. Lassen Sie zunächst die Mahlzeiten und den Mittagsschlaf weg. Die sind am schwierigsten, wenn Ihr Kind sich noch nicht heimisch fühlt. Vielleicht feiern Sie ein kleines Fest mit einer Minizuckertüte, da Sie ja nun ein Kindergartenkind haben. Verabschieden Sie sich liebevoll von Ihrer Tochter. Schleichen Sie sich bitte auf keinen Fall einfach davon, wenn Ihr Kind gerade schön spielt! Es würde sich – mit Recht – im Stich gelassen fühlen. Finden Sie stattdessen ein Abschiedsritual: Ausziehen, Erzieher und Kinder begrüßen, Tschüss-Kuss, am Fenster winken. Wenn Ihre Tochter weint, versichern Sie Ihr Verständnis dafür – alles ist neu und ungewohnt. Betonen Sie gleichermaßen Ihr Ver-

trauen, dass Ihre Tochter bald Spaß mit den neuen Kindern und Spielen haben wird. Ziehen Sie den Abschied auf keinen Fall in die Länge, und bleiben Sie gelassen. Meist hören die Kinder bald mit dem Weinen auf.
Falls Sie ein besonders sensibles Kind haben, beraten Sie sich mit seinen Betreuern. Vereinbaren Sie, dass sie anrufen, wenn sie sich wider Erwarten nicht beruhigen sollte.

TIPP

Wie schnell sich Kinder im Kindergarten einleben, hängt ganz entscheidend davon ab, mit welchen Gefühlen sie von den Eltern dort abgegeben werden. Wenn Sie sich eigentlich noch nicht trennen wollen oder können, wird sich das auf Ihr Kind übertragen. Dann müssen Sie zunächst an sich selbst arbeiten und loslassen lernen.

? Schon wieder eine neue Erzieherin. Wechsel gehören zum Leben. Ab wann sind Kinder mit immer neuen Bezugspersonen überfordert?

In den letzten Jahren hat es zahlreiche Untersuchungen zur sogenannten Bindungsfähigkeit von Kindern gegeben. Bindung kennzeichnet die vertrauensvolle Beziehung zu einem Erwachsenen, bei dem das Kind bei Bedarf Schutz und Trost sucht und von dem es sich lenken lässt. Soll sich ein Kind im Kindergarten gut entwickeln, muss es sich an die Erzieherin binden. Jeder Wechsel wird dann schmerzen. Eine neue Bindung muss aufgebaut werden. Ist das Kind zu vielen Wechseln ausgesetzt, wird es irgendwann beginnen, den Trennungsschmerz zu vermeiden, indem es nur noch oberflächliche Beziehungen eingeht.
Leider sind diese Untersuchungen und die Erkenntnisse über Folgen dieser Bindungsprobleme in verschiedenen Lebensbereichen noch zu wenig bekannt. Doch was sollte man gegen äußere Gegebenheiten auch tun? Oft sind im Leben mehr

Wechsel erforderlich, als sie dem Kind guttun. Deshalb gilt aus psychologischer Sicht: So viel Beziehungskonstanz wie nur möglich für unsere Kinder!

Worin bestehen die Vor- und Nachteile altersgemischter Kindergartengruppen?

Da viele Kinder heute als Einzelkinder aufwachsen (siehe Seite 76 f.), haben sie weniger Gelegenheit für soziales Lernen in unterschiedlichen sozialen Positionen. In einer altersgemischten Gruppe ist ein Kind zunächst das von allen ein wenig verwöhnte Jüngste. Später ist es eines der Ältesten, das die Erzieherin schon tatkräftig unterstützt. Entwicklungsunterschiede der Kinder machen sich nicht mehr so deutlich bemerkbar, da jeder nach seinem aktuellen Vermögen gefördert wird.
Ein Nachteil: Die pädagogische Arbeit ist schwieriger zu organisieren und klappt nicht immer optimal. Die Erzieher entwickeln nicht nur einen Aktivitätenplan für eine Altersgruppe, sondern drei verschiedene, damit niemand zu kurz kommt. Es muss organisiert werden, dass die Großen nicht auf Ausflüge verzichten müssen. Die Kleinen dürfen dafür bei Kinobesuchen nicht überfordert werden. Wichtig ist, dass es in jeder Altersstufe mindestens drei Kinder gibt, sodass immer gleichaltrige Spielpartner vorhanden sind.

Sollen wir unsere beiden Kinder, die viel streiten, in eine Gruppe geben oder eher trennen?

Wenn sich zwei Erwachsene nicht leiden können, finden wir das normal. Wer sagt, dass das bei Geschwistern nicht auch einmal so sein kann? Hinzu kommen manchmal schwierige Familienkonstellationen, in denen beide heftig miteinander rivalisieren. Dann kann es durchaus sinnvoll sein, den beiden eine Auszeit in ihren Kämpfen zu gönnen und sie in unterschiedliche Gruppen unterbringen. In ihren Gruppen gewinnen beide Kinder neue Freunde, was die Rivalität sogar entschärfen kann.

Übrigens: Auch wenn Geschwister zu sehr aneinander hängen, könnten ihnen Erfahrungen mit anderen Kindern auch guttun. Sie werden so selbstständiger.

? Mein Sohn drückt sich im Kindergarten gern vor Dingen und Aufgaben, die er nicht gut kann. Wie soll er diese dann lernen?

Hier zeigt sich ein alter Streit der Pädagogen: Wie viel Leitung beziehungsweise Begleitung braucht ein Kind, um sich gut zu entwickeln, und wie viele Freiräume? Ich denke, Kinder brauchen beides gleichermaßen: Sie brauchen Räume, in denen sie sich ausprobieren, die Welt entdecken können und dabei frei sind, den eigenen Antrieben und Interessen zu folgen. Das tun die meisten Kinder von ganz allein. Darüber hinaus brauchen alle Kinder immer wieder Anregung, Förderung und Ermutigung durch Erwachsene.
Nun gibt es Kinder, die sogar noch mehr Außenlenkung benötigen als andere. Vielleicht weil sie in sich wenig Ruhe finden, um sich wirklich mit ihrer Umwelt auseinanderzusetzen. Oder weil sie wenig Vertrauen in sich haben, dass sich Anstrengen lohnt und zu Erfolgserlebnissen führt.
In der Schule sind die Leistungsanforderungen für alle gleich. Spätestens dann wird das Kind mit seinen Schwachpunkten konfrontiert. Trotz aller spielerischen Methodik muss letztendlich gemacht werden, was die Lehrer sagen. Der Lehrplan gibt schließlich vor, was in welchem Schuljahr zu lernen ist. Für einige Kinder ist das ein unsanftes Erwachen.
Aus diesem Grunde plädiere ich dafür, neben den Zeiten, in denen das Kind ganz seinen eigenen Impulsen folgen kann und die sicher den größeren Zeitumfang haben, einen gewissen Anteil von relativ verbindlichen Angeboten für alle bereitzuhalten. Es stimmt: Kinder, die mit einer Aufgabe Probleme haben, lassen sie oft lieber sein. Diese Kinder brauchen Ermutigung, sich dennoch mit den unliebsamen Dingen zu beschäftigen. So können sie erfahren, dass sie durch Üben

und Anstrengen etwas erreichen können. Eine wichtige Grunderfahrung für die Schule! Das bedeutet nicht Unterricht im Kindergarten, aber Vorbereitung auf das Leben und damit auch auf den Unterricht in der Schule!

? Fast jeden Morgen gibt es Tränen auf dem Weg zum Kindergarten. Was soll ich tun?

Vermutlich haben Sie bereits versucht, den Grund des Kummers herauszufinden: Hat sich etwas verändert? Ist die Lieblingserzieherin krank? Die Freundin weggezogen? Wird Ihr Kind von einem älteren Kind geärgert? Gibt es eine Veränderung in der Familie? Wenn Sie sich gerade trennen oder sehr traurig sind, zum Beispiel weil Ihre Mutter verstorben ist, will Ihr Kind eventuell bei Ihnen bleiben, um Sie zu trösten oder das Geschehen zu überwachen. Wenn Sie nicht fündig geworden sind, sollten Sie mit den Erzieherinnen sprechen. Manchmal tappt man trotzdem eine Weile im Dunklen oder die Dinge lassen sich nicht oder nicht so schnell ändern. Sagen Sie Ihrem Kind dann, dass Sie seinen Kummer ernst nehmen, dass das Leben einfach manchmal so ist, dass bessere Tage kommen werden. Vielleicht können Sie ihm Entlastung verschaffen, indem es Mittagskind sein darf oder ein paar Tage Urlaub macht. Es sollte aber deutlich werden, dass es sich bei diesen Maßnahmen um eine Ausnahme handelt.

? Unser Kindergarten macht viele Angebote außer Haus: Englisch, Schwimmkurs, Tanzen. Überfordert das die Kinder nicht?

Es ist nicht leicht, ein gesundes Mittelmaß von Freiraum und Anregung zu finden. Bei den externen Angeboten Ihres Kindergartens, die an sich ja alle sinnvoll sind, entsteht die Frage, ob Freiräume nicht zu kurz kommen. Zu den Kurszeiten kommen schließlich noch die Zeiten, die man für die Wege braucht. Da ist schnell ein ganzer Vormittag futsch. Außerdem werden die Kinder überall »beübt«, die Erwachsenen bestimmen und strukturieren ihre Aktivitäten. Weniger wäre vielleicht mehr. Ich finde eine externe Veranstaltung pro Woche völlig ausreichend. Tanzen und Musik machen kann man auch im Kindergarten. Viele Erzieherinnen sind sehr gut dafür ausgebildet!

? Unser Sohn beißt und tritt im Kindergarten. Trotz Versprechen tut er es immer wieder. Was könnte helfen, um das Verhalten zu vermeiden?

- Lassen Sie ihn nichts versprechen! Kindliches Verhalten ist nicht primär kopfgesteuert. Es scheint Gründe dafür zu geben, warum Ihr Sohn sich derzeit im Kindergarten nicht anders verhalten kann. So kommt zum eigentlichen Problem noch das des gebrochenen Versprechens. Das nagt am Selbstwertgefühl. Es ist wichtig, ihm nicht nur zu sagen, was er nicht machen soll, sondern vor allem wie er etwas besser machen könnte.
- Suchen Sie nach den Ursachen seines Verhaltens: Fühlt er sich gegenwärtig in seiner Haut nicht wohl und reagiert so Spannung ab? Fehlen ihm soziale Verhaltensweisen: wie man um etwas bittet, wie man fragt, ob man mitspielen darf, wie man teilt? Kann er sich in andere schlecht einfühlen? Erlebt er normale Verhaltensweisen anderer Kinder als gegen sich gerichtet und meint, sich sofort wehren zu müssen? Wie ist seine Stellung in der Gruppe? Gilt er schon als Raufbold, der immer schuld ist? Verhält er sich anders, wenn er daheim mit Kindern spielt?
- Entsprechend Ihren Vermutungen sollten Sie mit den Erziehern sprechen und Lösungsmodelle erarbeiten: Wie kann seine Stellung in der Gruppe verbessert werden? Wer kann ihm immer wieder Vorschläge machen, sich anders zu verhalten? Sie selbst können mit Handpuppen Situationen mit verschiedenen Lösungen nachspielen. Sehen Sie sich außerdem mit ihm Kinderbücher an, in denen es um

Aggression geht und wie dieses Gefühl, hinter dem oft Angst steckt, positiv bewältigt werden kann.

- Was Sie nicht tun sollten: Manche Eltern kommen auf die Idee, Ihr Kind einmal selbst zu beißen, zu kneifen, zu hauen, damit es merkt, wie weh das tut. Bedenken Sie: Das weiß Ihr Kind in der Regel schon. Es will ja auch dem anderen Kind einen Schmerz zufügen, vielleicht weil es sich ausgegrenzt fühlte, eigenen Frust abreagieren will oder sich nicht anders zu wehren weiß. Sie verwirren Ihr Kind, wenn Sie ihm vormachen, wie es sich nicht verhalten soll.

? Wie bereiten wir unser Kind auf die Schule vor?

Wenn morgen der Tag der Einschulung wäre, was könnte Ihr Kind gut bewältigen? Wobei hätte es Schwierigkeiten? Lesen Sie noch einmal auf Seite 175, welche Aufgaben eine Umgewöhnung beinhaltet. Kann Ihr Kind diese bewältigen? Und wie sieht es mit den folgenden Anforderungen aus:

- Ist Ihr Kind fähig, schon rund 20 Minuten stillzusitzen und einem Lehrer konzentriert zuzuhören?
- Kann es Aufgaben, die Sie ihm stellen, erfassen?
- Wird es sich dem Lehrer unterordnen?
- Wird es sich angesprochen fühlen, wenn der Lehrer mit allen Kindern spricht, oder immer eine extra Aufforderung benötigen?
- Kann es bis zehn zählen, wirklich zählen, nicht nur die Zahlen auswendig hersagen?
- Kann es schon Mengen vergleichen und einfache Rechen- oder Zählaufgaben lösen?
- Hat es Interesse an Büchern und an Buchstaben?
- Ist es wissbegierig und freut sich auf die Schule?
- Kann es sich in Gebäuden orientieren? Wird es die Toilette im Schulhaus finden? Das Klassenzimmer nach der Pause? Seinen Platz? Seine Sachen?
- Kann es sich selbstständig Hilfe organisieren, wenn es allein in einer Situation nicht klarkommt?

Schule soll die Kinder da abholen, wo sie entwicklungsmäßig stehen. Sie erleichtern ihm jedoch den Start, wenn Sie vieles im Alltag anbahnen.

? Wie kann ich mein Kind fördern?

Indem Sie regelmäßig viel Zeit mit ihm verbringen! Sprechen Sie viel mit ihm. Erzählen Sie in kindgemäßer Form von den Dingen, die Sie interessant finden: die Wolken am Himmel, wie der Nachbar mit seinem Hund umgeht, was bei Omas Schnupfen in ihrer Nase passiert, wieso es Verkehrsschilder gibt … Regen Sie es an, von sich und seinen Theorien über die Welt zu erzählen. Singen Sie viel gemeinsam.
Bewegen Sie sich mit ihm. Fahren Sie Rad. Machen Sie Ballspiele. Zeigen Sie ihm Spiele aus Ihrer Kindheit. Spielen Sie Gesellschaftsspiele. Vielleicht gibt es in Ihrer Nähe eine Spielothek, in der man Kinderspiele ausleihen kann, manchmal auch in der Gemeinde- oder Stadtbibliothek.
Beziehen Sie es in Ihre Tätigkeiten mit ein: von Pizza backen über Kinderzimmer renovieren bis Fahrrad reparieren.
Malen, basteln und konstruieren Sie mit Ihrem Kind. Zeigen Sie ihm die Welt und unsere Kultur: von Konzerten über den Zoobesuch bis zu kindgerechten Ausstellungen.
Lesen Sie Ihrem Kind viel vor und sehen sich gemeinsam gute Kinderfilme an. Unterhalten Sie sich anschließend darüber.
Fördern Sie seine Selbstständigkeit (siehe Seite 14). Lassen Sie Ihr Kind Dinge zählen, mengenmäßig schätzen und berechnen, wenn es sich im Alltag ergibt: Heute kommen Oma und Opa. Wie viele Löffel brauchen wir da? Geben Sie dem Kind kleine Aufträge: Hole mir bitte die kleine Schere aus dem untersten Fach im Nähkästchen.
Machen Sie Ihr Kind neugierig auf Schrift und Schreiben: Zeigen Sie ihm, auf welcher Tafel man im Kaufhaus nachsieht, um herauszufinden, wo es Spielzeug gibt. Vielleicht hat Ihr Kind Lust, einmal mit Ihnen Schule zu spielen? Fördern Sie seine Ausdauer und Konzentrationsfähigkeit (siehe Seite 197).

In der Schule: Jetzt geht's um Leistung

? Wie viel Spiel und wie viel Leistung tun in der Schule heutzutage gut?

Der Übergang vom Kindergarten zur Schule ist heute manchmal fließend. Für die Kinder ist dann alles Spiel und Spaß, was ja an und für sich positiv ist. Manche Kinder verstehen so jedoch nicht, dass es nun auch um Leistung geht.
Dabei bringt Ihr Kind die besten Lernvoraussetzungen mit auf die Welt: Ausdauer – denken Sie an den Laufanfänger – Wissensdurst (Warum-Fragen) und Lust am Wetteifern. Wann bleiben diese tollen Eigenschaften auf der Strecke? Ein Kind braucht folgende Schulbedingungen:

- erreichbare Ziele, differenzierte Anforderungen und Ermutigung bei Durststrecken;
- Anerkennung und Befriedigung seines Wissensdurstes;
- Raum dafür, eigenen Fragen und Themen zu folgen, statt sich mit vorgegebenen Inhalten zu beschäftigen;
- faire Rückmeldungen über das Erreichte;
- gute Bedingungen beim Lernen, etwa eine angemessene Klassenstärke, eine gute Beziehung zum Lehrer, ausreichende und gute Materialien.

? Was bedeutet gesunder Ehrgeiz und wie können Eltern ihn ausreichend fördern?

Gesunder Ehrgeiz bedeutet, dass ein Mensch nach einer Verbesserung seiner Leistungen strebt, immer wieder neue Ziele angeht und mit Selbstvertrauen und Anstrengungsbereitschaft an sich arbeitet.
Er will nicht um jeden Preis Höchstleistungen erreichen, deshalb überfordert er sich und seinen Körper nicht und sorgt für genügend Entspannung und Ausgleich. Er hat Spaß daran, seine Leistungsgrenzen auszutesten, und kann mit Misserfolgen und Grenzen, an die er bei sich selbst stößt, gut umgehen, ohne frustriert zu sein.

Einen inneren Ansporn zum Lernen bringt jedes Kind mit auf die Welt. Es wird im Laufe seines Lebens mit vielen Entwicklungsaufgaben konfrontiert, die es zu lösen hat. Andere Aufgaben stellen ihm die Erwachsenen. Die hohe Kunst besteht darin, dass sie dabei Aufgaben wählen, die zum nächsten Entwicklungsschritt anstoßen, aber nicht überfordern.
Ihr Kind erlebt dabei dann den eigenen Erfolg und dass sich Anstrengung lohnt. Es spürt Ihren elterlichen Stolz, beim ersten Wort, beim ersten Turm, der ersten Eins im Diktat. Es erlebt, dass es in einigen Dingen bessere Leistungen erreicht, in anderen sind andere schneller, weiter, erfolgreicher. Diesen natürlichen Prozess sollten Sie als Eltern behutsam begleiten. Sie sollten jedoch vermeiden, dem Kind das Gefühl zu geben, dass Ihre Liebe zunimmt, je erfolgreicher es ist. Stolz dürfen Sie sein. Ihre Liebe braucht vor allem das nicht so erfolgreiche Kind!

? Wie finde ich die beste Schule für mein Kind?

Angebot, Geldbeutel und weltanschauliche Überzeugungen schränken die Wahlmöglichkeiten meist ein. Was spricht gegen die reguläre Schule vor Ort?
Informieren Sie sich über alternative Schulkonzepte, die angeboten werden. Waldorf- und Montessorischulen sowie Privatschulen sind hierfür Stichworte.
Lesen Sie nicht nur Konzepte, sondern sehen Sie sich die Schule mit Ihrem Kind persönlich an. Sicher gibt es Tage der offenen Tür? Kann Ihr Kind sich hier wohlfühlen? Kommt die Schule den Schülern entgegen und stellt sich auf sie ein oder müssen sich ausschließlich die Schüler der Schule anpassen? Wie liebevoll, aber nicht überladen ist die Ausgestaltung? Wie ist der Ton der Schüler untereinander und zwischen Lehrern und Schülern? Welche Aktivitäten werden außerhalb des Regelunterrichtes angeboten? Gibt es bestimmte Schultraditionen? Am besten ist es, wenn Sie andere Familien nach ihren Erfahrungen befragen können.

Die ideale Schule, die allen Ihren Erwartungen entspricht, werden Sie nicht finden. Vieles steht und fällt mit dem Klassenlehrer. Hinzu kommen unplanbare Gegebenheiten wie die Klassenzusammensetzung, längere Ausfälle der Lehrer, persönliche Sympathie oder Antipathie. Jeder Lehrer hat seine Eigenheiten: einer kann gut mit den lebhaften Schülern, der andere hat eine Engelsgeduld mit den Kindern, die sich mit dem Lernen nicht so leichttun, der nächste erreicht besonders gute Lernergebnisse … Und im nächsten Jahr kommt vielleicht ein neuer Lehrer und dann ist alles wieder ganz anders.

W WICHTIG

Machen Sie sich nicht verrückt: Eltern meinen manchmal, dass von ihrer Entscheidung das gesamte Schicksal des Kindes abhängt. Trotzdem könne Sie nicht alle Angelegenheiten Ihres Kindes steuern. Ihr Kind tritt irgendwann ins wahre Leben. Wenn es in der Schule bereits lernt, mit Schwierigkeiten fertig zu werden, kann es daran erstarken. Ernsthafte Probleme können Sie auch gemeinsam lösen.

? Welche Vorteile haben verbale Beurteilungen?

Unterschieden werden muss zwischen der Bewertung einer einzelnen Leistung und der Halbjahreseinschätzung im Zeugnis. Generell können sie Leistungen präziser, gerechter bewerten und stimulieren auf diese Weise auch die Lust zu lernen. Beispiel: Die Drei von Paul ist die erste in diesem Schuljahr, die er sich hart erarbeitet hat. Die Drei von Peter hat dieser ohne Fleiß aus dem Ärmel geschüttelt und blieb damit weit unter seinen Leistungsmöglichkeiten. Die Note an sich sagt also nicht viel aus, erst eine ausführliche verbale Bewertung macht den Unterschied deutlich.
Bewertungen sollten sich vorrangig an den individuellen Lernfortschritten eines Kindes orientieren, ohne dabei die Bezugsnorm der Gruppe außer Acht zu lassen. Trotzdem:

Kein Kind lernt dadurch schneller, dass man ihm immer wieder sagt, dass alle anderen es schon können! Für die Einzelarbeit gilt: Wenn unter einer Arbeit ein »Du hast dich sehr angestrengt. Achte noch mehr auf die Groß- und Kleinschreibung.« steht, ist manchmal Kind und Eltern nicht klar genug, wo das Kind in Bezug auf die Klassenziele steht.
Manche Lehrer greifen dann als Alternative zu Noten auf anschauliche Stempelsysteme zurück, die im Prinzip den Noten entsprechen. Ich würde Ihnen raten, diese sehr skeptisch zu betrachten, da sie einerseits ebenso vereinfachen wie Noten. Zum anderen wirken sie über die Bilder viel stärker auf Kinder. Es gibt sehr deprimierende Stempel, die Kinder erschlagen können: Was soll ein Kind, das sich angestrengt hat, mit einem Kommentar: »Das kannst du besser!« neben einem traurig am Boden sitzenden Zwerg? Für Zeugnisse gilt: Leider ist eine gute verbale Beurteilung schwieriger und aufwändiger zu erstellen, als die Auswahl aus sechs Noten. Manchmal wird dabei auch einfach auf Textbausteine zurückgegriffen. Hilfreich sind dagegen Tabellen, die die einzelnen Teilfähigkeiten für jedes Fach, z.B. die Beachtung von Wort- und Satzgrenzen, auflisten und in vier Stufen bewerten. Beispielsweise: sind sicher vorhanden – meist vorhanden – in Ansätzen vorhanden – noch nicht ausreichend entwickelt.

? Ab wann sind Kinder fit für Zensuren?

Bei Lernanfängern reichen Bienchenstempel oder Smileys, oder nur das Lächeln des Lehrers oder der Eltern. Mit zunehmendem Alter wird der Vergleich mit den anderen immer wichtiger. Kinder wollen sich aneinander messen. Dann sind mehr Differenzierungen erforderlich, spätestens ab der 2. Klasse. Ob durch anschauliche Stempelbilder oder abstrakte Zahlen ist eher Nebensache. Ich kenne Kinder, die einen Stempel von jeder Sorte bekommen wollen, und andere, die schon früh mit Noten klarkommen. Manche Lehrer verzichten weitgehend auf Negativstempel und regen die Kinder an,

Lobstempel zu sammeln. Es ist also wenig sinnvoll, hier eine Altersangabe zu machen. Weder Stempel noch Noten reichen als Beurteilung alleine aus. Wichtig sind die individuellen Kommentare des Lehrers, die beides ergänzen sollten.
Eine hilfreiche Bewertung sollte:

- für Kinder, Eltern und Lehrer allgemein verständlich und vergleichbar sein;
- unterschiedliche Leistungen und die dahinter stehende Anstrengung ausreichend differenzieren können;
- die Kinder ermutigen und nicht niederschlagen;
- im Schulalltag realisierbar sein.

? Wie wichtig sind gute Noten?

Es wäre weltfremd zu behaupten, sie seien unwichtig. Noten entscheiden über den Typ der weiterführenden Schulen und sind beim Schulabschluss auch ein wichtiges Auswahlkriterium für den Ausbildungsplatz oder das Studienfach. Zum Glück gibt es heute für Spätentwickler im zweiten Bildungsweg zahlreiche Möglichkeiten, ihre Versäumnisse in der Jugendzeit auszugleichen. Das ist sicher der schwierigere Weg, aber nicht der schlechtere.
Bitte behalten Sie immer im Hinterkopf, dass ein Kind zwar sein Leistungsvermögen voll ausschöpfen sollte. Wo aber die Grenzen liegen, lässt sich nicht so leicht feststellen. Für gute Noten reichen eine durchschnittliche bis gute Intelligenz und Lernfähigkeit nicht aus. Das Kind muss sich gut konzentrieren können, sich in der Schule wohlfühlen und in Lernstimmung sein. Auch das Gesamtbefinden des Kindes in der Familie und mit seinen Freunden spielt eine ganz wichtige Rolle. Die äußeren Bedingungen müssen stimmen. Das alles kommt nicht immer zusammen. Wenn man ein Kind Richtung Bestnoten um jeden Preis drängt, kann es den Spaß am Lernen und das Vertrauen in die eigene Kraft und Fähigkeiten verlieren. Diese sind für sein weiteres Leben viel entscheidender als der reine Notendurchschnitt.

Für wen sind die Zensuren wichtig?

- Für das Kind, damit es seinen eigenen Leistungsstand und Lernzuwachs einschätzen kann.
- Für die Eltern, die überprüfen können, ob das Kind gut vorankommt oder ob sie sich um Hilfen kümmern müssen.
- Für die Lehrer und die Schule, die einschätzen können, ob sie gute Arbeit leisten.
- Für Arbeitgeber, die geeignete Bewerber auswählen wollen. In vielen Bereichen greift man jedoch zunehmend auf Kriterien wie Beurteilungen, Tests, Probezeiten zurück.

Ich finde, die Lehrerin meiner Erstklässlerin unterrichtet nach einer veralteten Lehrmethode. Was soll ich tun?

Lehrer haben ihr Fach studiert. Sie sollten in der Lage sein, eine gute Unterrichtsqualität abzusichern und dafür die geeigneten Methoden auszuwählen. Nicht alles, was modern ist, hat sich wirklich bewährt! Nicht jede Methode passt zu jeder Klasse, jedem Lehrer. Sie sollten es sich also gut überlegen, ob Sie die Lehrerin ansprechen.
Wenn Sie sich dafür entscheiden, fragen Sie, ob sie diese neue Methode kennt und was sie als Fachfrau davon hält. Vielleicht sagen Sie ihr noch, was Sie sich davon versprechen. Betonen Sie aber, dass Sie sie natürlich für kompetent und zuständig für diese Entscheidung halten. Unterricht nach einer aufgezwungenen Methode ist nie erfolgreich!

Ich vermute, dass mein Kind unterfordert ist. Wie soll ich reagieren?

Was spricht für eine Unterforderung? Sammeln Sie Argumente und Fremdeinschätzungen, denn als Eltern sind Sie oft betriebsblind beim eigenen Kind! Wie schätzt der Lehrer Ihr Kind ein? Welche Unterrichtsmethoden bevorzugt er? Bekommen die Schüler bei ihm Aufgaben unterschiedlichen Schweregrades? Sollen sich die Kinder untereinander helfen? So könnten begabte Kinder gefördert werden. Sie können Ihr Kind in einer schulpsychologischen Beratungsstelle testen lassen. Oft kommen dabei besondere Begabungen zum Vorschein, aber auch Schwachpunkte. Selten sind Kinder in allen Bereichen Überflieger. Die Kollegen dort geben Ihnen Tipps für Fördermöglichkeiten innerhalb und außerhalb der Schule.

? Wann spricht man von einer Hochbegabung?

Es gibt Kinder mit einer besonderen Begabung in einem Teilbereich wie Musik oder Sport. Von einem hochbegabten Kind spricht man, wenn der Intelligenzquotient ohne besondere Fördermaßnahmen mindestens bei 130 liegt. Zum Beispiel im schulpsychologischen Dienst kann man dies mit Hilfe spezieller Intelligenztests testen lassen. Es gibt inzwischen auch Spezialberatungsstellen.

? Wie wird man einem hochbegabten Kind gerecht?

In meiner Praxis sehe ich nicht selten Kinder und ihre Eltern, die durch die Diagnose Hochbegabung sehr unter Druck geraten sind. Als müssten sie nun ihren Rohdiamanten besonders schleifen, damit er nicht an Wert verliert.
Oft scheinen diese Kinder jeden Input aufzusaugen wie ein trockener Schwamm. Kinder und Eltern sind natürlich stolz auf jeden Fortschritt und Erfolg und auf das Überflügeln der Gleichaltrigen. Der Kontakt zu diesen wird jedoch immer schwieriger. Nicht selten sind Hochbegabte dann recht einsam in einer Kindergruppe. Manche Kinder ziehen sich dann weiter in Wissens- oder Fantasiewelten zurück. Soziale Kompetenzen und auch emotionale Intelligenz im Umgang mit Gleichaltrigen können sich in diesem Rahmen allerdings leider nicht ausreichend entwickeln. Diese sind jedoch heutzutage zwingend erforderlich, damit aus der Hochbegabung ein Gewinn für die Gesellschaft wird. Andere Hochbegabte wiederum wirken

überfordert und reagieren mit Nervosität, Tics, Schlafstörungen oder Kopfschmerzen. Sie überfordern sich selbst.
Meine Empfehlung: Manche Schlauberger sollte man eher sanft ausbremsen. Es muss genug Raum dafür sein, ein normales Kinderleben führen zu können.
Schulen tun sich oft noch schwer, diesen Kindern gerecht zu werden. Da sie sich im Unterricht häufig langweilen, werden sie nicht selten verhaltensauffällig. Manchmal wird erst dann die Hochbegabung entdeckt. Hochbegabte Kinder haben oft durchaus nicht nur Einsen und Zweien in der Schule, da sie sich bei den für sie äußerst langweiligen Anforderungen gar nicht erst richtig anstrengen.
Immer mehr Schulen versuchen, auch hochbegabte Kinder angemessen zu fördern. Sie stellen spezielle Förderpläne auf. Die Kinder überspringen Klassen oder besuchen in manchen Fächern den Unterricht höherer Klassen. Es ist bis heute umstritten, ob man diese Kinder mit Ihresgleichen zusammenfassen soll oder nicht. Dafür spricht, dass sie oft Schwierigkeiten haben, mit den »normalen« Gleichaltrigen auszukommen, da sich ihre inneren Welten einfach zu sehr unterscheiden. Eine Förderung wäre effektiver möglich. Dagegen spricht, dass sie lernen müssen, mit »Normalos« zu leben – das wiederum geht nur in gemischten Gruppen.

Unterstützung beim Lernen

? Wie viel Üben zu Hause tut gut?

Viele Eltern denken bei der Empfehlung der Lehrer, zusätzlich zu Hause zu üben, zunächst an das Lesen im Lesebuch, das Schreiben von Buchstaben und Diktaten, das Rechnen von Aufgabenpäckchen aus dem Mathebuch. Die Kinder erleben solch ein Üben wie Schule in der Freizeit und protestieren früher oder später dagegen. Manche entwickeln direkt einen Widerwillen gegen Hausaufgaben und das Lernen insgesamt. Üben Sie deshalb so oft wie möglich anders:

Sie könnten beispielsweise Schule spielen. Lassen Sie Ihr Kind Lehrer sein und Ihnen den Stoff erklären oder Ihre, natürlich fehlerhaften, Diktate korrigieren. Bauen Sie die täglichen Übungen, etwa zehn Aufgaben zum Einmaleins oder zur Rechtschreibung, in den Alltag mit ein. Beim gemeinsamen Tischdecken oder im Auto lernen Kinder fast nebenbei. Nutzen Sie andere Alltagssituationen, in denen Ihr Kind sich gar nicht bewusst ist, dass es gerade übt. Es rechnet aus, wie viele Schokoküsse Sie für den Kindergeburtstag kaufen müssen. Sie backen gemeinsam Kuchen und lassen Ihr Kind das Rezept vorlesen. Sie beginnen einen Brief- oder E-mail-wechsel mit Oma oder einem Freund, den Ihr Kind im Urlaub kennengelernt hat. Fördern Sie Ihr Kind rundum (siehe Seite 183), davon wird es in allen schulischen Bereichen profitieren.
Üben Sie nicht zu viel! Wenn ein Kind viel üben muss, glaubt es, dass es nicht gut ist. Es fühlt sich dumm und hilflos. Wenn seine liebe Mami viel mit ihm geübt hat, ist der Kummer eines Kindes bei einem Misserfolg im Diktat doppelt so groß. Nicht nur die Note ist schlecht, sondern die ganze Arbeit umsonst! So wird außerdem die Aufregung vor Arbeiten zu hoch. Das Zusammensein mit den Eltern konzentriert sich plötzlich zu sehr auf Leistung und Schule, was die Beziehung arg strapazieren kann. Ihr Kind braucht jetzt vielleicht eher viel entspannte und fröhliche Zeit mit Ihnen.

TIPP

Lehrer müssen Leistung fordern. Eltern sollen ihr Kind auch lieb haben, und vielleicht gerade dann besonders, wenn es sich nicht so schlau anstellt. Ein Kind, das in der Schule bereits unter seinen Misserfolgen leidet, braucht Eltern, die für Spaß, Optimismus und Selbstvertrauen sorgen und nicht Tadel und Strenge. Machen Sie im Zweifelsfall einen Kurswechsel und übertragen Sie das Üben (in der richtigen Dosis) an einen Dritten!

? Ich habe mit meiner Tochter fleißig Lesen geübt. Nun kennt sie die Texte eher auswendig. Welche Alternative gibt es?

Sie können mit Ihrer Tochter auch lesen üben, indem Sie:

- mit ihr nach Rezepten aus Kochbüchern kochen und backen und sie diese vorlesen lassen;
- Schilder an und in Geschäften sowie Schlagzeilen von Zeitungen unterwegs lesen;
- wichtige Warnhinweise an Türen oder in öffentlichen Gebäuden erkennen;
- mit ihr das Fernseh- oder Kinoprogramm studieren;
- zusammen in Büchern und Zeitschriften über besonders interessante Dinge nachlesen;
- gemeinsam spannende Bücher lesen: Sie lesen und Ihre Tochter folgt mit den Augen Ihrem Finger. Wenn dieser bei leichten Wörtern stehen bleibt, liest sie dieses Wort. Bitte nur in kleinen Portionen, es muss weiter Spaß machen. Später liest Ihre Tochter und Sie ergänzen die schwierigen Wörter.
- sich kleine Liebesbriefe in die Taschen stecken;
- Zettelinfos schreiben: »Im Kühlschrank ist Eis!«

Denken Sie daran: Alles, was man mit Freude macht, lernt man zehnmal schneller!

? Wie bekomme ich das Einmaleins in den Kopf meiner Tochter hinein?

- Vereinbaren Sie jeden Tag zweimal zehn Aufgaben. Ihre Tochter darf dabei bestimmen, wann die erledigt werden.
- Wechseln Sie zwischen mündlichen und schriftlichen Aufgabenstellungen regelmäßig ab.
- Schreiten Sie von den leichten Reihen (2, 5, 10) zu den schweren (7, 8) voran.
- Fragen Sie nicht nur das Aufsagen ab (2, 4, 6, 8, 10 …), sondern stellen Sie die Aufgaben durcheinander (3 mal 2 = ?). Dabei sollten Sie zwischen einfachen und harten »Nüssen« abwechseln, damit Ihr Kind Erfolgserlebnisse hat.

- Lassen Sie Ihr Kind die schwierigsten Aufgaben aufmalen und bunt gestalten. Hängen Sie die Kunstwerke an Stellen in der Wohnung auf, auf die Ihr Kind mehrmals täglich blickt, wie z.B. Toilettenspülung, Kühlschrank, Zimmertür …
- Nutzen Sie alle Sinne: Legen Sie mit Hilfe von Rosinen oder Nüssen Aufgaben. Richtige Lösungen werden aufgegessen.
- Veranstalten Sie ein Wettsingen von Malfolgen …
- Veranschaulichen Sie, indem Sie mit Kastanien, Eicheln, Legosteinen … die Ergebnisse auszählen lassen.
- Sehen Sie sich nach Lernsoftware oder Lernspielen um.

? Kann es sein, dass meine Tochter in der Schule nicht richtig aufpasst, weil es nachmittags immer Einzelunterricht bei Mama gibt?

Ja, das ist möglich. Einzelunterricht kann ja so gemütlich sein. Viel besser, als wenn man sich allein in seinem Zimmer beschäftigen soll, während Mama den Haushalt macht. Andere Kinder scheinen sich in der Rolle »Mamas liebstes Sorgenkind« ganz wohlzufühlen.
Unterricht mit Mama sollte keine Dauerlösung sein. Machen Sie sich schnell wieder entbehrlich (siehe Seite 197)!

? Wie kann ich die Tränen meiner Tochter bei den täglichen Schreibübungen vermeiden?

Indem Sie keine reinen Schreibübungen mehr machen! Ihre Tochter hat offenbar bereits eine heftige Abneigung gegen das Schreiben entwickelt. Diese müssen Sie zunächst abbauen, damit sie beim Schreiben vorankommen kann.
Machen Sie stattdessen Schreibspiele aller Art. Je nachdem, was Ihre Tochter üben muss – die Feinmotorik, die Buchstabenkenntnis oder die Rechtschreibung – gibt es passende spielerische Möglichkeiten:
Übungen zum Training der Feinmotorik finden Sie auf den Seiten 125 f. und 152.

Übungen zur Buchstabenkenntnis könnten sein:

- Buchstaben aus der Buchstabennudelsuppe fischen;
- Muster aus Buchstaben gestalten, z.B. mit Kartoffelstempeln oder Buchstabennudeln;
- auf die Handfläche geschriebene Buchstaben erkennen;
- Buchstaben ausschneiden;
- alle großen und kleinen As auf einer Zeitungsseite mit einem roten Punkt versehen;
- Schreiben mit Kreide, mit Tusche, mit Glasur auf dem Kuchen, mit farbigen Streuseln auf dem Brot …;

Übungen zur Rechtschreibung könnten sein:

- Spiele beim Autofahren: Welches Wort beginnt mit einem P: Papa, Pudding, Birne …?
- In welchem Wort ist ein K versteckt: Katze oder Nagel? Anleitung zur Selbsthilfe geben, indem Sie verraten, wie man herausbekommen kann, wie etwas endet: g oder ch? arti… artige Kinder, Freundli… freundliche Menschen; d oder t ? gemal… gemaltes Bild;
- Verschiedene Wortfamilien suchen: fahren, Fahrrad, Fahrstuhl, Gefahr, fährst, fahrend …;
- Lassen Sie Ihr Kind schwierige Wörter fantasievoll gestalten und gut sichtbar in der Wohnung platzieren.

? Wie mache ich mich bei den Hausaufgaben langsam entbehrlich?

Ihr Kind sollte als Erstes allein den Arbeitsplatz vorbereiten, die Sachen herbeiholen und nachsehen, was zu tun ist. Dann erklärt Ihr Kind Ihnen, was es tun soll. Sie überprüfen das, fragen, was es dazu braucht und was der erste Schritt sein muss. Danach ziehen Sie sich wieder zurück. Ihr Kind kann Sie rufen oder zu Ihnen kommen, wenn es nicht weiterkommt. Achten Sie darauf, ihm immer nur bei dem nächsten Schritt zu helfen und sich dann wieder an Ihre Arbeit zu machen. Loben Sie alle erreichten Teilziele. Zum Schluss zeigt das Kind Ihnen seine Arbeit. Sie müssen dem Kind nun nicht alle Fehler zeigen, sondern können sich beschränken. Sie können ihm aber rückmelden, dass noch Fehler enthalten sind, und es fragen, ob Sie ihm diese zeigen sollen. Ziel der Hausaufgaben ist es nicht, eine fehlerfreie Arbeit abzuliefern. Das Kind soll üben, und die Lehrerin will sehen, ob alle beziehungsweise die meisten Kinder die Aufgabenstellung oder den Lerninhalt verstanden haben oder sie weiter daran arbeiten muss. Machen Sie Ihrem Kind durch Ihr Verhalten klar, dass die Hausaufgaben seine Angelegenheit sind und Sie nur zur Verfügung stehen, wenn es allein tatsächlich nicht geht!

? Sollte unser Sohn seine Hausaufgaben lieber zu Hause erledigen statt im Hort?

Wenn Ihr Sohn Probleme mit dem Erledigen seiner Hausaufgaben im Hort hat, versuchen Sie zunächst herauszufinden, warum es im Hort nicht klappt. Jeder Erwachsene und jedes Kind hat zum Beispiel seine eigene Leistungskurve. Das sind Schwankungen der Leistungsfähigkeit in Abhängigkeit von der Tageszeit. Vielleicht ist ihm die Pause zwischen Unterrichtsende und den Hausaufgaben zu kurz. Dann wäre er erst am Nachmittag wieder richtig lernfit.
Was nun wichtig wäre zu klären: Müssen alle Hortkinder gleichzeitig zu festgelegter Zeit ihre Hausaufgaben erledigen? Wie flexibel ist Ihr Hort diesbezüglich? Oder ist es einfach zu laut oder unruhig im Raum und er kann sich deshalb nicht konzentrieren? Könnte er sich in diesem Fall in ein Zimmer setzen, in dem mehr Ruhe herrscht?
Manchmal reicht auch eine andere Platzwahl, um für Abschirmung zu sorgen. Ihr Sohn muss ja lernen, auch bei Außenreizen arbeitsfähig zu sein. Das ist die normale Lernsituation in der Gruppe. Vielleicht finden Sie einen Kompromiss: Ihr Sohn erledigt einen Teil der Arbeiten im Hort und die restlichen zu Hause. Vermeiden Sie, dass er die doppelte Zeit an den Aufgaben sitzt wie seine Mitschüler. Er braucht unbedingt seine Spielzeiten zu Hause.

? Wie lange soll ich die Ordnung im Schulranzen meines Kindes kontrollieren?

Das variiert von Kind zu Kind. Es gibt solche, die zeitig selbstständig sind und von sich aus Ordnungssinn entwickeln. Und es gibt kleine Chaoten, die im Durcheinander versinken, wenn man nicht strukturierend eingreift.
Falls Ihr Kind eher gut organisiert ist, kontrollieren Sie einfach so häufig wie nötig, so selten wie möglich. Falls Ihr Kind eher chaotisch ist, gilt Folgendes: Je mehr es sich darauf verlassen kann, dass Sie dafür sorgen, dass alle Schulmaterialien in benutzbarer Form vorhanden und auffindbar sind, desto weniger entwickelt es Motivation, sich selbst zu kümmern. Sie müssen sich also eher zurückhalten. Der Preis dafür ist manchmal, dass Ihr Kind von seinem Lehrer öfter kritisiert wird. Lassen Sie diese Kritik wirken.
Erwarten und fordern Sie nicht mehr als der Lehrer. Helfen Sie Ihrem Kind, wenn es einen sehr strengen Lehrer hat, dessen Erwartungen es möglicherweise überfordern. Sprechen Sie Ihr Vorgehen mit dem Lehrer ab.
Bei einem Lernanfänger sollten Sie grundsätzlich noch häufiger in den Ranzen schauen. Tun Sie das immer gemeinsam. Ihr Kind ist Hauptakteur! Sie sind der Coach. Ihr Kind soll lernen, was zu tun ist, wie z.B. Stifte kontrollieren, Pausenbrotdose rauslegen, Sportzeug zum Waschen geben. Im nächsten Schritt machen Sie einmal wöchentlich Inventur, um den Überblick zu behalten. Später wird nur noch sporadisch kontrolliert – aber bitte nie heimlich!

? Sollten lustlos hingeschmierte Hausaufgaben noch einmal gemacht werden?

Um bei einem kleinen Schluderjan ein Zeichen zu setzen, kann man *in seltenen Fällen* ein Abschreiben fordern, damit ihm klar wird, dass er seine Aufgaben ernster nehmen muss. Sie müssen aber sicher sein, dass er gepfuscht hat. Hausaufgaben sollten auf keinen Fall zum Reizthema werden. Besser ist es, nach der Ursache zu forschen. Sieht die Aufgabe so schlecht aus, weil Ihr Kind sich damit herumgequält hat? Dann ist vielleicht viel durchgestrichen. Oder ist sie fehlerhaft, weil Schwächen im Stoff vorliegen? Dann sollten Sie auf das Abschreiben eher verzichten, der Frust wäre zu groß. Nehmen Sie solche Aufgaben als Signal, dass Sie etwas tun müssen. Im ersten Fall müssen Sie mit dem Kind nochmals über gute Form und sauberes Durchstreichen sprechen. Im zweiten Fall müssen Sie den Stoff nochmals üben oder erklären.

? Wie kann ich die Konzentrationsfähigkeit meines Sohnes trainieren?

Man unterscheidet zwei unterschiedliche Formen von Konzentrationsschwierigkeiten:

- Das Kind kann Nebenreize nicht ausblenden. Es reagiert auf jeden Vogelpieps im Garten und auf die Frau, die gegenüber die Gardine aufzieht. Man spricht dann von einer Reizschutzlosigkeit oder Reizfilterschwäche. Schaffen Sie in diesem Fall für Tätigkeiten, die Konzentration fordern, eine reizarme Umgebung. Hausaufgaben können dann nicht in der Küche neben dem vollen Kochprogramm gemacht werden. Der Schreibtisch darf nicht überladen sein. Ihr Kind sollte vom Schreibtisch aus nicht unmittelbar nach draußen sehen können, es sei denn, da gibt es nur Bäume.
- Das Kind kann seine Aufmerksamkeit nicht lange genug aktivieren. Dann fehlt es ihm an Ausdauer. Regen Sie Ihr Kind in diesem Fall an, immer nur eine Sache zu tun, also beim Fernsehen nicht zu spielen, beim Malen keine Hörspiel-Kassette anzuhören und so fort. Achten Sie neben bewegungsreichen Spielen auf ruhige Aktivitäten, die konzentrationsschwache Kinder nicht so sehr mögen. Verleiten Sie Ihr Kind immer wieder dazu. Steigern Sie die Zeiten, die Anzahl der Runden und so fort, indem Sie Ihr Kind dazu motivieren, noch fünf Minuten, noch eine Runde länger durchzuhalten, wenn es aus dem Spiel aussteigen will.

Haben Sie übrigens schon beobachtet, dass es mit dem Konzentrieren am Gameboy oder Computer bestens klappt? Dort erhalten die Kinder beim Spielen in ganz kleinen Schritten mit jedem erreichten Punkt eine sogenannte Bekräftigung. Nutzen Sie diesen Effekt beim Üben oder bei der Hausaufgabenhilfe: »Toll hast du das gemacht!«

? Was ist von konzentrationsfördernden Medikamenten zu halten?

Genauso wenig wie von Doping! Sollte wirklich jede Schwäche mit einem Pillchen weggedrückt werden? Muskelaufbauende Präparate für eine bessere Sportzensur? Demenzmedikamente für die Steigerung der Merkfähigkeit?
Natürlich alles rein pflanzlich. Im Ernst: Wenn Ihr Kind Medikamente nimmt, handelt es sich immer um Eingriffe in das natürliche Gleichgewicht des Körpers, deshalb raten viele Fachleute ab beziehungsweise zu großer Vorsicht. Das gilt erst recht, wenn in diesem Körper sensible Wachstumsprozesse gestört werden könnten. Außerdem geraten Kinder dabei in Gefahr, auch im späteren Leben bei einem Problem zu schnell nach einer Pille gegen zu verlangen. Anders liegt der Fall bei Kindern mit nachgewiesenen Auffälligkeiten im Sinne eines Aufmerksamkeits-Defizit-Syndroms wie ADS oder ADHS (siehe Seite 232 f.). Hier sind Medikamente *manchmal* notwendig, damit ein Kind in der Schule überhaupt eine Chance hat.

Probleme mit der Schule

? Woran kann es liegen, dass meine Tochter so wenig von ihrem Alltag in der Schule erzählt? Was kann ich tun?

Wenn Sie oder Ihr Partner abends von der Arbeit kommen, ist vermutlich auch kein Rapport darüber fällig, was alles geschafft wurde, wo es Schwierigkeiten gab, wie Sie mit dem Chef klargekommen sind und was sich die Kollegen geleistet haben. Das ist bei Kindern ganz genauso. Kinder mögen keine Berichterstattung nach dem Nachhausekommen. Sie steigen nach der Schule in ihr Freizeitleben ein. Viele sind erst am Abend im Bett in Erzählstimmung. Dann wollen ihre Eltern aber meist, dass sie schlafen oder selbst lieber die Nachrichten sehen. Vermeiden Sie also Überfälle, Verhöre und Pflichtberichte. Suchen Sie nach einem guten Erzählritual. Vielleicht planen Sie dieses beim Ins-Bett-Bringen mit ein.

TIPP

Wenn Ihr Kind von Schwierigkeiten erzählt, vermeiden Sie Überreaktionen: Wenn Berichte Sorgen auslösen, versuchen Kinder oft, ihre Eltern zu schonen, indem sie den Kummer herunterspielen oder gar nichts mehr erzählen. Vermeiden Sie auch Wertungen und Lösungsvorschläge bei Problemen, à la: »Ignorier doch einfach, dass die immer Mopsi zu dir sagen!« Wenn das Kind das könnte, hätte es dies vermutlich schon getan. Suchen Sie gemeinsam mit ihm nach Lösungen. So sollten Sie unbedingt mit ihm zusammen beraten, ob es Sinn macht, den Lehrer einzuschalten, wenn seine Position in der Klasse schwach ist.

? Woran kann es liegen, dass unser Sohn bereits drei Wochen nach der Einschulung alle Freude an der Schule verloren hat?

Ihr Sohn hat in diesen ersten Wochen eine Ahnung davon bekommen, was in den nächsten Schuljahren auf ihn zukommen wird: Arbeit, Anpassung, Anstrengung – weniger Spielzeit, Spaß und freie Entfaltung seiner Individualität. – Willkommen in der Realität!

Vielleicht hat Ihr Sohn erwartet, nach kurzer Zeit schon fließend lesen und schreiben zu können? Jetzt hat er einen ersten

Eindruck davon, wie mühevoll das Ganze werden könnte. Vielleicht hat er Schwierigkeiten, so lange still zu sitzen, zuzuhören und sich zu konzentrieren? Möglicherweise hat er Mühe, in der Kindergruppe seinen Platz zu finden und fühlt sich abgelehnt. Oder er kommt mit dem Lehrer nicht zurecht. Vielleicht ist er über- oder unterfordert?

TIPP

Nehmen Sie den Stimmungswandel ernst. Fragen Sie ihn nach Gründen und lassen Sie sich viel von seinen Erlebnissen erzählen. Sprechen Sie mit dem Lehrer, vielleicht hat dieser Vermutungen, was ihm zu schaffen macht. Suchen Sie gemeinsam nach Lösungen.

? Was mache ich, wenn mein Kind gar nicht mehr zur Schule gehen will?

Machen Sie sich in diesem Fall zunächst an die Ursachenforschung (siehe Seite 199). Beziehen Sie ganz klar Stellung und erklären Sie Ihrem Kind, dass es in Deutschland eine Schulpflicht für alle Kinder gibt, der es nachkommen muss. Lassen Sie sich auf keine Tricks ein, wie: »Heute melde ich dich ausnahmsweise mal krank.« Das löst kein Problem.

Lassen Sie keine Zweifel an Ihrer Erwartung, dass es trotz seiner Unlust oder Schwierigkeiten in der Schule ankommen wird. Manche Kinder starten Testballons, ob sie um diese lästige Angelegenheit herumkommen können.

Vermeiden Sie zu viel Wirbel um das Thema, bis Sie sicher sind, dass es sich nicht nur um eine vorübergehende Stimmung handelt. Hält diese an oder kehrt regelmäßig wieder, müssen Sie sie ernst nehmen.

Einen schlechten Tag hat jeder ab und an. Jeden Tag pure Lust auf Schule kann man also nicht erwarten. Erzählen Sie Ihrem Kind davon, wie Sie mit solchen Tagen umgehen. Besprechen Sie mit seinem Lehrer, was zu tun ist.

? Mein Sohn kommt mit dem lauten Ton seiner Lehrerin nicht klar. Wie helfe ich ihm?

Wenn Kinder laute Ansprache nicht gewöhnt sind, leiden sie manchmal tatsächlich unter jemandem, der dann bedrohlich auf sie wirkt. Nun gehören jedoch laute und leisere Menschen zu unserer Umwelt. Das heißt, Ihr Sohn muss und kann jetzt lernen, damit umzugehen. Dazu muss er sich ein etwas dickeres Fell wachsen lassen.
Regen Sie ihn an, die Lehrerin zu beobachten: Was kann sie gar nicht leiden? Wie ernst ist das Schimpfen gemeint? Wenn sie mit einem Kind schimpft, mag sie es dann gar nicht oder findet sie nur sein Verhalten nicht in Ordnung? Ich habe solchen Kindern manchmal einen Geheimtipp mitgegeben: Ich habe ihnen erzählt, sie sollen sich vorstellen, dass sie ihre Ohrmuscheln nach vorn klappen könnten, wozu haben wir sonst welche, wenn es zu laut wird, und wieder aufklappen, wenn der Krach vorbei ist. Durch diese Vorstellung können Kinder Abstand von der beängstigenden Situation bekommen und fühlen sich nicht mehr so ausgeliefert.

? Mein Sohn kommt an seiner Schule nicht klar. Wann ist ein Wechsel sinnvoll?

Ein Wechsel ist meist keine gute Lösung. Das Kind lernt nur, vor seinen Problemen wegzulaufen. Oft wird es an der neuen Schule von ihnen wieder eingeholt.
Überlegen Sie zuerst, womit oder mit wem Ihr Sohn Schwierigkeiten hat. Machen Sie eine Positiv- und Negativliste: Was ist gut? Womit sind Sie unzufrieden?
Gehen Sie anschließend die Negativliste durch: Wo können Sie gezielt eine Verbesserung angehen? Für welchen Bereich brauchen Sie welche Hilfe? Suchen Sie die Zusammenarbeit mit den Lehrern, die ein offenes Ohr für Ihre Sorgen haben und denen Sie vertrauen. Vielleicht können Elternvertreter oder -sprecher Sie unterstützen? Gäbe es denn eine wirklich gute Schulalternative? Was macht Sie sicher, dass sich die Situ-

ation Ihres Kindes an der neuen Schule verbessert? Es gibt keine ideale Schule für jedes Kind!

Bleiben Sie mit Ihrem Kind über Ihre Gedanken im Gespräch. Ihr Kind muss sich unterstützt und einbezogen fühlen. Finden Sie dafür ein gutes Maß, damit sich nicht Ihr gesamtes Miteinander nur noch um das eine Thema dreht.

Sie sollten also einen Wechsel nur einleiten, wenn alle Veränderungsmöglichkeiten erfolglos ausgeschöpft wurden und Ihr Kind sichtlich und dauerhaft leidet.

? Wie soll ich auf die zahlreichen Einträge bzw. Beschwerden über meinen Sohn reagieren?

Nehmen Sie die Einträge zur Kenntnis. Dass Sie davon nicht begeistert sind, wird Ihr Sohn Ihnen ansehen. Geben Sie maximal einen Kurzkommentar ab à la: »Du weißt, was ich von dir erwarte!«

Das sollte aber nicht alles sein. Bei so gehäuften Klagen haben Sie sich sicher schon oft Gedanken darüber gemacht, wo die Ursachen liegen. Was hat Ihr Sohn noch nicht gelernt? Was treibt ihn dazu, sich so zu verhalten? Ist er auf dem Weg zum Klassenclown? Es ist Zeit für einen Plan, wie die Probleme anzugehen sind. Beraten Sie das mit dem Lehrer. Holen Sie sich professionelle Hilfe in der Erziehungsberatung, wenn Sie allein nicht weiterkommen!

? Soll ich meine Tochter zwingen, trotz Bauchschmerzen in die Schule zu gehen?

Irgendetwas in der Schule macht Ihrer Tochter offenbar zu schaffen. Neben Bauchschmerzen berichten Kinder aus ähnlichen Gründen über Kopfschmerzen, Übelkeit und Schwindelgefühle. Denken Sie daran, dass Kinder diese Symptome in der Regel nicht simulieren, sondern tatsächlich empfinden. Man nennt sie psychosomatische Beschwerden, was auf den Zusammenhang von Psyche (Seele) und Soma (Körper) ver-

weist. Psychisch bedingte Bauchschmerzen tun nicht weniger weh als körperliche!
Wichtig ist als Erstes, von einem Arzt sicher ausschließen zu lassen, dass eine körperliche Erkrankung vorliegt. Das haben Sie getan. Nun müssen Sie sich auf die Suche nach dem Problem machen: Wovor hat Ihre Tochter möglicherweise Angst? Was bedrückt sie? Suchen Sie nach Hilfen.

Wenn keine schnelle Lösung für ihre Probleme in Sicht ist, müssen Sie darauf achten, ein mögliches Ausweichen ihres Kindes in psychosomatische Reaktionen nicht ungewollt zu fördern. Lassen Sie also den Symptomen nicht zu viel Aufmerksamkeit zukommen, aber bleiben Sie zugewandt und verständnisvoll. Eine Flucht in die Krankheit erleichtert zwar kurzfristig, schafft aber neue Probleme. Der Schulausfall sollte deshalb auf ein Minimum begrenzt werden. Schließlich ist es sehr mühsam, verpassten Stoff nachzuholen. Treffen Sie entsprechende Vereinbarungen mit der Schule. Ihr Kind kann sich vielleicht im Klassenraum auf einer Matte oder im Sekretariat ein bisschen hinlegen. Möglichst rasch sollte zur Tagesordnung übergegangen werden. Nur bei deutlichen Krankheitszeichen sollten Sie das Kind aus der Schule abholen.
Sagen Sie Ihrer Tochter, dass der Körper manchmal mit Beschwerden reagiert, wenn es der Seele nicht gut geht. Erklären Sie, dass uns Probleme Kopfschmerzen bereiten, dass Stress auf den Magen schlägt, dass uns manchmal richtig übel wird, dass der Arzt bei ihr nachgewiesen hat, dass keine richtige Krankheit vorliegt und dass Sie gemeinsam an der Lösung des Problems arbeiten werden.

Geben Sie Ihrer Tochter Selbsthilfetipps auf den Weg. Man kann einen Schluck Kräutertee trinken, den Bauch massieren, eine entspannende Haltung einnehmen … Das heißt, Sie nehmen die Schmerzen und die Sorgen Ihrer Tochter ernst, trauen ihr jedoch durchaus zu, Schmerzen ein bisschen auszuhalten und selbst etwas dagegen zu tun.

? Unser Sohn (10) hat gar keine Lust auf Schule. Wie können wir ihn motivieren?

Die meisten Eltern kennen solche »Null-Bock-Phasen«. Gemeint sind nicht das Montagsgrauen, auch nicht die Tage zum Im-Bett-Bleiben, sondern eine länger andauernde Lustlosigkeit. Diese schwappt in der Pubertät oft auf fast alle Lebensbereiche über: Nichts macht mehr Spaß.
Manchmal sind zudem die Lerninhalte in der Schule wirklich nicht gerade spannend. Von Zeit zu Zeit gibt es Phasen, in denen das Kind deshalb nicht den Eindruck hat, dass sich Anstrengung tatsächlich lohnt. Vielleicht gibt es aber auch Zoff mit Mitschülern oder Lehrern. Versuchen Sie zunächst, größere Probleme auszuschließen. Handelt es sich mehr um eine Art »Schulmüdigkeit«, hilft vielleicht Folgendes:
Signalisieren Sie Ihr Verständnis und Ihren Optimismus, dass es sich nur um eine Phase handelt. Setzen Sie eine Außenmotivation: Wenn das Tief überwunden ist, gibt es zum Beispiel einen Ausflug ins Spaßbad. Es hilft, die Tage bis zu den nächsten Ferien zu zählen. Oder bis zu einem Höhepunkt, auf den Ihr Sohn sich freut. Vermeiden Sie moralisierende Monologe wie: »Kind, du lernst doch fürs Leben!« Das verstehen erst Erwachsene. Die Abneigung gegen die Schule wächst bei Kindern dadurch nur. Predigen und nörgeln Sie nicht herum. Machen Sie jedoch regelmäßig klar, dass Sie nicht zusehen werden, wie die Leistungen immer weiter in den Keller gehen. Legen Sie gemeinsam mit Ihrem Sohn Maßnahmen fest. Manche Kinder brauchen für den Kampf gegen den inneren Schweinehund Hilfe von ihren Eltern.

? Unsere Tochter hat mehrfach die Sportstunden geschwänzt. Wie sollen wir reagieren?

Wie reagierte die Schule? Vermeiden Sie Doppelstrafen und überlegen Sie, was hinter dem coolen Satz »Sport ist überflüssig« stehen könnte. Vielleicht doch ein Problem? Die Angst, wegen körperlicher Besonderheiten, z.B. einem Bäuchlein,

ausgelacht zu werden oder sich zu blamieren? Der Kummer, bei der Mannschaftswahl immer die Letzte zu sein, die keiner haben will? Ein Sportlehrer, der merkwürdige Hilfestellungen leistet? Arbeiten Sie daran!
Machen Sie aber auch eine klare Ansage, dass die Teilnahme am Sportunterricht zu den normalen Schulpflichten gehört und Schwänzen kein Kavaliersdelikt ist.
Bei Wiederholung suchen Sie nach einer Konsequenz: eine Stunde mit Papa joggen gehen. Ersatzweise an einer anderen sportlichen Veranstaltung teilnehmen.
Achten Sie darauf, dass Sie gut informiert sind: Jede Fehlstunde muss sofort bemerkt und entsprechend reagiert werden. Es darf sich nicht lohnen!

? Keine Lust mehr auf den Hort. Sollen wir unsere Tochter abmelden?

Seien Sie froh, dass es überhaupt einen Hort an Ihrer Schule gibt. Ich wünsche Ihnen, dass dort eine gute pädagogische Arbeit geleistet wird und die Kinder nicht nur beaufsichtigt werden. Trotz allem kommt bei den meisten Kindern früher oder später Hortmüdigkeit auf.
Gibt es konkrete Gründe für den Wunsch Ihrer Tochter? Lassen sich diese verändern? Vielleicht möchte sie mehr Freiraum? Oder es ist ihr im Hort zu trubelig und laut? Vielleicht herrscht auch gähnende Langeweile?
Gibt es Probleme, denen sie ausweichen will? Kommt sie mit den anderen Kindern nicht gut aus? Hat sie Schwierigkeiten mit einer Erzieherin? Wird sie von anderen Kindern drangsaliert? Dann sollten Sie an der Lösung des Problems arbeiten. Eine Flucht ist nicht der richtige Weg.
Was wäre, wenn sie nicht mehr in den Hort ginge? Könnte sie mit der dazugewonnenen Freiheit umgehen? Wäre Ihre Tochter ein Schlüsselkind, weil Sie berufstätig sind? Kann sie diese Verantwortung schon tragen? Wer hilft ihr bei den Hausaufgaben? Wer würde für ihr Mittagessen sorgen? Vielleicht gibt

es Kompromissmöglichkeiten: die tägliche Hortzeit senken auf einen hortfreien Tag in der Woche?

Lernschwierigkeiten

? Unser Fünftklässler ist in seinen Leistungen sehr abgerutscht. Warum ist diese Klasse für so viele Kinder so schwierig?

In den meisten Schulsystemen gibt es irgendwann den Wechsel von der Grundschule auf eine weiterführende Schule. In der Regel ist damit ein Schulwechsel verbunden. Das Kind ist dann mit zahlreichen Veränderungen konfrontiert, an die es sich gewöhnen muss.

- Es muss einen neuen Schulweg zurücklegen und dabei möglicherweise auch mit öffentlichen Verkehrsmitteln fahren.
- Es muss sich in neuen Örtlichkeiten zurechtfinden. Oft gibt es keinen festen Klassenraum mehr, sondern wechselnde Fachräume und -lehrer. Die Folge: Die Kinder müssen in den Pausen schnell ihre Sachen ein- und auspacken und dürfen dabei nichts vergessen.
- Es muss seinen Platz in der neuen Gruppe und unter Umständen auch neue Freunde finden.
- Vorher hatte es wenige Lehrer als Bezugspersonen, jetzt gilt das Fachlehrersystem. Jeder Lehrer hat seine eigenen Vorstellungen, wie Hefter/Hefte aussehen sollen, wie Arbeiten anzufertigen sind. Darauf muss sich Ihr Kind einstellen.
- Neue Arbeitstechniken werden eingeführt, die oft nicht genug trainiert werden und den Kindern mehr Selbstständigkeit und -organisation abverlangen.
- Es muss sich an neue Fächer gewöhnen.
- Es erhält mehr Arbeitsmaterialien als in der Grundschule, die es in Ordnung halten muss.
- Der Konkurrenzdruck ist höher.
- Das Anforderungsprofil insbesondere am Gymnasium (G8/achtjähriges Gymnasium) steigert sich erheblich.

TIPP

Sie können Ihr Kind unterstützen, indem Sie vorübergehend mehr Hilfe anbieten. Entwickeln Sie mit ihm ein System, wie die Mappe vollständig zu packen ist. Zeigen Sie ihm, wie man Vokabeln lernt oder wie man sich Texte erliest. Fragen Sie, wenn Sie unsicher sind, den Lehrer oder lesen Sie über Lerntechniken nach. Geben Sie ihm eine gewisse Schonzeit in anderen Lebensbereichen. Sorgen Sie für viel Entspannung und Entlastung in der Freizeit. Geraten Sie nicht in Panik und machen Sie nicht zu viel Druck!

? Stichwort G8 – Haben unsere Kinder heute viel zu viel Stress in der Schule, besonders in Verbindung mit der verkürzten Zeit bis zum Abitur?

Unsere Kinder haben in den letzten Jahren zahlreiche Bildungsreformen durchlaufen müssen und fühlten sich oft als Versuchskaninchen. Kinder, Eltern und Lehrer zeigten sich häufig überfordert. Oft gab es von Beginn an Zweifel am Sinn von Veränderungen – wie der neuen Schuleingangsphase in Berlin –, die sich gerade auch als berechtigt gezeigt haben. Die nächste Bildungsreform erwarten wir im Sommer 2010. Die Zusammenlegung von Haupt- und Realschulen zu Sekundarschulen wird noch mehr Eltern motivieren, sich bei ihren Kindern eher für das Gymnasium zu entscheiden. Und da sind wir bei einer Facette des Überforderungsproblems: Kinder unterscheiden sich in ihren intellektuellen Voraussetzungen, in den Lernvoraussetzungen wie Konzentrationsfähigkeit und am Spaß beim Lernen. Es gibt immer einige, die durch das Lernen am Gymnasium einfach überfordert sind. Auch sind die Entwicklungsunterschiede zwischen Mädchen und Jungen bis lange in die Pubertät erheblich. Die Grenze hat sich jetzt mit dem G8 noch einmal verschoben, aber es wird sie auch ohne dies immer geben. Und: Natürlich gibt es auch hier Kinder, die eher unterfordert sind.

So sehr ich die Entscheidung mancher Eltern für das Gymnasium verstehen kann – einige tun ihren Kindern keinen Gefallen damit und schaden ihnen sogar.
Ich kann nur betonen: eine Kindheit und Jugend, die nur noch aus Lernen und Leistungsdruck besteht, wünsche ich niemandem. Dies kann sehr nachteilige Folgen für die gesamte Entwicklung haben.
Für manche Kinder wäre es vielleicht besser, zunächst einmal einen guten Mittleren Schulabschluss zu machen, sich dabei als erfolgreich zu erleben sowie Zeit für andere Bereiche des Lebens und der Entwicklung zu haben und später – wenn es denn wirklich Sinn macht – den Weg zum Abitur zu gehen. Ältere Kinder wissen genauer, was sie wollen und wo sie hinwollen und haben nach der Pubertät vielleicht auch eher den Kopf für Lernen frei.

? Unserem Kind fällt das Lernen nicht leicht. Wie verhindern wir, dass es irgendwann aufgibt?

Erkennen Sie seine Bemühungen an. Messen Sie seinen Fortschritt weniger an den Noten als an dem Unterschied zu seinen letzten Ergebnissen. Machen Sie ihm klar, dass es liebenswert ist und auch so ein glückliches Leben führen kann. Sorgen Sie für ausreichend Entspannung und Spaß außerhalb der Schule. Zeigen Sie ihm täglich, wo es Stärken hat, und verschaffen Sie ihm Erfolgserlebnisse. Sicher gibt es einen Bereich, wo das Selbstwertgefühl Ihres Kindes stabilisiert werden kann, etwa im Sportverein oder durch Tierpflege.
Sorgen Sie sowohl innerhalb der Schule für zusätzliche Hilfen als auch außerhalb – beispielsweise durch Nachhilfe. Diese kann den Spaß am Lernen durchaus wiederbeleben. Und viele Kinder erfahren so, dass es auch andere manchmal nicht so leicht haben.
In Berlin können Sie zum Beispiel einen Förderausschuss beantragen und bekommen dann Sonderförderstunden für Ihr Kind – fragen Sie einfach in Ihrer Schule danach.

? In welchen Fällen spricht man von einer Lese-Rechtschreib-Schwäche?

In meiner Praxis sehe ich viele Kinder mit großen Problemen in der Rechtschreibung. Nur die wenigsten haben jedoch eine Störung im Sinne einer Lese-Rechtschreib-Schwäche oder Legasthenie. Diese kennzeichnen typische Fehler: Buchstabenauslassungen, -vertauschungen und -verwechslungen. Die Rechtschreibleistung muss um einen genau definierten Wert unter dem allgemeinen Leistungsniveau des Kindes und dem Rechtschreibniveau der Altersgruppe liegen. Das können Sie zum Beispiel in einer schulpsychologischen Beratungsstelle untersuchen lassen. Trifft Ihre Vermutung zu, benötigt Ihr Kind eine spezielle Lernmethodik, um seine Schwäche zu überwinden. Legastheniker (bitte Attest vorlegen) werden außerdem in schriftlichen Aufgaben anders bewertet.

? Mein Sohn tut sich schwer mit dem Rechnen. Könnte er eine Rechenschwäche haben?

Nicht jeder schlechte Rechner leidet unter einer Störung, die therapiebedürftig ist. Es ist eine irreführende und gefährliche Idee, alle Schwächen wegbehandeln zu können. Wie bei der Lese-Rechtschreib-Schwäche gibt es ganz bestimmte Diagnosekriterien. Lassen Sie im Zweifelsfall eine Prüfung durchführen. Diese sollte gleichzeitig wichtige Hinweise über geeignete Fördermöglichkeiten ergeben.

? Hat meine Tochter Nachteile beim Lernen, weil sie Linkshänderin ist?

Nein. Wichtig ist nur, die Händigkeit eines Kindes rechtzeitig festzustellen und zu akzeptieren. Sie ist im Gehirn vorprogrammiert und in der Regel ererbt. Werden Kinder umtrainiert, kommt die gesamte Hirnphysiologie durcheinander. Intelligente Kinder tun das manchmal selbst, weil eben der Löffel immer rechts liegt und die anderen Kinder mit rechts malen. Achten Sie darauf, dass Ihr Kind sich nicht derart anpasst. Ihre Tochter muss eine besondere Schreibhaltung erlernen. Helfen Sie ihr mit geeigneten Materialien für Linkshänder wie Füller oder Schere. Es gibt inzwischen Spezialgeschäfte für kleine und große Betroffene.

? Mein Kind vergisst oder verliert ständig Mützen, Bücher und Turnbeutel. Soll ich das Taschengeld pfänden?

Das können Sie tun, wenn Sie den Eindruck haben, dass Ihr Kind zu selbstverständlich davon ausgeht, dass es das Verbummelte ersetzt bekommt. Dann muss es sich finanziell auf jeden Fall am Ersatz beteiligen.
Sie können von Ihrem Kind auch verlangen, sich um die Wiederbeschaffung zu bemühen: So muss es noch einmal zur Schule laufen, um den Turnbeutel zu suchen. Es muss sich die Materialien für die Hausaufgaben von einem Mitschüler besorgen, statt auf den Spielplatz gehen zu können. Das darf ruhig unangenehm und peinlich sein. Außerdem sollten Sie ihm Erinnerungshilfen beibringen:

- Die Uhr kommt zur Sportstunde in den Straßenschuh.
- Der Turnbeutel wird abends bei der Schultaschenkontrolle an die Türklinke gehängt.
- Check-up der goldenen Sechs: Sind Mütze, Schal, Handschuhe, Schultasche, Sportbeutel und Jacke beim Verlassen der Schule komplett?

? Meine Tochter wird durch ihren Banknachbarn oft beim Lernen gestört. Sollte er wegen seines ADHS nicht an eine andere Schule?

Hyperaktive Kinder fordern ihre Eltern, Lehrer und Mitschüler stark und stellen immer *auch* eine Belastung dar. Dafür schenken sie Offenheit, Gerechtigkeitssinn, Hilfsbereitschaft, Natürlichkeit und Kreativität.

Gelingt es, sie gut in die Gemeinschaft zu integrieren, statt sie in eine Sündenbockposititon zu drängen, können sie auch ein großer Schatz für alle sein. Eine Gesellschaft sollte niemanden, der von der Norm abweicht, abschieben und ausgrenzen. Kinder können lernen, sich auf jemanden mit einem Handicap oder Besonderheit einzustellen.
Neben einem »Hypi« zu sitzen ist sicher trotzdem sehr anstrengend. Die Sammlung von psychisch auffälligen Kindern in Spezialklassen oder -schulen ist jedoch pädagogisch und ethisch umstritten. Sie ist unter heutigen Bedingungen auch nicht finanzierbar. Deshalb setzt man auf Integration. Diese verlangt jedoch Rahmenbedingungen (räumlich, personell, Ausbildung), die in der Realität nicht immer gegeben sind. Dann kann Integration zu einer Zumutung für alle Beteiligten werden. Wenn das erträgliche Maß überschritten wird, sollte das ADHS-Kind besser allein sitzen.

? Mein Sohn möchte gerne Spielzeug in die Schule mitnehmen – ist das sinnvoll?

Durchaus, finde ich. Am Arbeitsplatz der meisten Erwachsenen stehen persönliche Gegenstände wie ein Foto oder eine spezielle Tasse, um ihn heimeliger zu gestalten. Warum sollten nicht auch Kinder so ein Stückchen »Zuhause« mit in die Schule nehmen, das ihnen ein vertrautes Gefühl vermittelt? Voraussetzung ist natürlich, dass das Spielzeug während des Unterrichts in der Schulmappe bleibt, aber das kann Ihr Sohn lernen. In der Pause ist Spielzeug oft auch wichtig, um dazuzugehören (siehe Seite 163 und 166).

? Mein Kind gibt sich Mühe, wir üben viel. Trotzdem sind die Noten schlecht. Was soll ich tun?

Wichtig ist der gute Draht zum Klassenlehrer. Sprechen Sie mit ihm über Ihre Sorgen. Erzählen Sie von Ihren Bemühungen. Sie können unter die Hausaufgaben schreiben, wie lange

Sie gebraucht haben und wie viel Hilfe von Ihnen erforderlich war. So kann sich der Lehrer ein Bild machen.
Das mag sein. Achten Sie aber darauf, ob Ihr Kind Symptome entwickelt, die anzeigen, dass es unter Druck gerät. Ernst zu nehmen sind Kopf- und Bauchschmerzen, eine dauerhaft gedrückte Stimmung, Schulunlust, Schlafschwierigkeiten oder wenn das Kind wieder einnässt.
Sprechen Sie mit dem Direktor. Vielleicht sollte Ihr Kind in einer schulpsychologischen Beratungsstelle einmal genauer untersucht werden. Wo sind seine Stärken, wo seine Schwächen? Die Schule kann und muss einen ganz individuellen Förderplan für Ihr Kind aufstellen. Denkbar wären dabei auch teilweise veränderte Bewertungsmaßstäbe, damit das Kind wieder Erfolgserlebnisse hat. Statt einer Sechs könnte der Lehrer die Anzahl der richtig geschriebenen Wörter unter das Diktat schreiben, die dem Kind eher verdeutlicht, dass das Üben etwas genützt hat.

? Wäre es nicht besser, die Kinder hätten mehr Spaß und Freude an der Schule?

Jedes Jahr erreichen uns neue Zahlen zu unseren Jugendlichen, die als nicht ausbildungsfähig eingeschätzt werden. Das gilt auch für Gymnasiasten. Immer wieder lerne ich junge Leute kennen, die immer nur »Party machen« wollen, die denken, sie leben im Schlaraffenland, und es fliegen weiter die gebratenen Tauben in den Mund. Sie sind unselbständig, halten keine Kritik aus und sind bei Konflikten und in schwierigen Zeiten schnell überfordert. Dann werden Beziehungen, Ausbildungen und beschrittene Wege schnell abgebrochen oder verlassen. Sie scheinen offenbar nicht fit für das normale Leben zu sein.
Es ist nicht die Ausnahme, dass diese Jugendlichen bisher einfach zu wenig mit dem rauen Wind der Normalität in Kontakt gekommen sind. Anders gesagt: eine Schule, die immer Spaß macht, in der man sich aussuchen darf, worauf

man Lust hat, in der es keine (stressigen) Anforderungen gibt, bereitet nicht auf das Leben vor. Sie stellt die eine Seite des Kontinuums dar.
Auf der anderen Seite finden wir das Vorziehen der Leistungsgesellschaft in die Kindheit hinein – mit den Risiken von Überforderung und Dekompensation.
Eine gute Schule siedelt sich irgendwo zwischen den beiden Extrempolen an. Zudem: Schule und Ausbildung dauern heute schon so lange wie nie zuvor. Die damit verbundene Abhängigkeit von den Eltern hat auch negative Auswirkungen auf die Entwicklung einer selbstständigen Persönlichkeit. Der Weg sollte deshalb nicht dahin führen, die Ausbildungszeiten noch zu erweitern. Für sinnvoller halte ich, die Lehrpläne dringend zu reformieren. Sicher könnte man hier viel kürzen und stärker kreativere Lerninhalte fördern. Schon dies wäre für Kinder weniger anstrengend und belastend.

INFO

Eine gute weiterführende Schule für Ihr Kind sollte

- nicht nur eine qualitativ gute Lern-, sondern auch eine freudvolle Lebenszeit für Ihr Kind sein,
- alle Kinder individuell fördern und fordern,
- Ihrem Kind neben dem Lernen noch genug Zeit für eine glückliche Kindheit lassen,
- Ihr Familienleben sich nicht hauptsächlich um Lernen, Hausaufgaben und Noten drehen lassen,
- Ihr Kind erleben lassen, dass es erfolgreich sein kann, mit einem vertretbaren Aufwand,
- Lehrer haben, die sich als Partner der Kinder sehen, mit denen gemeinsam sie optimale Ziele erreichen wollen,
- sich auch außerhalb des Lernens für die Persönlichkeit der Schüler und deren Lebensumstände interessieren,
- einerseits zielorientiert arbeiten, andererseits aber jedes Kind an seinen individuellen Fortschritten messen.

Kleine und größere Sorgen

Was ich Ihnen in diesem Kapitel gern mitgeben möchte, ist ein »Erste-Hilfe-Koffer« für bestimmte Verhaltensauffälligkeiten. Sie finden hier eine praktische Anleitung für die ersten Schritte zum Umgang mit Verhaltensweisen, die eigentümlich und störend sind und die Entwicklung des Kindes gefährden. Ich möchte Ihnen darüber hinaus Hilfestellung geben, die jeweilige Situation zu analysieren und den Ernst der Lage zu prüfen. So fällt es Ihnen leichter, sich vom ersten Erschrecken zu lösen und klarer zu denken – wenn etwa Ihr Sohn beim Ladendiebstahl oder Feuermachen erwischt wurde oder Ihre Tochter immer fanatischer übertrieben magere Modelmaße anstrebt.

Fast alle Kinder machen in ihrer Entwicklung einmal eine Phase durch, in der sie bisweilen ähnliche Verhaltensweisen zeigen, wie sie auch bei Menschen mit psychischen Störungen auftreten. Nicht hinter jeder Auffälligkeit steckt jedoch eine ernste Störung oder sogar psychische Krankheit. Die meisten Kinder können unangenehme Erlebnisse, Belastungen in der Familie oder Kindergruppe und schwere Zeiten eine Zeit lang wegstecken, ohne Schaden an ihrer Seele zu nehmen. Erst nach längerer Zeit zeigen sie durch ein Symptom, dass sie überfordert sind. Auffälliges Verhalten, das länger andauert oder relativ stark ausgeprägt ist, kann solch ein Signal des Kindes für ein ernstes Problem sein. Holen Sie sich im Zweifelsfall lieber einen Rat von einem unabhängigen Außenstehenden, der mehr Distanz zu dem Kind hat und ihm gegenüber objektiver ist als nahestehende Familienmitglieder.

Sie finden in diesem Kapitel außerdem Kriterien dafür, wann Sie unbedingt professionelle Hilfen in Anspruch nehmen sollten. Im Anhang sind Ansprechpartner und Adressen angegeben, an die Sie sich wenden können.

Was viele Kinder irgendwann einmal tun

? Meine Tochter lügt und verdreht oft Vorfälle zu ihren Gunsten. Wie bringen wir ihr Wahrheitsliebe bei?

Kinder lügen aus verschiedenen Gründen. Überprüfen Sie zunächst einmal, welche der folgenden Gründe Sie bei Ihrer Tochter vermuten. Kinder lügen,

- wenn sie ausprobieren wollen, ob es sich um eine einfache Art der Konfliktlösung handelt und sie damit Erfolg haben. Machen Sie Ihrem Kind in diesem Fall das Gegenteil deutlich: dass und warum das oft nicht funktioniert.
- wenn sie dadurch unangenehme Strafen vermeiden wollen. Überprüfen Sie die Angemessenheit Ihrer Reaktionen. Ist für Ihr Kind der Zusammenhang zwischen Fehler und Strafe nachvollziehbar? Wird die Strafe als gerecht erlebt? Lesen Sie dazu auch auf Seite 43/44 über die Vorzüge von angemessenen Konsequenzen nach.
- wenn sie ihre Eltern schonen wollen. Viele Kinder fürchten heute keine Schläge oder sonstige drakonische Strafen mehr. Viel schlimmer für sie ist das enttäuschte Gesicht des Vaters, der Kummer der Mutter, der Streit der Eltern darüber, was man nun tun soll. Achten Sie darauf, dass Ihr Kind Fehler machen darf, ohne dass Sie ihm das Gefühl geben, dass für Sie als Eltern eine Welt zusammenbricht.
- wenn sie sich furchtbar schämen und sich als Versager oder »schlechtes« Kind fühlen. Manche beschummeln sich dann selbst und glauben sogar an ihre erfundene Geschichte. Arbeiten Sie in diesem Fall an der Stärkung des Selbstvertrauens Ihres Kindes (siehe Seite 12 f.).
- wenn sie bei den eigenen Eltern erleben, dass diese es mit der Wahrheit ebenfalls nicht so genau nehmen. Überprüfen Sie einmal ehrlich Ihren eigenen Umgang mit der Wahrheit: Lassen Sie sich am Telefon verleugnen? Melden Sie Ihr Kind in der Schule krank, weil ein verlängertes Wochenende geplant ist? Versuchen Sie in diesem Fall, Ihrem Kind in Zukunft etwas anderes vorzuleben!

? Mein Kind hat im Supermarkt Süßigkeiten gestohlen. Wie soll ich mich verhalten?

Fragen Sie zunächst einmal genau nach, wie es dazu kam. Wollte es ausprobieren, ob man so Dinge bekommt, die sonst nicht so leicht erhältlich sind? Dass es leider so ist, wissen die Kinder. Die meisten Ladendiebstähle werden nicht entdeckt. Machen Sie Ihrem Kind in diesem Fall klar, dass Sie einen Diebstahl auf gar keinen Fall tolerieren und dass es sich um kriminelles Verhalten handelt.

Hat es sich nicht getraut, sich aus einer Gruppenaktivität auszuschließen? Vielleicht handelte es sich um eine sogenannte Mutprobe unter Kindern? Dann müssen Sie daran arbeiten, dass Ihr Kind das Nein-Sagen lernt. Arbeiten Sie an der Störung seines Selbstbewusstseins (siehe Seite 12 f.) und überlegen Sie gemeinsam, auf welchen anderen Wegen es echte Anerkennung erhalten könnte, was es außerdem an Stärken und Fähigkeiten zu bieten hat und wie es seinen Freunden aus der Clique gegenüber argumentieren könnte.

Was wollte es mit den Süßigkeiten tun? Wollte es sich Freunde erkaufen? Überlegen Sie zusammen, ob es auf andere Art seine Integration in die Kindergruppe verbessern könnte. Helfen Sie ihm, Freunde zu finden.

Hat es einfach Spaß an Nervenkitzel und Action? Denken Sie sich andere Abenteuer aus, die sie gemeinsam erleben könnten (siehe Seite 66 f.). Wie wäre es mit dem Besuch eines Hochseilgartens oder dem Besteigen einer Kletterwand? Lassen Sie Ihr Kind seine Abenteuerlust körperlich ausleben.

Hat es keine anderen Möglichkeiten, das »Diebesgut« zu bekommen? Dann sollten Sie ihm schnellstens Taschengeld geben und ihm die Freiheit gewähren, es so auszugeben, wie es das möchte (siehe Seite 126 f.). Gehen Sie sehr streng mit dem Genuss von Süßem um? Überprüfen Sie Ihre Maßstäbe. Manche Kinder brauchen phasenweise etwas mehr Süßes, schließlich ist Zucker Gehirnnahrung. Übrigens wächst der Süßhunger auch, wenn es irgendwelche Probleme oder Stress gibt oder Kinder sich viel bewegen.

TIPP

Gehen Sie schrittweise an die Lösung des Problems :

- Aufklären und Ermahnen
- Am Grundproblem arbeiten
- Das Gestohlene vom Kind zurückbringen lassen und verlangen, dass es sich entschuldigt
- Fachleute (Erziehungsberater) einschalten, wenn dieses Verhalten immer wieder vorkommt.

? Meine Tochter hat mir jetzt zum dritten Mal Geld gestohlen. Warum tut sie das?

Da es sich in diesem Fall bei dem Geschädigten nicht um einen »anonymen« Supermarkt handelt, sondern um die eigenen Eltern, müssen Sie zusätzliche Gründe in Betracht ziehen als die in der letzten Frage beschriebenen. Sie sind vermutlich sehr gekränkt, das dürfte Ihr Kind wissen. Es könnte sein, dass Ihr Kind auf diese Art ein Alarmsignal setzt, dass es ihm irgendwo nicht gut geht. Kinder tun das manchmal auf solch versteckte Art, weil ihnen das eigentliche Problem zu groß und unaussprechlich erscheint.

Eine andere Möglichkeit wäre, dass Ihr Kind Sie bestrafen will, weil Sie sich von der Mama/dem Papa getrennt haben, weil es sich weniger geliebt fühlt als der Bruder oder weil es Ihre Erziehungsmaßnahmen als ungerecht erlebt. Seien Sie wachsam, sprechen Sie viel mit Ihrem Kind und versuchen Sie herauszubekommen, was zutreffen könnte. Ihre Reaktion sollte wieder schrittweise erfolgen:

- Erklären Sie, dass Sie das Geld mühsam erarbeitet und keinen Goldesel im Keller haben.
- Sprechen Sie darüber, wie Sie sich fühlen, wenn man Sie bestiehlt, und dass Sie ein solches Verhalten in der Familie auf keinen Fall dulden werden.
- Versuchen Sie, Ihrem Kind aber wieder zu verzeihen und es seinen Fehler nicht tagelang büßen zu lassen.

- Suchen Sie die Ursachen und arbeiten Sie daran.
- Sorgen Sie für Wiedergutmachung. Noch vorhandene Sachen werden eingezogen. Schaden muss ersetzt werden durch Abzug vom Taschen- oder Geburtstagsgeld. Ihr Kummer muss durch einen zusätzlichen Dienst »gelindert« werden.
- Wiederholen sich die Diebstähle und kommen dabei andere Menschen außerhalb der Familie zu Schaden, erkundigen Sie sich unbedingt nach professioneller Hilfe.

? Ich will mein Kind nicht falsch verdächtigen, Diebstähle aber auch nicht durchgehen lassen. Wie schaffe ich das?

In der nächsten Zeit wird Ihnen einiges abverlangt: Sie müssen auf der Hut sein, damit Diebstahl nicht zur Gewohnheit wird. In vielen Fällen bleibt es jedoch bei einem einmaligen Vorgang. Dazu müssen Sie Gelegenheiten, die Diebe machen könnten, einschränken. Zum Beispiel sollte Ihre Geldbörse eine Weile nicht in der Tasche im Flur bleiben. Außerdem müssen Sie – bitte nicht inquisitorisch! – kontrollieren, was Ihr Kind besitzt. Ihr Kind soll also merken, dass Sie ein Auge auf es haben. Es sollte sich dabei aber auf gar keinen Fall wie ein Schwerverbrecher fühlen.
Andererseits darf es keine falschen Anschuldigungen geben. Sonst denkt Ihr Kind: »Wenn man mich schon für einen Dieb hält, dann kann ich auch stehlen« (siehe Seite 75). Darüber hinaus wird es fast zwangsläufig zu Situationen kommen, in denen Sie zwischen den Stühlen sitzen: Sie sind fast sicher, dass Sie noch ein 2-Euro-Stück hatten, aber eben nur fast. Sie haben bei Ihrem Kind eine Tafel Schokolade gefunden. Es behauptet, sie geschenkt bekommen zu haben …
Vorschlag: Halten Sie sich an das Prinzip »Im Zweifel für den Angeklagten«. Solange kein Nachweis vorliegt, folgt keine Konsequenz. Sagen Sie das Ihrem Kind. Es merkt, dass Sie wachsam sind, dass Sie aber trotzdem fair bleiben wollen und es nicht vorverurteilen. Das kann es das nächste Mal davon

abhalten, lange Finger zu machen, auch wenn es diesmal um die Strafe herumgekommen ist.

? Mein Kind zündelt derzeit gern. Wie kann ich sicherstellen, dass nichts passiert?

Die meisten Kinder zündeln irgendwann einmal. Viele Eltern machen gute Erfahrungen damit, ihrem Kind den Umgang mit Feuer unter Aufsicht zu erlauben. Bringen Sie Ihrem Kind am Gartengrill bei, dass man vor Feuer Respekt haben muss. Zeigen Sie ihm, was gefährlich ist und wie man sich schützen kann. Besprechen Sie, was im Notfall zu tun ist. Das macht Ihr Kind fit fürs Leben und stillt die größte Neugier (siehe Seite 66 f.). Die Grenze des Ertragbaren ist erreicht, wenn ein Kind vereinbarte Regeln nicht einhält, wenn es über längere Zeit nicht das Interesse an den Experimenten und Zündeleien verliert und wenn es sich und andere dabei gefährdet. Dann brauchen Sie professionellen Rat.

? Wie schaffen wir es als Raucher, dass unser Sohn gar nicht erst mit dem Rauchen anfängt?

Es gibt kein Rezept dafür. Sie können jedoch einiges dafür tun, dass es höchstens beim Probieren bleibt. Da Sie selbst rauchen, wird das allerdings schwierig. Hilfreich wäre, wenn Sie darüber sprechen könnten, wie Ihre »Raucherkarriere« verlief. Wieso haben Sie es nicht geschafft zu widerstehen? Warum hören Sie nicht damit auf?

Arbeiten Sie mit Ihrem Kind an seinem Selbstbewusstsein (siehe Seite 12 f.). Viele Kinder beginnen mit dem Rauchen, weil sie erwachsen wirken wollen, zu einer Gruppe gehören möchten, sich nicht trauen »Nein« zu sagen. Nur wenige Kinder beschreiben bereits relativ früh eine entspannende oder konzentrationssteigernde Wirkung des Nikotins. Schaffen Sie in Ihrer Familie ein Klima des Vertrauens, sodass Sie mit Ihrem Kind im Gespräch bleiben können. Dazu dürfen Sie

nicht explodieren, wenn Sie Ihren Sprössling mit Zigarette erwischen. Es muss erlaubt sein, Fehler zu machen und eigene Wege zu gehen. Vorsicht mit Verboten! Sie können die Einhaltung sowieso nicht kontrollieren. »Ich habe nicht geraucht, nur neben einem Raucher gestanden!« Ihr Kind wird nur geschickter im Verbergen und Schwindeln. Verbotenes ist außerdem attraktiver und macht die ganze Geschichte spannender. Das Verbieten kann nur klappen, wenn Ihr Kind noch recht jung ist, in der Regel auf Sie hört und etwas ängstlich ist, sodass Sie mit dem Jugendschutzgesetz argumentieren können – Rauchen ist erst mit 18 Jahren erlaubt!
Nicht verbieten heißt nicht erlauben! Ihrem Kind sollte klar sein, dass es mit Rauchen eine Regel verletzt. Lassen Sie seinem schlechten Gewissen ausreichend Zeit, um zu wirken: Natürlich muss Ihr Kind wissen, was gegen das Rauchen spricht. Das allein reicht vermutlich nicht. Setzen Sie deshalb Grenzen: Nicht in der Wohnung. Nicht in Ihrem Beisein. Sagen Sie klar, was Sie davon halten. Dass Sie es gern verbieten würden, aber darauf vertrauen wollen, dass es sich selbst bald richtig entscheidet und wieder damit aufhört.

? In der letzten Zeit stottert mein Kind (4) oft. Wie gewöhnen wir ihm das wieder ab?

In diesem Alter handelt es sich um ein gelegentlich vorkommendes entwicklungsbedingtes Stottern. Ihr Kind denkt schneller, als es mit dem Sprechen nachkommt. So verhaspelt es sich und bleibt stecken. Das gibt sich von allein. Wichtig ist, dass Sie Ihrem Kind nicht das Gefühl geben, eine Sprachstörung zu haben. Bleiben Sie geduldig. Ermahnungen helfen selten. Sie verunsichern Ihr Kind eher. Halten Sie Blickkontakt und warten Sie ab, bis es seinen Satz beendet hat. Wenn Sie auf die Unterschiede achten, wann das Stottern häufiger oder seltener auftritt, wissen Sie auch, was Ihrem Kind guttut und ein freies Sprechen fördert. Bleiben Sie entspannt und gehen Sie nicht direkt auf das Stottern ein.

Tritt das Stottern erst nach dem sechsten Lebensjahr auf und gibt sich nicht binnen kürzester Zeit, brauchen Sie professionelle Hilfe. Sie können sich an einen Logopäden oder Kinderpsychologen wenden.

INFO

In folgenden Fällen sollten Sie einen Logopäden aufsuchen:
- wenn das Stottern das Kind selbst stark verunsichert oder im Kontakt behindert
- wenn es nach dem Kindergartenalter auftritt
- wenn es länger als ein Jahr anhält

? Seit unsere kleine Tochter zu sprechen anfängt, spricht unser Sohn (4) auch wieder Babysprache. Ist das normal?

Hierfür könnte es zwei Ursachen geben: Kinder lernen Sprache zunächst, indem sie sie auswendig lernen. Im Alter Ihres Sohnes erfolgt der Spracherwerb allerdings bereits auf einer höheren Stufe: Die kleinen Sprachwissenschaftler erforschen jetzt die Regeln, nach denen wir sprechen. Wie bildet man beispielsweise die Mehrzahl? Wie die Vergangenheitsform? Dann kommt es zu typischen Fehlern wie: Häuser– Männer – Bäumer; gesagt– gemacht – geschlaft.
Sagen Sie Ihrem Kind nicht: »Das ist falsch!« Antworten Sie einfach mit der korrekten Form: »Ja, heute hast du lange geschlafen.« Wenn Ihr Kind mit fünf oder sechs Jahren immer noch sehr viele Grammatikfehler macht oder bestimmte Laute nicht aussprechen kann, sollten Sie einen Logopäden aufsuchen. Kinder in diesem Alter haben Spaß am Experimentieren, auch mit Sprache. So erfinden sie manchmal neue Wörter oder sprechen eben Babysprache. Das ist kein Rückschritt, sondern ein Spiel. Gehen Sie scherzhaft darauf ein. Sagen Sie aber, wenn Sie sich genervt fühlen. Ansonsten haben Sie Geduld, das gibt sich von allein.

Mein Kind kommt immer zu spät. Wie bringe ich ihm Pünktlichkeit bei?

Ich hoffe, dass Sie selbst zu den pünktlichen Zeitgenossen gehören, die anscheinend immer seltener werden. Dann sind Sie Ihrem Kind ein gutes Vorbild.

Beherrscht Ihr Kind die Uhr? Besitzt es eine? Pünktlich zu sein klappt meist nicht, wenn die Kinder irgendwen fragen müssen. Kinder vergessen die Zeit im Spiel oft völlig. Vielleicht hilft eine Uhr, die piept, wenn es Zeit für den Heimweg ist. Bei älteren Kindern kann das das Handy tun.

Vielleicht überprüfen Sie auch die vorgegebene Zeit noch einmal? Ist sie vielleicht zu knapp bemessen? Kinder bleiben zum Beispiel gerne auf dem Schulweg mal hier und mal da stehen, brauchen ihre Zeit, um langsam »auszutrullern«. Legen Sie einen Toleranzbereich fest – wie bei den Erwachsenen das sogenannte akademische Viertel. Innerhalb dieser Spanne bekommt es noch keinen Ärger. Bei weiteren Verspätungen, zum Beispiel nach dem Spielen draußen, sollte die Abzugsregel in Kraft treten: Die Minuten, die Ihr Kind heute zu spät kommt, muss es morgen früher zu Hause sein.

Wenn das nicht hilft, sollten Sie die nächste Regel anwenden: Wer noch nicht zuverlässig in den Absprachen ist, darf einen Tag lang nicht raus. Am übernächsten Tag bekommt er eine neue Chance zu beweisen, dass er es jetzt besser kann.

Wie bekommen wir den Süßigkeitenkonsum unserer Kinder in den Griff?

Alles Verbotene ist besonders reizvoll. Viele Familien, die versuchen, ganz ohne Süßigkeiten auszukommen, müssen das erfahren. Das Ergebnis sind Kinder, die sich bei nächstbester Gelegenheit die Taschen und Backen mit Süßem vollstopfen. Es gibt Familien, die machen gute Erfahrungen damit, die Süßigkeiten für alle auf den Tisch zu stellen. Jeder darf sich jederzeit nehmen, was er mag. Versuchen Sie es. Der Trick daran ist, dass für Ihr Kind das spannende Experiment weg-

fällt, ob es Sie heute doch rumkriegt, ihm einen Schokoriegel zu geben, und wie es das am besten anstellt. Es gibt jedoch Kinder, die so unersättlich sind oder sich so schlecht beherrschen können, dass sie überfordert wären. Dann sollten Sie jedem eine Tagesration zuteilen.
Das Kind kann entscheiden, wann es die isst. Einmal in der Woche kann es die Süßigkeiten aussuchen, aus denen Sie dann die Tagesration zusammenstellen. Es wäre außerdem gut für die Zähne, wenn Sie die Tradition einführen, dass nach dem Essen und vor dem anschließenden Zähneputzen genascht werden darf.

? Haben Sie ein Rezept gegen die Mäkeligkeit unserer Tochter beim Essen?

Es gibt Kinder mit einer Überempfindlichkeit gegenüber bestimmten oder ungewohnten Empfindungen im Mundbereich. Diese Kinder beginnen zu würgen, wenn man sie überredet, Dinge zu probieren, die sie nicht möchten oder die sie ängstigen. Man sieht ihnen deutlich an, dass sie fast in Panik geraten, als ginge es ans Leben.
Zwingen Sie Ihre Tochter in diesem Fall nicht. Ihr Spektrum an Lebensmitteln erweitert sich mit der Zeit von allein. Mahlzeiten sind jedoch ein beliebtes Schlachtfeld für Machtkämpfe. Eltern und Kinder ringen darum, wann und was gegessen wird. Dabei geht es weniger um die Speisenauswahl, als darum, wer das Sagen hat. Das ist meist auch dann der Fall, wenn ein Kind *nur noch* Süßes essen will. Wie Sie aus Machtkämpfen herauskommen, lesen Sie auf Seite 49.
Wenn auf Ihre Tochter alles Vorgenannte nicht zutrifft, sollten Sie diese Mäkeligkeit zunächst akzeptieren. Sie könnten die Regel einführen, dass von allem Unbekannten *einmal* zu kosten ist. Aber das dient meist mehr der Beruhigung der Eltern, als dass ein Kind diese Sachen dann tatsächlich isst. Laden Sie sie zum Probieren ein, machen Sie dabei aber nicht zu viel Wind um das Thema und schenken Sie keine Extra-

Aufmerksamkeit für unerwünschtes Verhalten. Leben Sie selbst vor, wie sehr es Spaß machen kann, neue Gerichte und Geschmacksrichtungen zu probieren. Irgendwann wird Ihre Tochter Sie dann bitten, kosten zu dürfen!

WICHTIG

Heute zwingt man Kinder nicht mehr dazu, das zu essen, was sie ablehnen. Als Ergebnis entwickeln Kinder Essgewohnheiten, die deutlich von unseren abweichen. Typisch sind Nutella-, Salami- oder Käsephasen, in denen die Kinder als Brotbelag morgens und abends nur das eine mögen. Ernährungswissenschaftler haben untersucht, was passiert, wenn Eltern sich nicht in die Ernährung ihrer Kinder einmischen. Sie stellten fest, dass über einen längeren Zeitraum betrachtet, die Nahrungsmittelauswahl gar nicht so auffällig war. Es gab sogar Zusammenhänge zwischen bevorzugten Lebensmitteln und darin enthaltenen Stoffen, die der Körper gerade besonders benötigte! Das spricht eindeutig für sehr viel Selbstbestimmungsrecht in diesem Bereich!

Durcheinander der Gefühle

? Mein Sohn hockt nur noch am Computer, trifft sich nicht mehr mit Freunden und spricht kaum noch mit uns. Was ist zu tun?

Offenbar findet er die Welt, in die er sich zurückgezogen hat, gegenwärtig attraktiver als die echte Welt. Ist er dort mächtiger oder beliebter? Gibt es dort keine Angst vor Diktaten und Verboten oder Streit der Eltern? Kommt er hier schneller zu Erfolgen als in der echten Welt? Suchen Sie weiter das Gespräch mit Ihrem Sohn. Fragen Sie nicht ständig nach irgendwelchen Problemen, sondern interessieren Sie sich für seine Spiele. Schauen Sie zu, spielen Sie mit und versuchen Sie, seine Faszination für diese Spiele zu verstehen.

Vergleichen Sie die Welten. Machen Sie eine Autofahrt, eine Kanutour, streichen Sie gemeinsam das Gartenhaus. Bei solchen Aktionen kommen Kinder viel schneller ins Reden als bei einem »Verhör« oder intensivem Nachfragen. Verlocken Sie zu Aktionen außerhalb des Zimmers: einem Überraschungseisbecher, einem DVD-Abend …

Bestehen Sie auf einem Minimum an Familienleben: gemeinsame Mahlzeiten, Erledigung einer Arbeit, Teilnahme an Omas Geburtstag. Auch wenn Sie nicht auf Begeisterung stoßen: Sagen Sie, dass *Sie* das für Ihr Wohlbefinden brauchen und von Ihrem Sohn erwarten.

? Seit dem Wegzug ihrer besten Freundin ist meine Tochter weinerlich. Wie können wir helfen?

So ein Kummer kann in der Tat sehr tief sein. Geben Sie Ihrer Tochter Zeit, den Verlust zu betrauern. Lassen Sie sie ihren Kummer ausleben. Er vergeht so schneller, als wenn Sie versuchen, ihn ihr auszureden.

Vielleicht hilft es, wenn sie der Freundin geschriebene oder gemalte Briefe schickt oder sie anruft. Sie sollte sich auch ein Foto von der Freundin aufstellen und an die schönen gemeinsamen Erlebnisse erinnern dürfen. Geben Sie Ihrer Tochter Unterstützung, Zeit, Wärme und Verständnis, bis sie genug Trauerarbeit geleistet hat.

Versuchen Sie später, gemeinsam mit ihr Lösungen zu finden, wenn die Freundschaften in der Kindergruppe alle schon vergeben sein sollten. Könnte ihr der Lehrer dabei helfen, neuen Anschluss zu finden?

? In der Schule meldet sich unsere Tochter oft nicht, obwohl sie die richtige Antwort weiß. Wie bringen wir ihr mehr Selbstbewusstsein bei?

Was hat Ihre Tochter denn bisher gehindert, ein stabiles Selbstbewusstsein zu entwickeln? Lesen Sie auf Seite 12 nach, was man alles für das Selbstvertrauen tun kann. Lassen Sie Ihre Tochter möglichst viele Ergänzungen des Satzes »Ich kann gut …« suchen. Betonen Sie ihre Stärken immer wieder und sagen Sie ihr, dass Sie stolz auf sie sind. Erzählen Sie, wie es Ihnen in der Schule ergangen ist. War es Ihnen egal, ob die anderen lachten oder ob Sie sich blamierten? Was tun *Sie* heute bei Angst vor Versagen? Drängen Sie sie nicht ständig, doch endlich zu zeigen, was sie kann. Das setzt sie unter Druck und sie verkrampft sich. Freuen Sie sich über jedes Mal, wo ihr ein kleiner Erfolg gelungen ist.

Regen Sie Ihre Tochter zu Selbstständigkeit an. Bitten Sie sie, etwas für Sie zu besorgen oder zu erfragen. Zeigen Sie ihr, dass sie Ihnen bei wichtigen Angelegenheiten helfen kann. Etwa ab neun Jahren, wenn Ihre Tochter an sich selbst arbeiten möchte, können Sie mit ihr einen Vertrag (Seite 56 f.) schließen: Zum Beispiel »Ich nehme mir vor, mich in den Mathe- und Deutschstunden mindestens einmal zu melden.« Wenn sie etwas vortragen oder aufsagen muss, üben Sie das zu Hause im Rollenspiel. Bei zu viel Lampenfieber kann sie es auch mit Entspannungsübungen versuchen (siehe Seite 229 f.).

? Unsere Tochter entwickelt zunehmend Ängste. Müssen wir uns Sorgen machen?

Leider haben irrationale Ängste die Tendenz, sich auszuweiten. Immer öfter lösen sie immer schneller immer heftigere Reaktionen aus. Es kommt zu Vermeidungsverhalten. Das Leben wird dadurch immer mehr eingeschränkt. Eine Angst- oder Panikstörung ist entstanden.

Umgekehrt legen sich diese Ängste eher selten von allein. Wenn alltägliche Dinge solche überzogenen und unüberwindlichen Ängste auslösen, sollten Sie handeln. Je eher eine Psychotherapie begonnen wird, desto schneller ist das Problem Ihrer Tochter behoben. Wenn Kinder dagegen beim Anblick einer Spinne aufkreischen, einen großen Bogen um Nachbars Hund machen oder vor Spritzen zittern, ist das relativ normal. Solche Ängste sind ziemlich weit verbreitet und relativ harmlos.

? Unser Sohn ist reizbar, hat keine Lust mehr auf sein geliebtes Fußballtraining und bekommt schlechte Noten. Besteht Grund zur Sorge?

Was Sie beschreiben, nennt man eine Wesensänderung, die tatsächlich aufhorchen lässt. Wenn ein Kind längere Zeit bedrückt wirkt, sich zurückzieht und keinen Spaß mehr an Dingen hat, die es bisher mochte, ist das ein Alarmsignal. In der Pubertät können ähnliche Verhaltensweisen, wenn sie nicht zu stark ausgeprägt sind, auch einmal für eine gewisse Zeit vorkommen. Es könnte bei Ihrem Sohn jedoch eine körperliche Erkrankung dahinterstecken oder ein psychisches Problem. Wenn Ihr Sohn jegliche Sorgen verneint, weist das eher darauf hin, dass es sich um ein größeres Problem handelt. Zu groß, um darüber sprechen zu können. Vielleicht ist es ihm peinlich. Oder er wird von jemandem unter Druck gesetzt. Oder er will Sie nicht belasten.
Was können Sie versuchen? Sagen Sie ihm nochmals, dass Sie sich große Sorgen machen. Dass er Vertrauen haben kann und dass es manchmal leichter ist, ein Problem aufzuschreiben oder zu malen, als darüber zu sprechen. Überlegen Sie, wer in der Familie oder im Bekanntenkreis sein Vertrauen genießt und Zugang zu ihm hat. Organisieren Sie eine gemeinsame Aktion der beiden.

WICHTIG

Suchen Sie professionelle Hilfe, wenn sich bei Ihrem Kind nicht bald eine Veränderung ergibt. Das gilt auch, wenn Sie weitere Hinweise auf ein Problem finden, etwa zerstörte Gegenstände, zerrissene oder auffällige Zeichnungen oder Waffen und wenn sich der Appetit und das Schlafverhalten Ihres Kindes verändert haben.

? Unsere 10-jährige Tochter rief nach einem Streit weinend: »Dann will ich nicht mehr leben!« Das meinte sie doch nicht ernst, oder?

Vermutlich nicht. Allerdings sollten Sie solche Äußerungen nicht auf die leichte Schulter nehmen. Für einen Erpressungsversuch spricht, wenn Ihr Kind diese Drohung öfter benutzt und es dabei eher wütend oder theatralisch wirkt als traurig und depressiv. Dann will es wohl etwas erreichen. Für einen Ausdruck von Frust spricht, wenn Ihr Kind zornig wirkt. Und wenn es außerhalb der jetzigen Situation keine Hinweise auf ein ernsteres Problem gibt.

Für einen ernsthaften Kummer spricht, wenn Ihr Kind eher bedrückt als zornig wirkt. Vielleicht wendet es seinen Ärger nach innen und drückt ihn nicht aus. Das könnte ein Risikofaktor für einen Suizid sein. Auch wenn es vorher schon niedergeschlagen, weinerlich oder mürrisch war oder sich in seinem Wesen verändert hat, sind das ernste Alarmsignale.

Messen Sie Ihr Kind nicht nach Erwachsenenmaßstäben, egal ob der Anlass eine Kleinigkeit oder ein Drama ist. Kinder sehen das in aller Regel oft völlig anders.

Sie sollten wissen, dass nur wenige Kinder, die sich für einen Selbstmord entscheiden, wirklich sterben wollen. Sie wollen nur nicht mehr so leben wie bisher oder ein Zeichen setzen. Doch mancher Appell endete versehentlich tödlich.

T TIPP

Sagen Sie Ihrer Tochter klar, dass Ihnen solche Sätze, mit denen sie ihren Suizid ankündigt, Angst machen. Sprechen Sie über Ihre Gedanken und Sorgen um Ihr Kind und wie Sie sich fühlen würden, wenn es nicht mehr da wäre. Sagen Sie, dass Sie darüber sprechen möchten, was Ihr Kind ärgert oder quält. Aber machen Sie klar, dass Sie sich nicht erpressen lassen und dass es sich um kein Mittel handelt, seinen Willen durchzusetzen.

Problematisches Verhalten

? Meine Tochter ist sehr nervös. Wie kann ich ihr helfen, ruhiger zu werden?

Achten Sie auf einen möglichst ruhigen und strukturierten Alltag. In welchen Situationen entstehen Stress und Hektik? Was könnte man dagegen tun? Sorgen Sie für Ruhepausen mit Entspannungsmusik, einer Vorlesegeschichte, einer Streichelmassage. Manchen Kindern hilft es, sich dabei in eine Kuscheldecke einzurollen. Führen Sie Entspannungszeremonien ein: einen speziellen Entspannungstee bei Kerzenschein, ein duftendes Bad. Vielleicht kann sie in einem Kinderkurs Entspannungsübungen wie Autogenes Training, Progressive Muskelentspannung oder Yoga lernen, vielleicht sogar mit Ihnen gemeinsam. Fragen Sie Ihre Krankenkasse, ob sie die Kosten übernimmt. Achten Sie auch darauf, dass Ihre Tochter Ventile für ihren Energieüberschuss hat: Sorgen Sie für frische Luft und ausreichend Bewegung!

W WICHTIG

Fachmännischen Rat sollten Sie einholen, wenn:
- sie nervöse Zuckungen und Tics entwickelt,
- sie ansonsten unglücklich wirkt,
- sie mit ihrer Unruhe alle anderen ansteckt,
- sie vor lauter Hektik und Nervosität nicht mehr richtig zum Spielen und konzentrierten Lernen kommt,
- alle Tipps oben nicht helfen.

? Ständig gibt es Klagen, weil unsere Söhne so aggressiv seien. Ist Raufen bei Jungen nicht normal?

Kinder müssen lernen, sich zu wehren. Sie müssen in Rangeleien ihre Kräfte miteinander messen. Sie müssen verschiedene Möglichkeiten testen, eigene Interessen durchzusetzen. Dabei werden sie auch einmal ausprobieren, wie weit man mit dem Einsatz körperlicher Kraft kommt. Es handelt sich jedoch nicht mehr um normales kindliches Verhalten, wenn:

- andere Kinder Angst vor Ihren Söhnen haben,
- solche Raufereien regelmäßig vorkommen,
- mehrfach Kinder dabei verletzt wurden,
- Grundregeln der Fairness nicht eingehalten werden wie: Man vergreift sich nicht an Jüngeren und Schwächeren. Man tritt nicht nach, wenn einer am Boden liegt. Mehrere gegen einen ist feige.

Reagieren Ihre Söhne vielleicht ihren Frust an anderen Kindern ab? Oder haben sie zu wenige alternative Verhaltensweisen erlernt, um sich durchzusetzen (siehe Seite 24)? Fühlen sie sich schnell durch andere provoziert und bedroht und schlagen lieber als Erste zu, bevor die Gefahr besteht, dass sie unterlegen sein könnten? Halten Ihre Söhne dieses Verhalten für besonders männlich? Wie sehen Sie das selbst? (siehe Seite 65.) Ist für Ihre Söhne die ganze Welt ein einziger Kampf, bei dem es darum geht, andere zu besiegen? Bei dem es nur Verlierer oder Gewinner gibt? Welche Filme sehen sich Ihre beiden an, welche Computerspiele spielen sie, welche Comics lesen sie? (siehe Seite 170)

Welche Botschaft geben Sie als Eltern Ihren Söhnen mit: »Es ist schon okay, was ihr macht, aber haltet die Grenzen ein!« Oder: »Wir können als Eltern euer Verhalten auf keinen Fall tolerieren! Bitte ändert dies.«

Wenn sich das Verhalten Ihrer Söhne nicht durch diese Ideen und Anregungen beeinflussen lässt, sollten Sie unbedingt professionelle Hilfe in Anspruch nehmen.

? Wie helfen wir unserem Ältesten, mit Frustrationen umzugehen? Fast jeden Tag tobt er.

Überprüfen Sie als Erstes, was Sie Ihrem Wutzwerg vorleben. Wie gehen Sie selbst mit Wut um? Sind Sie cholerisch? Stauen Sie allen Ärger auf, bis der Kessel überläuft? Sind Sie Meister im Hinunterschlucken und haben manchmal Magenprob-

leme? Oder ist Wut ein Fremdwort für Sie? Wie lauten Ihre Familienregeln? Was ist erlaubt, wenn man wütend ist? Darf man die Tür zuschlagen? Darf man Sch… sagen? Gilt das für alle? Ist Aufstampfen erlaubt oder mit der Faust auf den Tisch zu hauen? Oder dürfen die anderen möglichst gar nicht merken, dass man sich gerade ärgert?
Überdenken Sie diese Regeln! Wut ist ein Gefühl, das man einerseits nicht abstellen kann und das andererseits eine Funktion hat: Wut signalisiert, dass die eigenen Bedürfnisse bedroht sind, und mobilisiert Kräfte, diese zu sichern. Sie kommt durch Stresshormone zustande, die im Blut kreisen, ob man nun will oder nicht. Werden diese nicht abgebaut, machen sie körperlich krank.
Finden Sie deshalb erlaubte Ventile für sich und Ihre Kinder: Früher ging man Holz hacken, heute können Sie joggen gehen. Sie können über Ihren Zorn in ein Tagebuch schreiben, mit jemandem darüber reden und kräftig schimpfen. Kinder können auf einem Zimmertrampolin springen, im Wald ganz laut brüllen, mit Dartpfeilen ihre Wut an eine Zielscheibe nageln … (siehe auch Seite 69.) Verbieten Sie nicht das Wütendsein, aber bringen Sie Ihrem Kind zivilisierte Formen des Umgangs mit Ärger bei.

? Mein Sohn kaut an den Nägeln. Wie gewöhne ich ihm das ab?

Stellen Sie sich folgende Fragen:

- Wann und warum tut er das?
- Aus Langeweile? – Überlegen Sie, wie er lernen kann, sich sinnvoll zu beschäftigen.
- Um Frust abzureagieren? – Bieten Sie Alternativen an: darüber reden, aufmalen, aufschreiben, einen Boxsack treten.
- Aus Nervosität? – Sorgen Sie für Bewegung, Entspannung und Ruhepausen.
- Als bequeme Form der Nagelpflege? – Kaufen Sie eine eigene Nagelschere, die immer in Reichweite liegen sollte.

- Als Angewohnheit, zum Beispiel vor dem Fernseher? Bieten Sie ihm an, etwas anderes zum Fummeln in die Hände zu nehmen: einen schönen glatten Stein (Handschmeichler) oder ein Knetsandsäckchen. Er kann auch versuchen, sich auf seine Hände zu setzen, wenn die immer wieder »ganz von allein« zum Mund wandern wollen.

TIPP

Wie sehen die Finger aus? Halbwegs heile? Tief abgekaut? Blutig eingerissen? Je kaputter die Finger sind, desto ernster ist das Problem. Dann muss man manchmal sogar von einer autoaggressiven Handlung ausgehen, bei der das Kind sich unbewusst verletzen oder bestrafen will. In diesem Fall sollten Sie unbedingt professionelle Hilfe suchen!

? Woran kann das nervöse Augenzwinkern unseres Sohnes liegen und was können wir dagegen tun?

Es könnte sich hier um eine sogenannte Tic-Symptomatik handeln. Dazu gehören nervöse Zuckungen des Gesichts, des Kopfes, wenn jemand unbewusst Grimassen schneidet oder automatisch Geräusche wie Räuspern produziert.
Wenn sie nicht nur vorübergehend auftritt, Kind und/oder Umwelt sehr stört sowie an Intensität zunimmt, sollte sie behandelt werden. Das kann ein Kinderpsychiater eventuell auch medikamentös tun. Wichtiger ist jedoch, an den Ursachen zu arbeiten. Ist Ihr Sohn insgesamt sehr nervös, finden Sie Tipps auf Seite 229.

? Ich bin neulich gefragt worden, ob mein Sohn hyperaktiv sei. Was ist das genau?

Hyperaktivität sieht man heute als ein Kernsymptom einer Aufmerksamkeits-Defizit-Störung mit Hyperaktivität

(ADHS). Diese Störung geht einher mit einer Veränderung des Hirnstoffwechsels. Derzeit geht man von einer genetischen Veranlagung für dieses Verhalten aus. Wie bei allen psychischen Auffälligkeiten haben Umwelteinflüsse zumindest eine stark modifizierende Wirkung (siehe Seite 210).

Kinder mit einem ADHS sind erstens hyperaktiv, also extrem zappelig. Sie sind zweitens impulsiv, sie handeln und sprechen, bevor sie denken und sind äußerst spontan, und haben drittens Aufmerksamkeits- und Konzentrationsprobleme: Umweltreize lenken sie sehr schnell ab und sie können selten lange bei einer Beschäftigung, einem Spiel bleiben. Ausnahme: Tätigkeiten, bei denen die Kinder hoch motiviert sind, wie beim Gameboy- oder Computerspielen.

Die drei genannten Leitsymptome müssen über mindestens sechs Monate und in allen Lebensbereichen zu beobachten sein (Schule, Freizeit oder Familie). Sie müssen bereits vor der Einschulung aufgetreten und deutlich intensiver als bei Kindern der gleichen Altersgruppe sein. Hier liegt jedoch genau das Problem: Ob ein Kind besonders temperamentvoll und lebhaft ist oder als hyperaktiv eingeschätzt wird, ist immer hochgradig subjektiv.

Immer wieder wird diskutiert, inwieweit schulische und gesamtgesellschaftliche Bedingungen Anteil am vermehrten Auftreten der Störung und ihrer Diagnose haben: große Klassen, Überforderung der Pädagogen durch viele Problemkinder, Überalterung der Lehrer, allgemeine Reizüberflutung und Bewegungsarmut, ein Überschuss an Fernsehen und elektronischen Spielen – all das spielt sicher eine Rolle. Manche Lehrer und Erzieher drängen immer häufiger und schneller auf eine medikamentöse Therapie der oftmals anstrengenden Kinder, die sie stark fordern. Diese sollte jedoch erst nach sorgfältiger Untersuchung und Absicherung der Diagnose durch einen Spezialisten eingeleitet werden. Die Zahl der Fehldiagnosen ist beträchtlich. Hyperaktives Verhalten kann bei Kindern auch durch innere Konflikte und Notlagen ausgelöst werden. Besonders wenn es erstmalig im Schulalter auftritt, wird die Ursache eher ein seelisches Problem sein, das anders behandelt werden muss. Bei einer medikamentösen Therapie sollte der Arzt immer die Eltern des betroffenen Kindes einbeziehen, sie umfangreich beraten und anleiten. Eltern von ADHS-Kindern sind im Alltag stark gefordert und brauchen Unterstützung. Darüber hinaus würde ich den Kindern auch dringend eine begleitende Verhaltenstherapie empfehlen, in die Lehrer und Erzieher einbezogen werden sollten.

? Meine Tochter ist eher ein hypoaktives Kind. Wie helfen wir ihr?

Hypoaktive Kinder leiden unter der gleichen Störung von Aufmerksamkeit, Konzentration und Verhaltenssteuerung wie in der letzten Frage beschrieben, nur eben ohne körperliche Unruhe. Sie sind in Gedanken immer woanders, vergessen viel, sind zur falschen Zeit am falschen Ort und können die Geduld ihrer Mitmenschen mit ihrer Langsamkeit und Umständlichkeit ganz schön strapazieren. Trotzdem sind sie weniger auffällig als die Hyperaktiven.
Ein hypoaktives Kind gilt schnell als lernschwach und wenig helle. Damit wird es manchmal völlig verkannt. Strukturen, Regeln und Rituale geben diesen Kindern Halt. Bei einem Leistungstest, zum Beispiel in einer schulpsychologischen Beratungsstelle, können Stärken und Schwächen Ihrer Tochter darüber hinaus objektiv beurteilt werden. Die Ergebnisse sind die Grundlage für das weitere therapeutische Vorgehen, denn ein hypoaktives Kind braucht ebenso professionelle und liebevolle Hilfe wie ein hyperaktives.
Über die Ursachen von Hypoaktivität weiß man noch wenig Definitives, vermutet aber zugleich eine genetische Veranlagung sowie die Wirkung bestimmter Lebensumstände auf das Kind. Auch Ernährungsfaktoren stehen mittlerweile im Verdacht. Nur gibt es noch keine wissenschaftlichen Belege, wenn auch Familien berichten, dass eine Ernährungsumstellung gelegentlich positiv wirkt.

Körperliche Probleme

? Unsere Tochter isst zu wenig. Sie will superschlank sein. Ein Grund zur Sorge?

Möglicherweise ja. Alle Essstörungen beginnen damit, dass Schönheitsideale immer wichtiger werden. Aber nicht jedes Mädchen, das sich Modelmaße wünscht, bekommt eine Essstörung. Allerdings ist die Anzahl Essgestörter – zunehmend auch bei Jungen und Männern – so hoch, dass man nichts auf die leichte Schulter nehmen sollte. Immer mehr jüngere Mädchen leiden heute unter Magersucht und viele junge Frauen unter Ess-Brech-Sucht (Bulimie), bei der sich Fressanfälle und Erbrechen abwechseln. Auffällig ist, wenn:

- sich Ihre Tochter zunehmend und fast ausschließlich mit Diäten, Kalorien, Nahrungszubereitung und Essen oder Nicht-Essen beschäftigt;
- sie plötzlich zu einer besonders gesunden Ernährung wechselt und/oder exzessiv Sport treibt;
- sie sich täglich oder sogar mehrmals täglich wiegt;
- Essen oder Nicht-Essen dazu dienen, Gefühle oder Konflikte zu bewältigen;
- sie sich trotz ihrer Magerkeit als zu dick ansieht.

Beobachten Sie in diesen Fällen Ihre Tochter und bleiben Sie mit ihr im Gespräch. Reden Sie mit ihr über die heutigen Schönheitsideale und den Preis dafür. Stärken Sie vor allem ihr Selbstbewusstsein (siehe Seite 12)!

INFO

Höchste Alarmstufe besteht, wenn:

- Ihre Tochter Abführmittel nimmt;
- sie in kurzer Zeit 20 Prozent ihres Gewichtes verloren hat;
- Fressanfälle und Erbrechen auftreten.

Falls Sie Ihre Tochter hier wiedererkennen, sollten Sie schnellstens professionelle Hilfe suchen!

? Unser etwas zu molliger Sohn wird in letzter Zeit immer maßloser beim Essen. Er isst sogar heimlich. Was können wir tun?

Sprechen Sie mit Ihrem Kinderarzt einmal über die Gewichtsnormen. Es gibt Entwicklungsphasen, in denen Kinder mehr in die Breite als in die Höhe wachsen. Zeiten, in denen Kinder viel essen, kommen immer mal vor. Wenn Eltern in diesen Phasen Panik bekommen, kann das eine Essstörung eher fördern. Ihr Arzt kann krankheitsbedingte Ursachen ausschließen und legt Grenzwerte fest.

Bei eindeutigem Übergewicht sollten Sie allerdings rechtzeitig eingreifen. Vermutlich wissen Sie selbst, wie schwer die Pfunde wieder wegzukriegen sind. Versuchen Sie es nicht mit Diäten. Sie sind als Einzelmaßnahme bei Kindern genauso sinnlos bis schädlich wie bei Erwachsenen.

Überlegen Sie: Was macht Ihren Sohn derzeit so maßlos? Fühlt er sich irgendwo zu kurz gekommen? Muss er sich gegen etwas ein dickes Fell anfressen? Hat er wenig Antrieb? Ist das Essen die einzige Freude, die er spüren kann? Wird er wie der Papa? Ist für ihn männliche Mächtigkeit mit Körperfülle assoziiert? Belohnt er sich selbst mit Essen?

Hinter den meisten Essstörungen stecken solche psychischen Probleme. Gehen Sie auf Ihr Kind ein und versuchen Sie ihm zu helfen. Gehen Sie das zugrunde liegende Problem an. Legen Sie darüber hinaus mit Ihrem Kind gemeinsam fest, welche Mengen o.k. sind. Machen Sie Vorschläge, was es tun könnte, wenn der große Hunger kommt. Legen Sie darüber hinaus mit Ihrem Kind gemeinsam fest, welche Mengen o.k. sind. Ziehen Sie einen Kinderpsychologen zurate, wenn:

- es sich um echte Fressanfälle handelt (unkontrolliertes Essen übermäßiger Mengen);
- der große Appetit über Wochen anhält;
- in Ihrer Familie auch Eltern und Geschwister deutliche Gewichtsprobleme haben;
- andere Symptome und Sorgen wie Versagen in der Schule oder Schwierigkeiten mit anderen Kindern dazukommen.

? Unsere Tochter leidet sehr oft unter Kopfschmerzen. Mit zehn Jahren sollte sie doch nicht regelmäßig Tabletten nehmen, oder?

Dies würde ihr noch weniger guttun als einem Erwachsenen. Es gibt bereits zu viele Kinder, die mehr oder weniger regelmäßig Medikamente einnehmen. Medikamente greifen immer in das Gleichgewicht des Körpers ein und beeinflussen die sensiblen Entwicklungsprozesse bei Kindern. Sicher ist es manchmal unumgänglich, sie zu nehmen. Es sollte aber die absolute Ausnahme darstellen. Kopfschmerzen sind jedoch in der Regel keine Krankheit oder Fehlfunktion, die man ausschalten sollte, sondern ein Hinweis des Körpers, dass ihm etwas nicht gut bekommt oder fehlt.
Überlegen Sie, welche Ursachen hinter den Kopfschmerzen Ihrer Tochter stecken könnten: Eine Überforderung? Zu viel Stress? Eine Erkrankung? Ein Problem? Am entsprechenden Kernproblem sollten Sie ansetzen. Nutzen Sie gleichzeitig Hilfen wie frische Luft, Ruhepausen, Entspannungsübungen, ein kaltes Tuch … Fragen Sie Ihren Kinderarzt nach weiteren Behandlungsmöglichkeiten!

? Mein Sohn (5) nässt nachts regelmäßig ein. Ist das noch normal oder behandlungsbedürftig?

Mit fünf Jahren ist die Mehrheit der Kinder in der Lage, ihre Blasenfunktion in der Nacht zu kontrollieren. Im Alter von sieben Jahren nässen noch etwa zehn Prozent der Kinder (zumeist Jungen) regelmäßig, wenn auch unterschiedlich oft, ein. Sie sollten jedoch auf jeden Fall Folgendes tun:

- Lassen Sie den Kinderarzt überprüfen, ob bei Ihrem Kind organisch alles in Ordnung ist.
- Machen Sie einen Versuch zum Abgewöhnen der Windeln. Lesen Sie dazu auf Seite 110/111 nach.
- Beziehen Sie Ihr Kind nach seinen Möglichkeiten beim Abziehen des Bettes mit ein. So kann es das Laken abziehen und die Wäsche an einen bestimmten Platz bringen.

- Vermeiden Sie unbedingt Vorwürfe und Druck. Ihr Kind kann nichts für das Einnässen: Man vermutet, dass eine genetisch bedingte Reifungsverzögerung der zuständigen Hirnareale eine große Rolle spielt. Sorgen Sie stattdessen dafür, sein vielleicht angeschlagenes Selbstvertrauen zu stärken und ihm Liebe und Zuwendung zu schenken. Scheitert dieser Versuch, sollten Sie sich um professionelle Hilfe bemühen.

INFO

War Ihr Sohn bereits nachts trocken und nässt nun über mehrere Wochen wieder häufig ein, könnte ihn etwas seelisch belasten: eine schwere Krankheit in der Familie, Überforderung im Kindergarten …? Dann brauchen Sie Hilfe. Wenden Sie sich an eine Erziehungsberatungsstelle.

? Meine Tochter nässt mit viereinhalb Jahren oft noch tagsüber ein. Woran kann das liegen?

Zunächst einmal: Es gibt Fachleute, die sagen, dass Einnässen am Tag bis zu einem Alter von fünf Jahren nicht unbedingt behandlungsbedürftig ist. Es sei denn, Ihre Tochter leidet selbst sehr darunter und/oder wird im Kindergarten gehänselt. Ein gelegentliches Einnässen bei Aufregung, in Stresssituationen oder bei intensivem Spiel kann in diesem Alter noch vorkommen. Problematischer ist regelmäßiges Einnässen, also wenn Ihre Tochter es noch nie geschafft hat, einen Monat lang trocken zu bleiben. Noch bedenklicher ist das Wiedereinnässen, wenn ein Kind bereits sauber war. Aber nur, wenn es über mehr als drei Monate anhält.

Gehen Sie sicherheitshalber zu Ihrem Kinderarzt, um eine organische Ursache auszuschließen.

Fragen Sie sich, ob es weitere Auffälligkeiten oder Veränderungen gibt, die Ihnen Sorgen bereiten.

Beobachten Sie das Toilettenverhalten Ihrer Tochter. Läuft sie ständig zur Toilette? Das ist häufig genetisch so vorgegeben.

Oder verkneift sie sich stattdessen die Toilettenbenutzung, bis es gar nicht mehr geht und die Blase »überläuft«? Das hat oft seelische Ursachen. Holen Sie sich in diesem Fall Rat bei einer Erziehungsberatungsstelle.

? Unsere Tochter hat oft eine schmutzige Unterhose. Handelt es sich dabei bereits um Einkoten, also eine psychische Störung?

Wie alt oder wie groß ist Ihre Tochter? Sind ihre Arme ausreichend lang, damit sie sich selbst säubern kann? Wie sehen die Unterhosen am Wochenende und im Urlaub aus? Nicht selten verwechseln Eltern die mangelhafte Säuberung nach dem Toilettengang mit einer Form des Einkotens, die man »Stuhlschmieren« nennt.
Wenn Ihre Tochter älter als vier Jahre ist und die schmutzige Unterhose sehr oft vorkommt, sollten Sie zum Kinderarzt gehen, der medizinische Ursachen abklärt. Nicht selten ist Einkoten mit Einnässen oder einer leichter behandelbaren Verstopfung kombiniert. Viele Fachleute vermuten, dass eine seelische Störung hinter dem Einkoten steckt. Letztendlich gibt es jedoch bisher nur Erklärungsansätze und wenig abgesicherte Untersuchungen. Dennoch sollte ein Kind in diesem Fall von einem Kinderpsychologen untersucht werden. Dieser kann eventuelle innere Konflikte des Kindes abklären und Sie über geeignete Hilfen beraten.

Umgang mit schlimmen Erlebnissen

? Unsere etwas runde Tochter hat Angst, dass sie in der Schule wegen der neuen Zahnspange noch mehr gehänselt wird. Können wir ihr helfen?

Was Ihre Tochter jetzt bräuchte, ist eine große Portion Selbstbewusstsein, welches aber gerade angeknackst ist. Lesen Sie auf Seite 12/13 nach, wie Sie ihr Selbstbewusstsein wieder

stärken können. Auf Seite 236 finden Sie Hinweise, was Sie wegen des Übergewichtes beachten sollten.
Sprechen Sie mit ihr über Handicaps, die jeder Mensch hat: Papas zu große Nase, Mamas Vergesslichkeit, die Brille der Freundin … Welche Schwächen haben denn die Mitschüler? Machen diese nicht, genau wie die individuellen Stärken – welche hat Ihre Tochter? – das ganz Besondere, Unverwechselbare eines Menschen aus?
Versuchen Sie nicht, ihre Ängste abzutun à la »da stehst du doch drüber«, sondern zeigen Sie Verständnis und sagen Sie ihr, dass Sie die Ängste verstehen können.
Sprechen Sie mit dem Lehrer, ob er vielleicht mit der ganzen Klasse einmal über dieses Thema reden kann. Er sollte außerdem auf die Einhaltung von Regeln des fairen Umgangs miteinander hinarbeiten. Dabei müsste für die Klasse gar nicht offensichtlich werden, dass Ihre Tochter der Anlass ist. Sorgen Sie außerdem für viel positiven emotionalen Ausgleich.

? Unser Sohn leidet sehr unter den ständigen Hänseleien in der Schule. Sollten wir die Lehrerin um Hilfe bitten, obwohl er das nicht will?

Offensichtlich ist seine Position in der Klasse alles andere als gut. Vielleicht befürchtet er, dass seine Lehrerin die anderen Kinder zur Rede stellt, die dann noch mehr Wut auf ihn hätten. Möglicherweise möchte er keine Petze sein. Vielleicht will er das Problem allein in den Griff bekommen. Das braucht er vielleicht für sein Selbstbewusstsein. Wenn er es schaffen könnte, sich einen Schutzpanzer gegen die Provokationen zuzulegen, wäre das eine wichtige Erfahrung fürs Leben.
Beraten Sie in solchen Dingen immer mit dem Kind, ob Sie tatsächlich eingreifen sollen. Versuchen Sie, gemeinsam verschiedene Lösungsansätze zu entwickeln, und vertrauen Sie dabei voll und ganz auf die Kompetenz Ihres Kindes. So kann es besser als Sie einschätzen, wie geschickt oder ungeschickt seine Lehrerin reagieren wird.

Nur wenn Sie das Gefühl haben, Ihrem Kind geht es trotzdem immer schlechter und es verstrickt sich immer mehr in seine Ängste und Hoffnungslosigkeit, sollten Sie sich mit einem Lehrer Ihres Vertrauens beraten und diesen über die Befürchtungen des Kindes unterrichten.

? Ich habe den Verdacht, dass meine Tochter Opfer sexueller Übergriffe war. Was soll ich tun?

Für einen Missbrauch sprechen folgende Anzeichen:

- Das Kind will plötzlich zu einem bestimmten Erwachsenen keinen Kontakt mehr haben, kann Ihnen aber den Grund dafür nicht nennen;
- sein Wesen verändert sich auf unerklärliche Weise;
- es zeigt Auffälligkeiten im Genitalbereich wie Rötungen und Verletzungen. In diesem Fall sollten Sie dringend mit ihr eine Kinderärztin aufsuchen.
- es hat ein plötzliches übersteigertes Interesse an sexuellen Themen, spricht und zeichnet viel darüber;
- es bewegt sich völlig anders mit leicht erotischem Touch;
- es verändert sein Outfit, in Richtung aufreizend oder aber auch betont abstoßend durch Ungepflegtheit, Übergewicht oder ein betont jungenhaftes Äußeres;
- es besitzt Geschenke, deren Herkunft Ihnen unklar ist.

Wenn etwas davon auf Ihre Tochter zutrifft, dann sollten Sie wachsam sein und Anzeichen sammeln, ohne Ihrer Tochter aber auffällig hinterherzuspionieren.

Sprechen Sie Ihren Verdacht direkt an. Erklären Sie ihr, dass Sie in einem solchen Fall immer hinter ihr stehen. Sprechen Sie das Thema auch indirekt an, indem Sie darüber reden, was einem anderen Kind passiert ist. Sie können sich gemeinsam ein passendes Buch dazu ansehen. Verhindern oder überwachen Sie bei Zweifel die Kontakte. Wenn der Verdacht konkreter wird, rate ich Ihnen, weder als Erstes den Täter zur Rede zu stellen, denn er würde leugnen und Druck auf Ihre Tochter ausüben. Noch sollten Sie gleich zur Polizei laufen. Holen Sie

sich vorher bei einer Erziehungsberatungsstelle fachmännischen Rat über das weitere Vorgehen.
Wie Ihre Tochter das Erlebte verarbeitet, hängt ganz entscheidend davon ab, was nun passiert: keine Nervenkrisen, keine Verhöre durch verschiedene Personen und keine Beschuldigungen. Holen Sie sich selbst Unterstützung, denn natürlich ist das eine ganz schwierige Situation für Sie – besonders wenn ein Familienangehöriger der Täter ist.

? Ist mein Sohn bezüglich eines sexuellen Missbrauchs weniger gefährdet?

Leider nicht. Es gibt genug Männer, die Knaben lieben. Denken Sie daran, dass es auch Täterinnen gibt, wenn auch deutlich weniger als Täter. Sie üben andere, eher verschleierte Formen sexueller Übergriffe aus, wie etwa exzessive Körperpflege und Gesundheitsvorsorge im Genitalbereich oder ausufernde Zärtlichkeit. Dabei handelt es sich häufig auch um Familienmitglieder. Lesen Sie auf Seite 241, welche Anzeichen für sexuellen Missbrauch stehen, sollten Sie Zweifel haben.

? Unsere Tochter wurde Zeugin eines Unfalls mit Schwerverletzten. Seitdem schreckt sie nachts auf und ist am Tag weinerlich. Wie können wir helfen?

Ihre Tochter hat etwas erlebt, das sicher auch viele Erwachsene stark belasten würde. Sie müssen ihr also dabei helfen, das Erlebte zu verarbeiten.
Reagieren Sie auf alle Gesprächsangebote Ihrer Tochter. Drängen Sie ihr Gespräche über Unfälle, Verletzungen, Tod nicht auf, aber laden Sie sie dazu ein.
Regen Sie sie behutsam an, das Erlebte zu malen oder aufzuschreiben. Auch Erzählen hilft ihr, die einzelnen Erinnerungsbilder zu sortieren und einzuordnen. Geben Sie ihr besonders viel Geborgenheit und Sicherheit. Nehmen Sie viel Körperkontakt auf. Trösten Sie sie, wenn sie weint. Beruhigen Sie sie

nachts nach Albträumen. Manchmal entwickeln Kinder nach solchen Erlebnissen Ängste – etwa selbst zu sterben oder durch einen Unfall die Eltern zu verlieren. Zeigen Sie dafür Verständnis und schenken Sie ihr Sicherheit.

W WICHTIG

Suchen Sie professionelle Hilfe, wenn Ihre Tochter auf Ihre Angebote kaum reagiert und sich immer mehr in sich zurückzieht oder sich in ihrem Wesen verändert, also plötzlich Reizbarkeit, Wutanfälle, Konzentrationsschwierigkeiten oder Übererregbarkeit zeigt. Diese Symptome treten manchmal erst einige Zeit nach dem Erlebnis auf. Die erhöhte Schreckhaftigkeit Ihrer Tochter könnte ein Zeichen dafür sein.

Wissenswertes zum Schluss

? Stimmt es, dass Jungen anfälliger für Störungen sind als Mädchen?

Ja. Das gilt für ihre Gesundheit wie auch für ihre Psyche. Unterschiede gibt es auch bei der Art der Störung: Während Jungen mehr an den nach außen gerichteten Störungen leiden, entwickeln Mädchen stillere, nach innen gehende Störungsbilder. Jungen werden also eher aggressiv, haben häufiger ADHS, werden oppositionell oder leiden unter anderen Störungen des Sozialverhaltens. Mädchen entwickeln eher emotionale Störungen, sind häufiger depressiv, bekommen öfter Magersucht oder Bulimie oder entwickeln Ängste.

? Wie überzeugen wir unseren Sohn, zu einem Kinderpsychologen mitzukommen? Er hat uns erklärt, dass er zu keinem Irrenarzt geht.

Wenn Sie eine Vorstellung beim Psychologen für nötig halten, muss Ihr Sohn ihn auch aufsuchen. Erklären Sie ihm, worü-

ber Sie sich Sorgen machen und was Sie sich von dem Besuch beim Psychologen erhoffen. Lassen Sie keinen Zweifel daran, dass es ähnlich wie beim Impfen oder bei einer Blutabnahme keinen Verhandlungsspielraum gibt.
Erkundigen Sie sich nach der Vorgehensweise des Therapeuten und erklären Sie Ihrem Sohn, was ihn erwartet, dann macht ihm der Termin weniger Angst. Sie wollen, dass er sich gut entwickelt. Dazu muss offenbar ein Problem gelöst werden. Wenn Ihr Sohn droht, dort gar nichts zu sagen, dürfen Sie das getrost dem Experten überlassen. Sie können Ihrem Sohn auf jeden Fall ein paar Diagnostiktermine zumuten. Sollte der Psychologe dann eine Therapie empfehlen, muss aber überprüft werden, ob Ihr Sohn in den Vorgesprächen einen Kontakt zu ihm aufbauen konnte und sich darauf einlassen kann. Denn eine Therapie gegen seinen Willen ist nicht möglich. In diesem Fall könnten Sie sich beim Therapeuten zumindest Rat für den Umgang mit Ihrem Kind holen.

? Mein Sohn zieht gerne die Sachen seiner Schwester an und tanzt dabei vor dem Spiegel. Sollen wir das verbieten?

Haben Sie Angst, Ihr Sohn könnte homosexuell werden? Das kann niemand vorhersagen. Homosexualität ist in einem Kind vorprogrammiert wie eine dunkle Haar- oder eine bestimmte Augenfarbe. Sie entsteht nicht durch Verführung oder Erlernen. Von einigen Homosexuellen ist bekannt, dass sie sehr früh ein Faible für Frauenkleider zeigten. Die meisten hatten jedoch nie solche Vorlieben.
Sorgen Sie sich, dass er Probleme bekommt, wenn er ein zu ungewöhnliches Verhalten zeigt? Normalerweise haben alle Kinder im Kindergartenalter Spaß am Verkleiden. Es ist ebenso normal, dass Kinder sich ausprobieren. Grund zur Besorgnis besteht nur dann, wenn dieses Verhalten bei Ihrem Sohn viel länger als üblich anhält oder er sehr darauf fixiert ist. Denn dies könnte auf Probleme hinweisen, die er mit sei-

ner männlichen Rolle hat. Vielleicht hat er Männer bisher als eher bedrohlich erlebt? Oder die Frauen der Familie übermitteln unbewusst, dass es ein Makel ist, ein Mann zu sein? Helfen Sie Ihrem Sohn dabei zu lernen, in welchem Schutzraum er seiner geheimen Lust nachgehen kann.
Sonst sind Probleme und Hänseleien möglich. Bleiben Sie mit Ihrem Sohn über Ihre Sorgen und sein Verhalten im Gespräch. Was fasziniert ihn am Spiel mit den Geschlechterrollen? Womit könnte er anecken? Wie viel Schrägheit ist erlaubt? Was bedeutet es, ein Mann oder eine Frau zu sein?
Lesen Sie dazu auch Seite 21 und 71.

? Meine Tochter möchte kein Mädchen sein, spielt am liebsten mit Jungen und zieht sich wie ein Junge an. Was sollen wir tun?

Könnte ihr etwas das Frausein verleidet haben? Welches Bild hat sie davon? Sind Frauen für sie potenzielle Opfer, die von Männern ausgenutzt werden? Umgekehrt: Haben Männer tatsächlich so viel bessere Chancen auf ein glückliches, erfülltes Leben? Oder bewegt sie sich einfach gern, ist temperamentvoll und wild und hat dabei Mühe, »schöne Sachen« nicht zu beschädigen? Sind in ihrem Umkreis einfach attraktivere Spielpartner unter den Jungen zu finden? Erzählen Sie ihr von Frauen, die mutige Taten vollbracht haben und vollbringen. Damit entwickelt sie ein freundlicheres Bild vom eigenen Geschlecht. Dies kann ihr helfen ihren eigenen Weg zu suchen um mit den biologischen Gegebenheiten klarzukommen und diese mit ihren Vorlieben zu verbinden.
Die Gesamtheit der Ideen zum Thema, wie sich ein Mädchen bzw. ein Junge verhalten sollte, nennt man Geschlechtsidentität. Diese entwickelt sich, indem sich Ihre Tochter von Ihnen und anderen Frauen in natura, aber auch in den Medien abschaut, wie sich weibliche Wesen verhalten und welche Wirkung sie damit erzeugen. Auch Freundinnen spielen dabei eine wichtige Rolle.

Zum Nachschlagen

Bücher, die weiterhelfen

Ahrens-Eipper, S. u.a.: Mutig werden mit Til Tiger: Ein Ratgeber für Eltern, Erzieher und Lehrer von schüchternen Kindern. Hogrefe Verlag

Biddulph, S.: Jungen! Wie sie glücklich heranwachsen. Heyne-Verlag

Bohlmann, S.: Ein Löffelchen voll Zucker. Vgs Verlag

Bohlmann, S.: Ideenreich: Mit Kindern kreativ sein. Vgs Verlag

Carstens, B.: Üben mit Lexi Deutsch: Richtig schreiben lernen. Duden Paetec Verlag

Freed. J. u.a.: Zappelphilipp und Störenfrieda lernen anders. Beltz Verlag

Gordon, T.: Die neue Familienkonferenz. Heyne Verlag

Juul, J.: Nein aus Liebe: Klare Eltern – starke Kinder. Kösel Verlag

Juul, J.: Grenzen, Nähe, Respekt. Rowohlt Verlag

Krowatschek, D.: Stressfrei in die Schule. Walter-Verlag

Müller, E.: Inseln der Ruhe. Fischer Verlag

Neuhaus, C.: Das hyperaktive Kind und seine Probleme. Ravensburger Verlag

Petermann, F. u. a.: Ratgeber Aggressives Verhalten. Hogrefe-Verlag

Rammert, M./Wild, E.: Hausaufgaben ohne Stress. Herder Verlag

Rogge, J.: Kinder brauchen Grenzen. Rowohlt Verlag

Rogge, J.-U. Kinder dürfen aggressiv sein. Rowohlt Verlag

Seyffert, S.: Kleine Mädchen, starke Mädchen. Kösel Verlag

Simchen, H.: ADS, Unkonzentriert, verträumt, zu langsam und viele Fehler im Diktat. Kohlhammer Verlag

Tausch-Flammer, D. / Bickel, L.: Wenn Kinder nach dem Sterben fragen. Herder Verlag

von Gontard, A. u. a.: Ratgeber Einnässen. Hogrefe-Verlag

Zimmer, K.: Widerstandsfähig und selbstbewusst. Kösel Verlag

Bücher, aus dem Gräfe und Unzer Verlag

Ballnik, P.: Das Papa Handbuch für Kinder ab 3

Bentheim, A. / Murphy-Witt, M.: Was Jungen brauchen

Davis, P. / Dietrich, S. / Miklautsch, M.: 300 Fragen zur Kinderernährung
Ettrich, Prof. Dr. med. C./Murphy-Witt, M.: AD(H)S: was wirklich hilft.
Kaniak-Urban, Dr. C./Nitsch, C.: Typgerecht fördern & erziehen.
Kaast-Zahn, A.: Jedes Kind kann Regeln lernen
Klug, S.: Gesund Essen mit Spaß.
Koneberg, L. / Förder, G.: Kinesiologie für Kinder.
Kunze, P. / Salamander, C.: Die schönsten Rituale für Kinder.
Kunze, P. / Valentin, L.: Buddhas Elternratgeber
Liebert, Dr. B.: 100 Dinge, die ein Vorschulkind können sollte
Nitsch, C. / Hüther, Prof. Dr. G.: Kinder gezielt fördern.
Nitsch, C. / Hüther, Prof. Dr. G.: Wie aus Kindern glückliche Erwachsene werden
Nussbaum, C.: Familien-Alltag sicher im Griff
Stamer-Brandt, P. / Murphy-Witt, M.: Das Erziehungs-ABC: von Angst bis Zorn.

Kinderbücher

Aggression

McKee, D.: Du hast anfangen! Nein, du! Verlag Sauerländer

Angst

Bauer, J./Boie, K.: Juli und das Monster. Beltz Verlag
Gravett, E.: Mein Buch vom Angsthaben. Verlag Sauerländer

Aufklärung

Cole, B.: Mami hat ein Ei gelegt. Verlag Sauerländer
Fagerström, G./Hansson, G.: Peter, Ida und Minimum. Ravensburger Verlag

Entspannung

Seyffert, S.: Heute Regen, morgen Sonne: Entspannungsgeschichten für Kinder. Arena Verlag
Seyffert, S.: Meine Insel der Stille. Arena Verlag Freunde

Gefühle

Aliki: Gefühle sind wie Farben. Beltz Verlag
Löffel, H./Manske, C.: Ein Dino zeigt Gefühle. Verlag Mebes & Noack

Geschwister

Boie, K.: Klar, dass Mama Ole/Anna lieber hat. Verlag Oetinger

Selbstbewusstsein

Bröger, A.: Gefühle machen stark: Geschichten von Mut, Selbstbewusstsein und Versöhnung. Arena Verlag
Frey, J. / Gotzen-Beek, B.: Vom Großwerden und Starksein. Loewe Verlag

Reichenstetter, F. / Suetens, C. / Wimmer, C.: Jetzt ist alles wieder gut. Bilderbuchgeschichten übers Streiten, Nörgeln und Trotzigsein. Arena Verlag

Sexueller Missbrauch

Deegener, G.: Kindesmissbrauch - erkennen, helfen, vorbeugen. Beltz Verlag
Meier, K.: Das kummervolle Kuscheltier: Ein Bilderbuch über sexuellen Missbrauch. Ars Edition
Pro Familia: Mein Körper gehört mir! Loewe Verlag

Scheidung

Baumbach, M.: Und Papa seh ich am Wochenende. Thienemann Verlag
Czernin, M./Largo, R.H.: Glückliche Scheidungskinder. Piper Verlag

Tod

Abedi, I.: Abschied von Opa Elefant. Ellermann Verlag
Schneider, A.: Ein Himmel für Oma. Coppenrath Verlag
Varley, S.: Leb wohl, lieber Dachs. Annette Betz Verlag

Adressen, die weiterhelfen

Informationen und Hilfen rund um die Erziehung:

Arbeitskreis Neue Erziehung e. V.
Hasenheide 54
10967 Berlin
www.ane.de und
www.aktiv-fuer-Kinder.de

Bundesministerium für Familie, Senioren, Frauen und Jugend
Glinkastr. 24
10117 Berlin
www.bmfsfj.de

Deutscher Kinderschutzbund Bundesverband e. V.
Bundesgeschäftsstelle
Schönebergerstr. 15
10963 Berlin

www.eltern.de
www.erziehung.net

Online-Buch über Erziehung mit ständig aktualisierten Themen:

www.familienhandbuch.de

Eltern-Suchmaschine:

zahlreiche Links zu Seiten, die für Eltern relevant sind:

www.elternlink.de

Weiterbildung pädagogischer Fachkräfte auf dem Gebiet der Medienerziehung:

www.bibernetz.de

Erziehungsberatungsstellen

Sie beraten kostenfrei und vertraulich zu allen Fragen rund um Erziehung und gehören zu Ihrem zuständigen Jugendamt oder einem freien Träger wie AWO, DRK, CARITAS, DIAKONIE etc.

Bundeskonferenz für Erziehungsberatung e.V.
Herrnstr. 53
90763 Fürth
www.bke.de
www.bke-beratung.de

Hilfe bei speziellen Erziehungsproblemen

ADHS Deutschland e. V.
Bundesgeschäftsstelle
Postfach 41 07 24
12117 Berlin
www.adhs-deutschland.de

Erste deutsche Beratungs- und Informationsstelle für Linkshänder und umgeschulte Linkshänder e. V.
Sendlinger Straße 17
80331 München
www.linkshaender-beratung.de

Deutsche Gesellschaft für das hochbegabte Kind e. V.
Schillerstaße 4–5
10625 Berlin
www.dghk.de

Selbsthilfegruppen

www.selbsthilfe-forum.de

Vereine und Interessenvertretungen zu zahlreichen Themen:

Bundesarbeitsgemeinschaft Elterninitiativen (BAGE) e. V.
Geschäftsstelle Berlin
Crellestr. 19/20
10969 Berlin
www.bage.de

Bundesarbeitsgemeinschaft Familienbildung und Beratung e. V. (AGEF)
Hamburger Straße 137
25337 Elmshorn
www.familienbildung.de

Verband binationaler Familien und Partnerschaften iaf e. V.
Bundesgeschäftsstelle:
Ludolfusstr. 2–4
60487 Frankfurt/M.
Tel.: 0 69/71 37 56-0
www.verband-binationaler.de

Verband alleinerziehender Mütter und Väter Bundesverband e. V.
Hasenheide 70
10967 Berlin
www.vamv.de

Österreich

www.familieninfo.at
www.spes.co.at
www.eltern.at
www.eltern-bildung.at
http://eltern.kinder.at
www.scheidentutweh.at

Schweiz

www.kidscat.ch
www.webliste.ch
www.elternnotruf.ch
www.muetterberatung.ch

Register

Impressum

Projektleitung: Sarah Schocke
Lektorat: Anna Cavelius
Fotos: Cover: Corbis; U4 rechts: Getty; U4 links: plainpicture
Gestaltung: Independent Medien Design, Horst Moser, München
Herstellung: Markus Plötz
Satz: abavo GmbH, Buchloe
Druck und Bindung: Druckerei Auer, Donauwörth
Syndication: www.jalag-syndication.de

ISBN 978-3-83338-1455-6

1. Auflage 2010

GRÄFE UND UNZER

Ein Unternehmen der
GANSKE VERLAGSGRUPPE

Ein Unternehmen der GANSKE VERLAGSGRUPPE

Die GU-Homepage finden Sie im Internet unter www.gu.de

Umwelthinweis:
Dieses Buch wurde auf chlorfrei gebleichtem Papier gedruckt.
Um Rohstoffe zu sparen, haben wir auf Folienverpackung verzichtet.